徐显明校长和法大的这七年

中国高等教育改革发展剪影

高佳胜 著

法律出版社 LAW PRESS · CHINA
北京

图书在版编目(CIP)数据

徐显明校长和法大的这七年 / 高佳胜著. -- 北京 : 法律出版社, 2014.4(2025.1 重印)
ISBN 978 - 7 - 5118 - 6266 - 2

Ⅰ. ①徐… Ⅱ. ①高… Ⅲ. ①中国政法大学 - 校史 Ⅳ. ①G649.281

中国版本图书馆 CIP 数据核字(2014)第 063503 号

徐显明校长和法大的这七年
XU XIANMING XIAOZHANG HE FADA DE ZHE QINIAN

高佳胜 著

策划编辑 刘 雪
责任编辑 刘 雪
装帧设计 汪奇峰

出版发行 法律出版社
编辑统筹 法律出版社
责任校对 晁明慧 王语童
责任印制 胡晓雅
经　　销 新华书店

开本 710 毫米 × 1000 毫米 1/16
印张 20.25 **字数** 315 千
版本 2014 年 4 月第 1 版
印次 2025 年 1 月第 2 次印刷
印刷 北京盛通印刷股份有限公司

地址:北京市丰台区莲花池西里 7 号(100073)
网址:www.lawpress.com.cn
投稿邮箱:info@lawpress.com.cn
举报盗版邮箱:jbwq@lawpress.com.cn

销售电话:010 - 83938349
客服电话:010 - 83938350
咨询电话:010 - 63939796

书号:ISBN 978 - 7 - 5118 - 6266 - 2
定价:88.00 元

凡购买本社图书,如有印装错误,我社负责退换。电话:010 - 83938349

徐显明校长和法大的这七年

徐显明教授，法学博士、荣誉博士，现任中国法学会副会长，中国法理学研究会名誉会长，教育部高等学校法学类专业教学指导委员会主任委员，教育部、中央政法委卓越法律人才培养计划指导委员会主任委员等职务，曾任中国法理学研究会会长，国际法律哲学与社会哲学协会执委中国主席，中国法律史学会执行会长，中国人权研究会副会长，中国政法大学校长，山东大学校长，中央综治办专职副主任，中央政法委副秘书长，最高人民检察院副检察长等职务，历任第十届全国人大法律委员会委员，十一届、十二届、十三届全国人大常委，十一届全国人大法律委员会委员、十二届全国人大法律委员会副主任委员、十三届全国人大监察和司法委员会副主任委员等职务。（摄影：艾群）

徐显明校长在学校工作会议上做总结发言。（摄影：艾群）

徐显明校长为本科生授课。（摄影：艾群）

徐显明校长参加校学生代表大会并讲话。（摄影：艾群）

徐显明校长参加学术会议并做主旨发言。（摄影：艾群）

徐显明校长为博士生授课。（摄影：艾群）

徐显明校长代表学校在本科生毕业典礼上致辞。（摄影：艾群）

徐显明校长在“百名法学家百场报告会”中央国家机关专场报告会上做学术报告。（摄影：艾群）

自　序

近年来，中国政法大学以习近平新时代中国特色社会主义思想为指导，深入贯彻落实习近平总书记考察中国政法大学重要讲话精神，坚持社会主义办学方向，提高法治人才培养质量，在加强中国特色社会主义法治理论研究，提升法学研究能力和水平，加快构建中国特色法学学科体系、学术体系、话语体系，为建设中国特色社会主义法治体系、建设社会主义法治国家、推动在法治轨道上全面建设社会主义现代化国家提供有力人才保障和理论支撑等方面均取得了一系列可喜的成就。

立足当下、回首过往，二十年前的新世纪之初，中国政法大学在全国高等教育改革中被整体划归教育部管理，学校的发展也从此进入一个崭新的历史时期。其时，教育部党组综合考虑历史、现实及未来等综合因素后，遴选时任山东大学党委委员，副校长，研究生院院长的徐显明同志出任新世纪法大首任校长。徐显明校长到任后，在教育部党组的正确领导下，与学校其他党委班子成员团结协作、擘画蓝图、锐意进取、革故鼎新，带领全校师生员工立足实际、披荆斩棘、跨越发展，开创了法大全面升级进步的崭新局面，实现了学校综合实力的飞跃，为法大此后的发展奠定了坚实基础，也为全国高校的改革发展提供了一个可参考的成功样本。

20 世纪，科学史学家李约瑟在其鸿篇巨制《中国科学技术史》中提出了著名的“李约瑟难题”。21 世纪初，温家宝总理在看望钱学森先生时，钱先生又发出了"为什么我们的学校总是培养不出杰出的人才"的"钱学森之问"。[①] 二者均剑指中国高等教育构建问题。

如何回答二公之问,可能言人人殊,亦无法一言以蔽之。这个问题之不好作答自不待言,现实中,既能在理论层面给出完美答案,又能在实践层面提供有力支撑的主体尚不多见。

好在,作为国内人文社科研究重镇之一的中国政法大学,在世纪之初的七年里,无论在理论上,还是在实践上,均以其一系列人所共见的业绩,向国家和社会提交了一份属于自己的答卷。

当其时,笔者正就读于此间,不但亲身经历了学校这段波澜壮阔的发展建设历史,更是目睹、体察身受了其间翻天覆地的巨大变化。此后,因缘际会、时机巧合,遂就此拙作。

本书一改此前著史者一贯坚持之"客观"原则,而将己身之经历、情感、评注倾注于字里行间,遂使所就文本呈现出了更多主客互动之绵绵不绝的温情与活气。

作者不揣一己之力,为一校的发展建设历史著书立说。全书总括学校发展之历史背景、理念方针、治理方略、声誉建设、人事变换、机构整合、文化庆典、院系调整、科研发展、教学革新、人才争战、对外交流、后勤基建等诸多方面,以"物有本末,事有终始。知所先后,则近道矣"为写作意旨,力求探索何谓成功的大学治理之道。为文下笔时,笔者阅字近千万,终得二十七万余字,历经多次修改,以成此书。但限于个人眼界,书中错误疏失、挂一漏万之处在所难免,还望读者诸君宽宥则个。

书名虽云《徐显明校长和法大的这七年》,但并无宣介一人、一校之意,概因当年网上发文初名如此之故,还望读者诸君莫要窄视作者心中之本意。笔者一直以来的观点是,凡涉公共事业建设之事,绝非哪一个人或哪一些人可独自担当,而必由全部涉事主体勠力同心、全力以赴,方可功成！所以本书不只

---

① 徐显明:《追寻大学之道》,法律出版社 2010 年版,第 1 页。

属于一校中那些过去的人，那些现在的人，那些将来的人，它更属于一切关心、关注、关爱和关怀国家高等教育成长和发展的人。

《华严经》云“一花一世界，一叶一如来”，《淮南子·说山训》言“见一叶落，而知岁之将暮”，科学界归总之“宇宙全息论”等，均闪烁着人类以小见大、见微知著之智识上的灵光。七年之于法大，法大之于整个高等教育界，其理亦如是。

唐代史学大家刘知几，曾提出“史学三才论”（为文著史者须有“才、学、识”）和“书法直笔论”。清人章学诚先生又在“才、学、识”的基础上，加了个“德”字，遂成“史学四长说”。后知末学如我者，为文论事亦循此原则，不溢美、不掩恶，力求秉笔直书、持之有据，以体“著书者之心术”！

司马迁曾在其所著《史记·报任安书》中言其志曰“故述往事，思来者”。本书亦宗此。是为序！

高佳胜

2024 年 6 月 10 日

目　　录

前　言

2009 年 2 月 19 日，法大校园新闻网上一篇题为《中共教育部党组任命黄进同志为中国政法大学校长》的快讯，[①]标志着执掌法大七年的徐显明校长与法大行政管理关系的结束。第二天以“新华网”为代表的网络媒体和以《新京报》为代表的纸质媒体均对这次人事交接作了或简略或详细的报道。

《新京报》的文章这样叙述着徐显明校长离任时的情景：“‘7 年零 140 天，总数是 2275 天。’昨日，法大原校长徐显明显得有点激动，他特别记住了 2001 年 9 月 29 日的到任时间。徐显明三次起身鞠躬致谢，并讲述了自己在法大的三大遗憾。

“‘7 年过去了，筹划建设新校园的愿望没有实现，这将成为我个人终身的遗憾，一直都在为新校园做着梦，这个梦到今天都还没醒。’徐显明说，这是他最大的遗憾。

“第二个遗憾则是对不起法大的老师和同学。‘导师要见研究生，还要在树底下，这是我一直感到工作最不力的地方。’徐显明说，校长的任务就是给老师和同学提供比较好的学习、生活和研究的环境。

“第三个遗憾则是当他准备开展法大师德制度化建设时，离开了岗位。徐显明说，‘我反对过度兼职，我决不宽容学术上的腐败和剽窃。我们的教师应

---

① 参见《中共教育部党组任命黄进同志为中国政法大学校长》，载中国政法大学新闻网 2009 年 2 月 19 日，https://news.cupl.edu.cn/info/1011/14294.htm。

该怎样对待学生,和学生保持适当的距离,要爱惜学生。’”①

看着徐校长将在法大的岁月以“天”为单位来计算,看着他为那个已经离开了103天的地方念念在兹,我就没有办法抑制自己的激动。

七年前,我来法大的时候,徐校长晚我几天方来;七年后,我去法大的时候,徐校长亦晚我几天即去,真是一段很有意思的时间巧合。看着报道中徐校长依然明朗的笑容,我的思绪竟也不由自主地回到了2001年。

2001年9月17日上午,两千多新生坐在一个简陋的礼堂中,举行着一场只有四位校领导出席的新生入学典礼。② 回首当年的开学典礼,令人意兴阑珊。印象中,典礼中的发言处处充满了从小学、初中到高中不断听闻的老生常谈,只有入学宣誓让人有些振奋。整个活动暮气沉沉,直让众多对于象牙塔中美好生活祈望已久的各地学子好不失望。许多领导除了教导大家要继续好好学习,不要惹是生非外,对于法大的历史、现状以及未来发展愿景等的介绍几乎为零。

放眼当时整个中国高等教育界,众多高校早已在1992年邓小平发表南方谈话力促我国高等教育改革,连同1993年中共中央和国务院联合颁布《中国教育改革和发展纲要》的时代背景下,对自身与高等教育发展规律相悖的各种因素,进行了巨细不遗、大刀阔斧的十年全面改革。

改革后的各大学,其经营管理理念、人才培养模式和科研教学体系等方面都发生了翻天覆地的变化,而改革中的各种项目更是得到了我国政府的注资。据统计,仅“课程体系改革”一项工作,教育部就投资近亿元。

1997年,高校“共建、调整、合作、合并”的八字方针推出,改革的目标是组建多科性、综合性大学。1998年,第九届全国人大常委会第四次会议通过《中华人民共和国高等教育法》,为高等教育发展提供法律上的保障。

---

① 郭少峰:《教育部:黄进任中国政法大学校长 徐显明不再担任》,载新华网,http://news.xinhuanet.com/edu/2009-02/20/content_10852766.htm。

② 《我校隆重举行2001级新生开学典礼》,载中国政法大学新闻网2001年9月17日,https://news.cupl.edu.cn/info/1012/19398.htm。

1999 年,第三次全国教育改革会议在北京召开,会后发布了《中共中央、国务院关于深化教育改革全面推进素质教育的决定》,许多全新教育观点相继抛出,全国高校的合并浪潮前接后续。

然而,对于当时坐在礼堂中正被镌刻上“法大印”的彼时之我并不知道,当此时代背景之下的母校正面临一种怎样的局面。

第一章　法大危局

有人说世纪之初的法大，恰逢社会主义市场经济急需法治之“天时”，又有学校身处首善之都之“地利”，更兼与法大校园文化相投人员聚集之“人和”，呈现出一派“生机勃勃、欣欣向荣”之景象！然若透过这层层虚幻的表象而体察其中实质，当时的法大无疑正处于重重危局之中。

一、外部环境

20 世纪 90 年代中期，法大曾一度铆足气力，冲击教育部留给司法部所属高校的唯一一个“211”高校名额，[①]无奈因与西南政法大学势均力敌、不相伯仲，遂无果而终。

20 世纪 90 年代后期，随着我国高等教育改革进程的发展，法大又一次面临存亡之境，当是时，全国众多高校已在高校合并的时代大潮之前，成了“待宰之羔羊”。汲汲惶惶前路不知何方。

以京师重地高校合并潮中的各学校为例，其存展方式大抵如下：一如清华大学兼并中央工艺美术学院而“消失别人”；二如中国人民警官大学被并入中国人民公安大学而“消失自己”；三如北京轻工业学院、机械工业管理干部学院和北京商学院联合组建北京工商大学而“共同消失”；不一而足。[②]

至于法大，其究竟会面临哪种“消失”的命运并未可知。据身历此事的师兄师姐们回忆，当时的法大正面临着三种选择：一是整建制转归教育部，实现自己的转型升级；二是被交到北京市政府的手里，成为北京市教委主管的一所“地方”院校；三是被清华大学合并，成为其下辖的法学院。

面对不测之命运，除了部分有清华情结的学生外，大家群情激昂，一致坚决反对“被消失”，誓要保全“中国政法大学”这块金字招牌。毕竟，这可是由

---

① 中国政法大学校史编写组编：《中国政法大学校史》，中国政法大学出版社 2002 年版，第 193 页。

② 廖厚才：《中国高校合并大盘点》，载新浪网，http://news.sina.com.cn/weekend/2000-05-25/230.html。

五十年风雨磨砺、几十万校友共同铸就的中国政法大学！

然而，就在前路未卜的情况下，各种没有根据的消息却纷至沓来。一会儿有人说清华大学开出的条件是只愿意接受学校的教师和学生，至于那些行政人员则需一律剥离，但校方不同意，已经与人家谈崩了；一会儿有人说学校可能会被降格为北京市属院校，整体划归教育部的愿望已经基本成为泡影。

这些真假莫辨的消息，使得整个学校弥漫着一种前路茫茫、不知所以的悲观气氛。学者不能学，教者不能教。教室、图书馆日渐空落，宿舍、周边酒肆一时人满，学子们学习和研究的劲头与日下挫。更有人放言，如果学校被下放到北京市，我们就退学！

好在，不久后的元旦晚会上，马抗美副校长明确告诉大家：校方正在努力，绝对不会让大家的利益受损，而且即将有好消息。① 终于，2000 年上半年，传来了法大被整体划归教育部的好消息！

即便如此，遥想 20 世纪 50 年代毛泽东主席亲自为我们题写“院”名，②调整副院长要经过周恩来总理主持的政务院会议讨论决定时的昔日辉煌③。

对比当下，作为“国字头”又是与政治、法律密切相关的一所名校，整个命运在高层决策的重要关头，却前程难卜、命悬一线，真是颇令人唏嘘！

二、治校危局④

1992 年 5 月，陈光中先生被任命为中国政法大学的新一届校长。

同年，为贯彻邓小平同志南方谈话和党的十四大精神，中国政法大学党委决定在人事和后勤方面实行改革。4 月，中国政法大学改革领导小组成立，领导小组下设办公室，抽调专门人员研究外部的改革经验和学校实际，拟提出学

① 引自互联网中国政法大学校友所建论坛沧海云帆社区（www. canghai. org canghai. org）相关发帖，该论坛现已关闭。

② 中国政法大学校史编写组编：《中国政法大学校史》，中国政法大学出版社 2002 年版，第 7 页。

③ 中国政法大学校史编写组编：《中国政法大学校史》，中国政法大学出版社 2002 年版，第 10 页。

④ 本部分内容请参见中国政法大学校史编写组编：《中国政法大学校史》，中国政法大学出版社 2002 年版，第 189—200 页。

校改革的具体方案。4 月 10 日,领导小组召开第一次会议,一些校领导强调学校发展的根本出路在改革的同时,提出了办学质量和“办学效益”双丰收的改革理念。①

1992 年 6 月 19 日,中国政法大学第二届教代会主席团暨第八次工会委员会第二次会议召开,提出“学校的改革将以人事制度的改革作为突破口”,并专门成立了由校领导牵头的人事改革领导小组和房改领导小组等改革机构,同时会上有校领导还旗帜鲜明地提出了“放权让大家办公司、办企业、搞奖励”等所谓改革“新思路”。

1993 年 6 月 18 日至 19 日,中国政法大学第二届教代会暨第八届工会代表大会第二次全体会议召开,会议听取了陈光中校长所作的《关于我校改革的进展情况的报告》,并提出了《对学校改革进程报告的评价和意见》。该意见认为,学校的改革方案应突出“以教育和教学改革为中心”的指导思想;要正确处理“创收与教育和教学改革的关系”,同时应“高度重视教师队伍尤其是青年骨干教师队伍的稳定问题”;要“重视和改革后勤创收和校园综合治理中的问题”。相关校领导表示要认真研究该意见,与广大师生风雨同舟,共同将学校的各项工作做好。

1994 年 3 月,司法部党组决定对中国政法大学领导班子进行重大调整。3 月 30 日上午,司法部政治部领导在全校处级以上干部大会上宣布了调整决定:任命杨永林同志为中国政法大学党委书记兼校长,校长陈光中先生、副校长张晋藩先生等因年龄原因不再担任校领导职务。随后的一段时间里,校党委研究决定成立“中国政法大学人才服务中心”。该中心为隶属于人事处的科级单位,负责“专业技术职称评审和改革、兴办经济实体”等工作。

10 月,学校制定《实行党政干部聘任制的暂行规定》。该文件规定,从 1994 年 12 月起,凡在学校党政部门从事管理工作或主要从事党政管理工作且兼做其他工作的正式在编人员,一律实行岗位职务聘任。选聘干部可在全校

① 参见中国政法大学校史编写组编:《中国政法大学校史》,中国政法大学出版社 2002 年版,第 194 页。

范围内进行,但学校有权制止不合理的流动。处级干部的聘任人选,采取主管领导提名和群众推荐相结合的办法提名,并在本单位和一定范围内征求意见;科级干部由部门领导提名;一般干部由科长提名。

对于未聘人员,由人才服务中心进行集中管理,分四种情况进行分流:第一种,一年内自行调出学校;第二种,经本人申请,按有关规定提前办理退休;第三种,半年内由校人才服务中心组织学习和培训,由空编单位聘任上岗;第四种,组织临时性服务活动。

1992 年 1 月 12 日,中国政法大学公关事务所正式成立并在工商局注册,成为由中国政法大学主管的全民所有制单位。此后,学校及各部门分别成立了公司和其他咨询中心、信息中心等经济实体 50 多个。这些实体成立的初期,开展了一系列的经营活动,取得了一定的经济效益。但部分实体由于经营不善,造成亏损,并出现了一些经济纠纷,对学校的声誉造成了严重的影响。

1994 年 10 月,为掌握和了解学校各类公司的现状和经营效益,针对存在的问题提出整改措施,校党委决定对各类公司进行全面清理整顿,以保证其健康发展。

1995 年 5 月,清理整顿公司(实体)工作取得初步成效。清理中发现:虚投注册资本占 54%,虚假资金近 900 万元;亏损占 84%,只完成上缴学校任务的 69%;部分公司合同履约率仅为 10%。①

针对存在的问题,清理整顿小组对这些经济实体进行调整、剥离和撤并。

三、学术危局

我国高等学校专业设置分为学科门类、一级学科和二级学科三大层次。最高一层是学科门类,系由国务院学位委员会和教育部共同制定,是国家进行学位授权审核与学科管理、学位授予单位开展学位授予与人才培养工作的基

---

① 参见中国政法大学校史编写组编:《中国政法大学校史》,中国政法大学出版社 2002 年版,第 200 页。

本依据。截至目前,我国学科门类划分共历几次变动,第一次是 1983 年,我国首次参照国际学科门类划分方法,将我国的高等教学研究按十大学科门类划分,此后又分别于 1990 年、1997 年、2011 年和 2022 年四次增补了四大学科门类。

截至 2024 年,我国共有哲学、经济学、法学、教育学、文学、史学、理学、工学、农学、医学、军事学、管理学类、艺术学和交叉学科共十四个学科门类,此为第一层次;在十四个学科门类之下,又各自分设一级学科,此为第二层次;在一级学科之下又分二级学科,其数目更是多达数百个,是为第三层次。

如在第一层次法学门类之下,分设法学、政治学、社会学、民族学、马克思主义理论和公安学共 6 个"一级学科"。作为学科门类而与哲学、经济学等抗衡的法学,我们通常惯称其为"大法学",而在法学门类之下与政治学、社会学相比肩的法学,我们习称其为"小法学"。根据有关规定,各学科门类下招收的各层次学生,皆应授予此门类相应层次的学位。如在法学门类下,学习马克思主义理论与思想政治教育专业的本科学生,毕业时获得的学位即应为法学学士学位,而非思想政治教育学士学位。

在第二层次一级学科"小法学"之下,又分为法学理论、法律史、宪法学与行政法学、刑法学、民商法学(含:劳动法学、社会保障法学)、诉讼法学、经济法学、环境与资源保护法学、军事法学等 10 个"二级学科"(当然,有条件、有能力且经上级部门批准备案的学校,可以自主设置自己特有的二级学科,如现在法大设置的比较法、法与经济等二级学科皆可招收博士生)。博士、硕士学位就授至二级学科,一般意义上的博士、硕士点数,指的就是可以授予博士和硕士学位的二级学科的数目。

而所谓获得一级学科博士学位授权,是指在这个一级学科下的所有二级学科都有博士学位授予权。也就意味着,一个学生只要选择了这个学校、这个一级学科中的任何一个专业,进了校门后且中途不产生换个学校的想法,就可以从本科一直念到博士而不需要中途转校。这基本上能反映出一个大学或科研院所在这个学科的实力和水平。

举例说明,如果我在法大读法学的话,从本科至博士皆可在此顺次完成,只是中间要从昌平校区的本科生院向海淀区的研究生院搬一次家而已。但哪天因缘际会,我转念想读历史学这一门类的某个专业方向,那么在法大完成该方向硕士研究这一层级的学习生活后,可能就要到设有相应博士点的其他高校去继续苦读了。

当然,要衡量一个一级学科是否在全国领先,则要看它里面的二级学科中有没有被冠名"国家重点"的。如果有,那么这种"二级国重"数量几何,则将成为进一步比拼的重点。如果"二级国重"数量足够多,则其上面的一级学科则也会自动转为"国家重点"。

当被列为"一级国重"后,也就意味着该学校的这个学科,已经成为国家在这个学科建设方面最高水准的代表了。以法学为例,目前我国只有北京大学、中国人民大学和中国政法大学三个学校获得了"一级国重"。换言之,这三个学校法学学科的建设水准,代表着我国的最高水平!

具体到本书所要讨论的主角——中国政法大学,我们可以从其建立伊始的1983年开始追溯,看一下它时至21世纪初的将近20年间,学科建设情况究竟如何。

首先,让我们看一下作为高等学校立校之本的本科专业设立情况:1983年中国政法大学成立之初,全校仅有法学一个专业;1985年,经教育部、司法部批准,学校在原有法学专业基础上,新设经济法、国际经济法、思想政治教育三个专业,①并试办政治学专业,学制均为四年(我国法学教育在20世纪90年代末以前,有过很长一段法学区分过细的阶段,现今的法学专业当时一分为六,如上述法学专业、经济法专业、国际经济法专业等即是此种划分标准的产物,此段时间是法学教育史上专业划分"小法学"时代。该种专业划分模式的优点是,因可舍弃对某些法学专业基础课的学习,而使学生对某一门法学专业课的研究相对精深,但缺陷是作为本科阶段的学习,学生的法学基础知识面过于狭

---

① 中国政法大学校史编写组编:《中国政法大学校史》,中国政法大学出版社2002年版,第99页。

窄。最终,国家为培养厚基础、宽口径的法学人才,于1998年取消了这种专业划分方法,所有法学本科生必须学习同样种类的法学专业基础课,毕业时皆授予“法学”这一种毕业证和学位证,是为专业划分之“大法学”时代)。

为适应社会主义市场经济建设及学校发展的需要,学校经反复分析论证后,于1992年12月向司法部请示设立英语专业,并于1993年2月得到司法部批准,该专业于1994年开始招生;1993年3月27日,经校长办公会研究决定,从5月1日起政治系改名为政治与管理学系,设政治学和管理学两个专业,后该系于1995年初,经司法部批准,又增设企业管理专业。①

1998年6月初,为适应教育部本科专业目录调整,法大法学类3个专业合并为1个专业;同年7月,按专业目录调整要求企业管理专业被改为工商管理专业,经济法、国际经济法专业被取消。②

2000年6月1日,学校决定,将新合并进中国政法大学的中央政法管理干部学院改为社会工程学院,下设社会工作和侦查学2个专业。③

所以,至此时全校共8个本科专业,倘若不算新合并进来的中央政法管理干部学院带来的两个新专业,整个法大一共才6个本科专业。这样算来,即便先不论教学质量的优劣,整个学校究竟可开多少门课呢?又将如何培养宽口径、复合型人才!

其次,让我们再看一下能够代表法大最高学术水准的博士专业点的设置情况。1984年底,中国政法大学向社会招考中国法律制度史博士研究生,指导老师是中国法制史专家、中国政法大学研究生院院长张晋藩教授;1987年,经国务院学位委员会批准,研究生院开始招收国际经济法专业和刑事诉讼法专业博士生,指导教师分别为汪暄教授和陈光中教授;1991年11月,中国政法大学民法专业被定为国家博士学位授权学科点,江平教授为指导教师,④此后除

---

① 中国政法大学校史编写组编:《中国政法大学校史》,中国政法大学出版社2002年版,第205—206页。

② 中国政法大学校史编写组编:《中国政法大学校史》,中国政法大学出版社2002年版,第251—252页。

③ 中国政法大学校史编写组编:《中国政法大学校史》,中国政法大学出版社2002年版,第253页。

④ 中国政法大学校史编写组编:《中国政法大学校史》,中国政法大学出版社2002年版,第172—173页。

中央政法管理干部学院带过来一个博士点外，十年间法大再无博士点获批。

1988年3月，中国政法大学中国法制史专业被确立为国家重点学科。①此后十二年之间法大学科点的建设进展停滞、寂寂无闻。直至2000年9月，法大才又有诉讼法专业获批全国人文社科重点研究基地。②

至于说到科研成果，仰赖于法大众多真正醉心于学术的专家教授，那倒还真是可圈可点、可赞可叹，如时至今日王名扬教授亲撰的“行政法三部曲”和张晋藩教授主持的《中国法制通史》等科研成果，仍是其所属学术领域内不可逾越的高峰。

四、人才危局

其实，如果从作为法大前身的北京政法学院开始追溯，人才之于法大原本就不应成其为问题。要知道，当年为办好这所全国首家政法学院，特别抽调了北京大学法律系、政治系，清华大学政治系，燕京大学政治系，辅仁大学社会学系及华北人民革命大学中最精锐的师生来予以充实法大的师资队伍。

可以说，当时全国最优秀的政法师资尽皆汇聚于此：教授如钱端升、雷洁琼、芮沐、楼邦彦、龚祥瑞、费青、黄觉非、吴恩裕等，副教授如汪暄、阴法鲁、杨翼骧等，讲师如潘汉典、朱奇武等，助教如潘华仿、陈光中、余叔通等，均为一时之选。③

正是由于这些优秀师生员工的不懈努力，以及不断取得的可见教研成果，才使得北京政法学院在建院不久后的1960年，就被确定为全国26所重点高校之一，并委托高教部和公安部两家，予以重点建设。

惜乎，随后那段时期，法大陷入了完全混乱的状态。1970年12月，北京市革命委员会一纸通牒，全体教师被发配至安徽省“五七干校”。其间，一些高校因服务于中央理论批判之需要，为补充扩展其被特批保留的院系师资队伍，经

① 中国政法大学校史编写组编：《中国政法大学校史》，中国政法大学出版社2002年版，第176页。
② 中国政法大学校史编写组编：《中国政法大学校史》，中国政法大学出版社2002年版，第263页。
③ 中国政法大学校史编写组编：《中国政法大学校史》，中国政法大学出版社2002年版，第4—5页。

中央有关领导批准，将正在安徽省“五七干校”中“劳动改造”的部分北京政法学院教师调回北京，如芮沐、楼邦彦、龚祥瑞等教授被接回北大，直至终老；还有一部分教师则永远地留在了安徽。①

正因如此，当1979年北京政法学院按照中央有关精神予以复办之时，其所能组织的师资队伍仅是当年的一小部分而已，人才资源早都被人掏空了！为弥补师资短缺之窘境，为保障法大研究生的培养质量，20世纪80年代初期，法大只能采取自北大、人大和社科院等高校机关外聘教师组成“导师组”的形式，来完成相关教学任务。②

此后，经法大“十年生聚，十年教训”而辛辛苦苦打造出来的精锐师资队伍，由于种种原因陆续出走、流亡及转业者大半，使法大人才储备再度赤字。20世纪90年代，学校某些人员仍未清醒认识到教师之于学校的重要作用。

当时的清华大学则已经聚集了王保树、崔建远、张明楷、王亚新、于安等知名教授，加之校长助理、法学院党委书记李树勤教授坐镇指挥，非常规调度，清华大学抓住了各地方法学院人才溢出的时机，果断强势吸纳。③

有校友称：1995年前后，法大真是到了生死存亡的边缘，先后走了100多人，老校长江平为了挽救法大，天天忙着做思想工作挽留优秀人才，如李永军、方流芳等在江老的挽留下留在了法大，成为学术骨干。

据说，彼时尚为“青年才俊”的高鸿钧先生等人因无法忍受校政迟滞怠惰而相继离开了法大，被请进了中国社会科学院和北京大学等单位；另外一批以田文昌先生为代表的优秀师资，则纷纷积极响应学校“放权让大家办公司、办企业、搞奖励”的“良好初衷”，而次第下海经商、搞法律服务去了，是为法大第三次人才大饥荒。

更为严重的是，这种人才流失的势头尚未有丝毫迹象表明已得到了有效的遏制，老中青三代人才梯队断层现象日甚一日。正因如此，才有了教代会上

① 中国政法大学校史编写组编：《中国政法大学校史》，中国政法大学出版社2002年版，第70—71页。
② 中国政法大学校史编写组编：《中国政法大学校史》，中国政法大学出版社2002年版，第102页。
③ 张卫平：《知向谁边》，法律出版社2006年版，第208页。

“应高度重视教师队伍，尤其是青年骨干教师队伍的稳定问题”的提案；所以，1995 年当李岚清副总理视察法大的时候，才有了那段“在办学过程中，首先要稳定教师队伍……进一步提高教学水平和教育质量”的重要讲话。①

五、声誉危局

“声誉”是任何一个社会主体都需要的“名片”，一个良好的声誉，无论对个人还是对群体都是至关重要的。

如果从法大前身 20 世纪 50 年代初所建立的北京政法学院建院时起算，至 20 世纪 90 年代初的漫长岁月里，法大的声誉一直很好。当年，按照中共中央“每大区如有条件具备时，得单独设立一所政法院校”的有关精神，②北京政法学院成为全国第一家以法律和政治为专研对象的高等院校。

1952 年 11 月 24 日学院成立，时任内务部部长谢觉哉、教育部部长马叙伦，最高人民法院副院长张志让，中央政治法律委员会副主任张奚若、彭泽民，秘书长陶希晋，法制委员会副主任许德珩，中国人民大学校长吴玉章，北京大学副校长汤用彤等高官大员、著名学者莅临大会。教育部部长马叙伦，中央政治法律委员会副主任彭泽民在成立大会上讲话，祝贺学院的成立，并对学院的建设与发展提出了殷切的希望。③

毛泽东主席甚为重视这个中华人民共和国成立后诞生的首家政法院校，甚至为北京政法学院题写了校名。在那个时代里，有此开国领袖之眷顾重视，北京政法学院之名想不被全国知闻都难。所以有人说，“北京政法学院”的成立为我国法学教育开启了新的一页。④

此后的很长一段时间内，北京政法学院的师生员工通过各种形式积极参与国家建设，因其所作出的显著贡献而闻名全国。仅北京政法学院首任

---

① 中国政法大学校史编写组编：《中国政法大学校史》，中国政法大学出版社 2002 年版，第 203—204 页。
② 中国政法大学校史编写组编：《中国政法大学校史》，中国政法大学出版社 2002 年版，第 3 页。
③ 中国政法大学校史编写组编：《中国政法大学校史》，中国政法大学出版社 2002 年版，第 6—7 页。
④ 中国政法大学校史编写组编：《中国政法大学校史》，中国政法大学出版社 2002 年版，第 7 页。

院长钱端升教授一人的社会活动便可说明。

1954 年钱先生参与了我国第一部宪法的起草工作，任宪法起草委员会顾问（而毛泽东主席则亲自担任了这部宪法的起草委员会主任）；1955 年 1 月，钱先生率中国科学院代表团到新德里出席印度第 42 届科学大会，并就我国第一部宪法作了主题报告。在印度期间，钱端升一行代表中国政府拜会了印度总理尼赫鲁。

此后，钱先生一行赴卡拉奇，参加巴基斯坦科学促进大会第 7 届会议；1955 年 6 月，钱先生前往赫尔辛基出席世界和平代表大会。1955 年 11 月，日本前首相片山哲率领日本宪法联盟代表团访华，钱先生负责接待并主持宴会；1956 年春，钱先生同刘宁一、程潜、傅作义等人到斯德哥尔摩出席了世界和平代表大会特别会议。

此外，钱先生还赴加拿大，参加了中美英苏四国科学家在加拿大的聚会。1956 年 10 月，英国工党领袖希思访华，钱先生负责接待，并陪同前往全国各地参观。因每每活动皆要提及钱先生"北京政法学院院长"的头衔，而使"北京政法学院"名动海内外自是不证自明的事实。

1980 年，彭真委员长提议创办中国政法大学；1982 年 1 月，中央政法工作会议关于加强政法工作的指示中明确指出，"要抓紧筹办中国政法大学，把它办成我国政法教育的中心"；2 月，国务院批准了中国政法大学的筹备工作计划；10 月，经中共中央组织部批准，成立了以司法部部长刘复之为组长，邹瑜、张百发为副组长的中国政法大学筹建领导小组。1983 年 2 月，中央任命司法部部长刘复之兼任中国政法大学校长，司法部党组成员陈卓任党委书记；4 月，国务院批准了司法部《关于同意中国政法大学成立的正式报告》。①

1983 年 5 月 7 日，中国政法大学成立大会在公安部礼堂隆重举行，时任中共中央书记处书记陈丕显、胡启立等领导同志及中央政法委、中宣部、最高人民法院、最高人民检察院、司法部、公安部、教育部、民政部、北京市等部门负责

① 中国政法大学校史编写组编：《中国政法大学校史》，中国政法大学出版社 2002 年版，第 86—88 页。

人以及法学名家钱端升、张友渔、陈守一、雷洁琼、王铁崖等出席了大会。胡启立代表中央讲话，指出“中国政法大学的成立，标志着中国的法学教育有了自己的最高学府”。①

党中央、国务院也对中国政法大学的成立给予了相当大的关心，并赋予其要建成我国“政法教育中心、法学研究中心和法学图书资料信息中心”三大艰巨使命，邓小平同志更是亲笔为中国政法大学题写了校名，上述种种使得法大成立之初便名动全国。

然而，如前文所述，自20世纪90年代初，学校决定开始办企业、搞经济以来，特别是1995年中国政法大学法律系举办了第一期自考助学班以后，整个昌平区冠以“中国政法大学”之名的自考助学班，如雨后春笋般蓬勃发展，自考班点、“附属”校园四处开花。由于众多所谓的“经济实体”，以及大量以营利为目的，同时还无法保证教学质量的自考助学班的存在，使得法大的名誉受损极重。

教育部直属高校工作办公室主要负责的同志曾经在2002年9月28日陈至立部长视察法大的工作汇报会议上，对法大昔日的声名如是说：“从去年10月开始，学校采取了有力措施对自考办学进行整顿，整顿效果明显，社会反映良好，同时学校也制定了比较规范的制度，这些都使学校自考教育工作走向了规范化发展的轨道，为学校自考教育树立了新形象，取得了显著的成绩……”②

而在高校办学声誉方面，国人早已将法大作为“非正规办学的一个典型大学”，甚至于当年法大差一点就被北京教委取消了自主设置“办学点”的权利。

就笔者自身亲历而言，也有两件事情足可以表明法大当年声名境况几何：一是2001年9月我即将进入法大而开启生命中新一页时的暑假，一位朋友在闲聊中获知我已被中国政法大学录取后，便坦言其听闻该校校风、学风极差，并遗憾地说，你怎么能到那所学校去读书呢，这么高的考分岂不是白白浪费

① 中国政法大学校史编写组编：《中国政法大学校史》，中国政法大学出版社2002年版，第89—90页。

② 《陈至立部长等领导同志视察我校并作重要指示》，载中国政法大学新闻网2002年10月10日，https://news.cupl.edu.cn/info/1011/18589.htm。

了吗？

二是当我第一次赶往法大本科生部所在地昌平区报到时，从345支路车驶入昌平城区后，一路上光见到挂着“中国政法大学”牌子的建筑就不下五六处，从政法大学车站下车后差一点就奔着经济法系办的自考部去了，因为这个建筑门厅的楼檐上赫然挂着写有“中国政法大学欢迎你”“报到处”等字样的横幅。试想作为一个初来乍到的外省学生，谁能辨别哪里才是真正的法大本部？

记得那时城区里不论是跑三轮的司机、还是卖水果的小贩，当听说我是法大的学生后，总要马上追问一句“是院内的，还是院外的”，当听说是本部的学生后才对你又夸又赞，并向你介绍在“院内”和“院外”就读到底有什么不同。至于“不是法大在昌平，而是昌平在法大”等现在已彻底绝迹的顺口溜，那时昌平的市民和商贩可以说是张口就来。

而对于那些正值高中年龄段，尊严和自我意识正不断生成的自考班学生，发现自己正在被法大正规生以及昌平居民“另眼相看”，更兼交了钱后并没有得到当初被承诺的名师辅导，可以说对法大的一切尽皆不满。一有机会，有些人就会到处宣扬法大的种种不是。可以说，当时法大正面临着历史上最为严重的声誉危局。

六、硬件危局

如果说上文曾提到的如“校政”“学术”“人才”“声誉”等方面，法大最起码还曾经辉煌过，那么具体到“硬件”这方面，实事求是地说，它从来就没能让法大人满意过。

令人难以置信的是，当1952年北京政法学院成立时，它连属于自己的校园都没有，而只能寄宿于北京市东城区北京大学旧址的“沙滩校区”。

1953年按照中央的有关安排，新校址选择在北京西北郊土城（即后来的海淀区学院路41号，现在的海淀区西土城路25号。校园旁边的那个“土城”就是曾经的元大都皇城遗址）。当年7月1日新校舍开始兴建，12月初步建成，师生陆续迁入。①

据前辈校友回忆，当时的全校师生员工是那么珍爱这方小小的校园，以至于像钱端升院长等都加入了校园美化的具体劳动中。据说，课余时间院长、教授们尽皆短衣襟小打扮，挥锨抡镐、植树种草地大搞土木园林建设。不久诸如"小滇池""苹果园"等校园景观即初具规模，因众多景观的玲珑典雅、别具匠心，而引得其他高校师生啧啧赞叹。

1979 年，北京政法学院复建之时，原 34000 平方米的建筑面积中 19000 平方米被北京戏曲学校、北京歌舞团、北京曲艺团及北京市第 174 中学等单位占据，留给北京政法学院的仅有 15000 平方米，而整个校园面积也缩减到 150 亩左右，成了名副其实的"袖珍校园"。②

据北京政法学院 79 级学生，现中国政法大学教授、博士生导师杜新丽女士回忆："记得来校报到的那天，一进校门就怀疑自己走错了，楼前空地有敲鼓拉胡琴的，有小孩踢腿练功的，还有三三两两昂首挺胸迈着舞蹈步的少男少女行走在不大的校园里。这到底是哪儿呀，原来政法学院只要回来一个教学楼、一个宿舍楼、一个小食堂，勉强把第一届学生放下，其他的地方还由北京戏校和北京歌舞团继续使用。就这样，两类气质截然不同的学子们在一个校园里为自己的理想各自拼搏着。

"虽然校园不完整，但也有好处，79 级同学都知道，当时想睡懒觉可不容易，因为戏校的学生早早就起来练功了，咿咿呀呀吊嗓子的声音逼着你下床用功，稍有偷懒念头的也会羞愧难当，那么小的孩子都知道起早用功，何况我等肩负祖国法治建设重任的学子们呢……"③

1982 年，中国政法大学筹建之时，据有关资料，当时的计划是："校部暂定在原北京政法学院，新校址暂定在北京市大兴县黄村卫星城，基本建设规模 15

---

① 中国政法大学校史编写组编：《中国政法大学校史》，中国政法大学出版社 2002 年版，第 5—6 页。
② 中国政法大学校史编写组编：《中国政法大学校史》，中国政法大学出版社 2002 年版，第 74 页。
③ 杜新丽：《79 级法科生的政法往事》，载《法制日报》2009 年 9 月 11 日，第 16 版。

万平方米。”①

此后因与大兴县就拆迁及人员安置问题未达成协议，经有关部门协商，并经北京市政府批准，1984 年，中国政法大学最终决定在昌平县择址建设新校，拟定“征地 557 亩，建筑面积 15 万平方米”。②

1985 年底，该规划得到上级部门批准，并列入国家“七五计划”重点工程项目，要求在 3 年内建设完成。③

1986 年 6 月 7 日，在中国政法大学新校工地上举行了隆重的“新校奠基典礼”，时任中共中央政治局委员、中央书记处书记、国务院副总理、中央政法委员会书记乔石，全国政协副主席雷洁琼，中央政法委员会副书记、公安部部长刘复之，司法部部长兼中国政法大学校长邹瑜，最高人民检察院副检察长冯锦汶，最高人民法院副院长林准，北京市委常委、北京市委大学教育工作部部长汪家镠，北京市政府副市长封明为等领导及北京高校、各兄弟院校代表共同参加了奠基仪式。④

1987 年 7 月，第一期新校园工程完工。9 月，中国政法大学昌平校区迎来第一批新生。9 月 22 日，新校举办首次开学典礼，时任全国人大常委会副委员长陈丕显、彭冲，中央政法委员会副书记刘复之，司法部部长兼中国政法大学校长邹瑜，全国人大法律委员会副主任委员、著名法学家张友渔，北京市政府副市长封明为等有关方面领导出席开学典礼，并参观了新校区。⑤

然而，在随后的建设中，因工程实际投资超过 7700 万元，已远远超出了原定全部财政预算 7400 万元的上限，而使得基建指挥部决定将“风雨操场”等建设项目停建或缓建，此时建成建筑面积仅为 70000 平方米，还不到原定计划的一半。至 1989 年 11 月，新校园建设最后交工时竣工面积共 76000 平方米，仅

---

① 中国政法大学校史编写组编：《中国政法大学校史》，中国政法大学出版社 2002 年版，第 88 页。
② 中国政法大学校史编写组编：《中国政法大学校史》，中国政法大学出版社 2002 年版，第 137—138 页。
③ 中国政法大学校史编写组编：《中国政法大学校史》，中国政法大学出版社 2002 年版，第 139 页。
④ 中国政法大学校史编写组编：《中国政法大学校史》，中国政法大学出版社 2002 年版，第 139—140 页。
⑤ 中国政法大学校史编写组编：《中国政法大学校史》，中国政法大学出版社 2002 年版，第 142—143 页。

仅超过原定建筑面积的一半多一点。①

此后,至2000年法大被整体划归到教育部的11年岁月中,整个中国政法大学昌平与海淀两个校区未再新增一处建筑。

2001年,本人入学时对于这所即将生长于斯、寄托慧命、同荣共辱的学校的第一印象就是"朴实",太"朴实"了。整个校园从南到北、从东到西走下来都用不了一刻钟,以办公楼、教学楼为代表的建筑群,色调以七八十年代的灰黄色为主,唯一有点现代气息的仅"图书馆"一处。

偌大的一个校园,连一张休憩的长凳都没有。全部的校园景观点缀,就是那个1994年铸成的"谢觉哉"铜像。

作为一所全国知名的堂堂重点大学,昌平校区那个唯一的体育场,仅用黄土做里、黑炉渣做面,就连一处像样的橡胶操场都没有。

记得当年每每春、秋风起之时,黄沙大幕前被裹挟进沙尘中激战的足球健将们,那气势真可谓是气吞万里如虎,无论他们愿与不愿,都能自然而然地达至"沙、球合一",或"眼中有沙、心中无沙"的天人合一之最高竞技境界。至于球队内的各位名将,也是从无其他高校球员的"小马拉多纳""小贝克汉姆"等俗气绰号,有的均是"黄旋风""小流沙"等独具法大特色的霸气名头!

一位法大金融法教授在一次课上忆往时说,这样的体育场在法大的运动发展史上就已经算"相当不错了"。记得当年他们在昌平初建的校区运动时,整个体育场周围都是一人多高的野草,在踢球的档口,时不时还能冲进来一只兔子。

当时的法大硬件设施之差于此可见一斑!

① 中国政法大学校史编写组编:《中国政法大学校史》,中国政法大学出版社2002年版,第164页。

▲校门外景(摄影:艾群)

第二章　新官上任

2000年初,国务院转发了教育部、国家计划委员会、财政部等部门《关于调整国务院部门(单位)所属学校管理体制和布局结构的实施意见》的有关文件,我国高校体制改革开始进行第三次重大调整。

文件指出,除教育部、国防科工委等部门和单位继续管理其所属高校外,国务院其他部门原则上不再管理高校。调整方案指出,待调整部属普通高校将有22所划转教育部管理;34所由教育部负责调整;5所取消建制,改为原主管部门的非学历培训机构;97所普通高校实行中央和地方共建,以地方管理为主,并由地方统筹进行必要的布局结构调整;3所高校继续由主管部门管理。

根据文件规定,中国政法大学被作为列入独立建制、划转教育部管理的22所普通高校之一,学校国有资产、人员编制、劳动工资及教育事业费、科学事业费、房改经费等均从2000年起划转教育部。同时,根据文件规定,中央政法管理干部学院并入中国政法大学,成为与普通高校合并的6所成人高等学校之一。①

2000年2月26日,中国政法大学正式与教育部接轨,法大的发展也从此进入了一个崭新的历史时期。

一、除旧布新

2001年9月24日,中共教育部党组及教育部作出决定,对中国政法大学领导班子进行重大调整。②

2001年9月29日上午,新任校党委书记石亚军和新任校长徐显明到任,随后学校第一次党政联席会议召开,经研究决定领导班子具体分工如下:党委

---

① 《国务院办公厅转发教育部等部门关于调整国务院部门(单位)所属学校管理体制和布局结构实施意见的通知》,载中华人民共和国中央人民政府网,http://www.gov.cn/gongbao/content/2000/content_60667.htm。

② 中国政法大学校史编写组编:《中国政法大学校史》,中国政法大学出版社2002年版,第284页。

书记石亚军全面负责党委工作；校长徐显明全面负责行政工作；副校长解战原分管行政、校办、人事处、校友会；纪委书记兼副校长马抗美分管宣传部、组织部、学生处、团委、党校、文化中心；副书记冯世勇分管党办、统战部、工会教代会、保卫处、离退休干部处、武装部、综治办；副校长朱勇分管各系院（社会工程学院除外）部、教务处、国际交流处、国际教育学院、图书馆、电教中心、网络中心、培训中心；副校长张桂琳分管财务处、科研处、各研究所、开发、出版社、学报编辑部、社会工程学院；副校长张柳华分管后勤管理处、后勤集团、基建处、校产办；纪委书记李书灵分管纪检办、监察处、审计处。①

9 月 29 日下午，中国政法大学新一届领导班子任命宣布大会在昌平校区图书馆三楼学术报告厅隆重举行。时任教育部人事司司长李卫红、副司长张兰春、北京市委教育工委副局级委员刘宇辉以及新一任学校领导班子全体成员出席会议。

亦是后来陪同黄进校长履新、同时送别徐显明校长高就的时任教育部人事司司长李卫红，当着法大众多中层领导干部、各院系教授代表、民主党派代表、老干部代表等 150 余人，代表教育部宣布了学校新老领导班子的任免决定。

她说："同志们，今天，受教育部党组委托，我宣布教育部党组关于中国政法大学党政领导班子充实调整的任免决定……这次中国政法大学领导班子的充实调整，是一次正常的新老换届，在组织调整中，通过广泛征求意见，严格按照干部'四化'方针和德才兼备的原则，认真进行了考察，这次调整是保持领导班子的合理结构、实现新老交替，使之充满生机与活力的需要，也是学校事业发展的需要……

"党委书记、校长杨永林同志任职以来，本着对中国政法大学的事业发展负责的精神和态度，与班子其他同志一道，勤奋努力，不辞辛劳，为中国政法大学的改革和发展作出了贡献，其他校领导也在任期内尽职尽责，努力工作，做

① 中国政法大学校史编写组编：《中国政法大学校史》，中国政法大学出版社 2002 年版，第 286 页。

出了较大成绩。

“鉴于年龄和身体等原因，在此次学校领导班子充实和调整中，杨永林同志以及王启富、赵相林、魏传军、郑禄、陆炬等同志不再进入新的领导班子。今天，在他们即将离任之际，我受教育部党组的委托，对他们多年来的辛勤工作和对学校改革和发展所作出的贡献，表示衷心的感谢。同时，希望他们卸任后继续关心学校的改革和发展，继续关心和支持学校新一届党政领导班子的工作。

“从今天开始，石亚军、徐显明等同志将走上中国政法大学领导岗位，与大家一道工作。现在我把他们的简要情况向大家介绍一下：石亚军同志，1954 年 5 月生，47 岁，1982 年 12 月入党，1972 年 12 月参加工作。中国人民大学马列主义哲学史专业硕士研究生毕业，教授。曾任中国人民大学党委组织部副部长、教务处处长、副教务长、校长助理等职，1997 年 4 月以来任中国人民大学党委副书记，现兼任全国高等学校本科教学工作评估专家委员会委员，全国高等学校文化素质教育指导委员会副主任。

“石亚军同志政治上强，大是大非清楚，有较好的马克思主义理论基础，在马克思主义理论和党建理论的研究方面成绩比较突出。工作思路清晰，积极肯干，善于运用新思路、新方法解决工作中的问题，创新意识较强；熟悉学校教学管理和党务工作，组织领导能力较强；工作中善于协调，顾全大局；能够团结人，长于与人合作共事，善于做思想政治工作；作风正派，注重廉洁自律。

“徐显明同志，1957 年 4 月生，44 岁，1985 年 4 月入党，1974 年 7 月参加工作。吉林大学法律系硕士研究生毕业，1999 年 12 月获武汉大学法学博士学位。教授、博士生导师。曾任山东大学法律系主任、法学院院长、校长助理等职。1999 年 4 月任山东大学副校长。并任中国法律史学会执行会长、中国法理学研究会会长、教育部法学教学指导委员会副主任等。

“徐显明同志思想敏锐，工作思路清晰，认真负责，有开拓创新精神；有较强的组织、协调能力和较高的管理水平；能够认真贯彻党的教育方针。业务基础扎实，熟悉学校教学、科研和管理工作，教学效果好，科研能力比较强。多次获省、部级奖励,享受国务院政府特殊津贴。工作中严格要求自己,勤政廉政。”

尔后,李卫红说:“在中国政法大学此次党政领导班子充实调整中,增补了几位新同志,其中冯世勇、朱勇、张桂琳、李书灵等同志都是长期在中国政法大学学习或工作的,大家都比较熟悉,我就不做介绍了。张柳华同志是从教育部机关来的,借此机会,我把他的情况简要向大家介绍一下……”

接着,对于这次党政领导班子的调整,李卫红说:“此次中国政法大学党政领导班子调整较大,党政主要负责人都是从校外交流过来的。这样的调整和交流既有利于校际交流与合作,扩大视野,相互学习,取长补短,也有利于干部队伍的建设。

“实践证明,合理的干部调动和交流对事业的发展是有益的,也是十分必要的。同志们,经过充实调整的中国政法大学党政领导班子已经产生,希望大家在学校党委的统一领导和党政领导班子的带领下,继续发扬艰苦奋斗、勇于创新的精神,积极稳妥地进行学校的各项改革,促进学校更好更快地发展……”①

老一届学校领导班子经风历雨、劳苦功高、诚属不易。不过,前一届领导班子八人中仅解战原、马抗美二人留任,力度不可谓不大。至于新任职的党政第一负责人为何全都来自校外,也真是一件颇可耐人寻味的事情。

随后,时任教育部人事司副司长张兰春受北京市委教育工委委托,就如何加强党建工作提出了几点建议。新任校党委书记石亚军、新任校长徐显明也先后在会上就今后如何促进学校发展发表了热情洋溢的讲话。

新一届校领导班子宣布大会后一段时间内,各位学校领导分别看望了部分离退休老干部、老教授、知名专家学者,有突出贡献的青年法学家,并召开了全校党政部门负责人工作汇报会,民主党派、无党派人士代表座谈会,老干部座谈会,教代会主席团成员座谈会,党总支书记座谈会,团委、学生会、博士生、

① 《教育部人事司司长李卫红同志宣布我校领导班子的任免决定》,载中国政法大学新闻网 2001 年 9 月 29 日,https://news.cupl.edu.cn/info/1011/18778.htm。

硕士生、双学士、本科生代表座谈会，博士生导师座谈会，学术委员会成员座谈会等一系列会议，同时还深入各个部门和有关院系走访并调查了解情况，积极为学校各项工作的下一步开展进行前期铺垫。

10月10日和10月11日，新一届领导班子上任以来的首次校长办公会议和书记办公会议分别召开。

10月12日，新一届党政领导班子在昌平校区召开组建以来的第一次党委常委会，会议由校党委书记石亚军主持，学校党委常委全体成员出席了会议，会期一天。会议共分五个专题：(1)党委理论学习中心组学习。讨论学习了《中共中央关于加强和改进党的作风建设的决定》。(2)讨论通过《中国政法大学党政领导班子工作与履职守则》，讨论修订《中共中国政法大学委员会常委会议议事规则》《中国政法大学校长办公会议组织办法》《中共中国政法大学书记办公会议议事规则》。(3)讨论确定改革思路，通过"党委系统党的建设十大工程"。(4)研究决定有关人事问题。(5)研究决定其他问题。

最终，会议研究并确定了今后一段时期内的学校改革思路与重大工作，其中重大工作共立项11项，分别是：(1)机构改革；(2)干部人事制度改革；(3)学科建设；(4)教学改革；(5)科研改革；(6)迎接50周年校庆；(7)校园规划建设；(8)规范学校各部门自学考试辅导办学管理；(9)积极筹款贷款；(10)制定《中国政法大学"十五"计划》和《中国政法大学十年发展规划》；(11)全面加强党的建设与思想政治工作。同时，对于上述11项重大工作还分别规定了具体工作责任人及完成实施方案的时限。

会议决定，于10月17日下午在学院路校区礼堂召开由学校全体教师、副科级以上干部、民主党派、无党派人士代表、老干部代表、教代会主席团成员参加的全校教职工代表大会，向全校教职员工宣布新一届《领导班子工作与履职守则》、近期工作思路、目标任务、已经解决和正在解决的群众关心的一些问题。①

---

① 《我校新班子召开第一次党委常委会》，载中国政法大学新闻网2001年10月17日，https://news.cupl.edu.cn/info/1011/18749.htm。

二、宣誓政纲

2001年9月29日，法大校园新闻网上一篇题为《教育部人事司司长李卫红同志宣布我校领导班子的任免决定》的新闻快讯中这样写道："9月29日下午，昌平校区图书馆三楼学术报告厅，教育部人事司司长李卫红、副司长张兰春代表教育部宣布了广大师生盼望已久的新一届校领导班子任命决定。"①

不知诸位可曾注意到，一篇本应真实、客观、冷静报道即可的校领导换届新闻稿件，竟然使用了"盼望已久"这样的词汇。

遥想当年，那个惶恐滩头、伶仃洋里近乎绝望的法大，那个在凄风苦雨、雪剑霜刀中已达十年之久的法大，那个积郁满腔、图穷破壁，渴望扬眉吐气的法大，他当然有着千万种的理由去盼望、去渴望、去希望——他太想通过这次人事更迭给自己带来一种全新的生活，给自己带来一种全新的前景，给自己带来一种全新的气象，甚至于给自己带来一种全新的辉煌。

可是，新来的校领导能够接得住那份期待与厚望吗？新来的校领导能够为法大的历史接续曾有的辉煌吗？新来的校领导能够给那些望眼欲穿的人们心中注入强电，让企望、等待、积蓄了十年之久的法大人今后与之心连心、肩并肩吗？

好在，对于上述种种疑问，新任校党委书记石亚军和新任校长徐显明在刚刚到任后的"新一届领导班子任命宣布大会"和"中国政法大学深化改革动员大会"两次抡才大典上，交出了令人满意的"策论答卷"。

以下将为大家重现两位当年应对裕如、从容应对的现场实况：②

---

① 《教育部人事司司长李卫红同志宣布我校领导班子的任免决定》，载中国政法大学新闻网2001年9月29日，https://news.cupl.edu.cn/info/1011/18778.htm。

② 以下内容分别节选、改写自石亚军：《中共中国政法大学委员会新任书记石亚军同志发表就职演说》，载中国政法大学新闻网2001年9月29日，https://news.cupl.edu.cn/info/1013/1342.htm；《我校新任校长徐显明同志发表就职演说》，载中国政法大学新闻网2001年9月29日，https://news.cupl.edu.cn/info/1013/1341.htm；《石亚军书记在"中国政法大学深化改革动员大会"上的讲话》，载中国政法大学新闻网2001年10月23日，https://news.cupl.edu.cn/info/1013/1344.htm；《徐显明校长在"中国政法大学深化改革动员大会"上的讲话》，载中国政法大学新闻网2001年10月19日，https://news.cupl.edu.cn/info/1013/1343.htm。

主持人:“两位才子请听题。首先,请问石才子:当前中国政法大学办学所面临的时代背景是什么?”

石才子:“进入21世纪,高等教育的改革和发展面临前所未有的挑战和机遇。一方面,高等教育的体系和结构将发生空前的调整和重组;另一方面,高等学校的学科设置、课程设置、培养模式、教学质量、科研水平将冲击新高。在群雄林立,泰山压顶的竞争面前,许多学校将通过战胜挑战和把握机遇而参与新一轮高等教育的重新洗牌,而对一个学校的社会评价也将透过创新和发展来进一步定义。

“应该看到,社会主义市场经济是法治经济,需要培养大批综合素质优良,掌握先进知识和高超技能的法学教育和法治建设人才,需要推出大量高水平、高质量、有重大影响的科研成果。展望未来,在21世纪中国高等教育的版图中,中国政法大学拥有巨大的资源优势,具有极大的竞争实力,定有远大的发展前景。只要我们以坚定的信念、宽阔的眼界、博大的胸怀、巨大的步伐去展示自己的竞争力,我们完全有可能阔步走在中国高等教育改革的前列。”

主持人:“谢谢。请问你是如何看待法大历史的?”

石才子:“中国政法大学是在国内外享有盛名的全国重点大学,在我国高等教育体系中具有特殊的作用和地位。在近半个世纪光辉灿烂的发展历程中,中国政法大学在历届学校领导班子的领导下,在全体师生员工的共同努力下,不断深化改革,在学科建设、教学改革、科学研究、社会服务等方面,取得了巨大的成就。

“许多著名的法学家在这里从教育人,许多优秀的法官、律师及各类司法工作者打这里起步,在这里,还产生出许许多多对共和国经济和社会发展产生过重大影响的论文、教材和专著,法大为中国法学教育、法治建设在提供人才和智力支持方面,作出了突出的和巨大的贡献。在这里,请允许我向代复一代在法大辛勤耕耘,鼎力奉献的领导们、老师们和同志们表示由衷的感谢和诚挚的敬意。回答完毕。”

主持人:“好的,多谢。请石才子稍事休息,以准备下一场的问题。下面有请徐才子回答问题,请问作为校长,你对法大未来发展的定位是什么?”

徐才子:“我想,在这个问题上可能要经过一段时间后,才能取得大家的共识。就我个人的考虑来说,未来的政法大学应有四个方面的定位:

“第一个定位是为适应素质教育的要求,政法大学应该是一个多科性的大学。目前的法学教育是在三种层面上进行的,一类是综合性大学办的法学院,另一类是理工科大学为争夺生源而办的法学院,还有一类就是像法大这样的单一性大学。单一性大学对学生综合素质的培养存在一定的障碍,多科性可以弥补这方面的不足。因此政法大学的第一个定位应该是一个多科性的大学,她应有多个学科群。

“第二个定位是法大要办成高水平大学,应该是一个研究型大学。现在世界上大学划分为三类,一是研究型大学,二是教学科研型大学,三是教学型大学。法大应瞄准第一类。在研究型大学里应该有一些要素,第一个标志是研究生数量和比例应提高。一般来说,研究生数量应和本科生数量的比例为1:1,或者更高。所以今后法大的研究生的教育将放在优先位置上发展。第二个标志是教师应有充足的科研经费。特别是纵向的科研项目应成为进行科研的重要来源。这是政法大学为社会服务的一个特性。政法大学应是高层次决策的咨询中心,我们应参与社会的重大决策,这些就是纵向科研项目。而与企业的联系不表明学校的水平,只表明教师解决实际问题的实力。第三个标志是教师研究出的成果应是原创性成果。科研成果分原创性的成果和传播性成果两类。那么研究型大学的成果更多应是原创性成果。所以我们政法大学的教师肩负着重大的历史使命。

“第三个定位是法大应是开放性大学,也可以说是国际性大学。要办成世界一流的大学就必须面向世界,至少要让世界上主要的政法院校意识到中国的法科代表性大学是中国政法大学。这就要求法大的留学生人数应成倍增加。同时学校的教师大多应有留学的背景或经常出去参加国际性会议。而法大也应能够举办大型的国际会议,邀请大量的来自世界各地的访问学者。

“第四个定位是在和综合性大学比较时,法大应该是具有特色性的大学。

这个特性主要应凸显在法科的主体地位上。法大已有了法学、政治学、社会学、管理学和人文学五个学科。其中法科的主体地位与特色地位不应受到动摇。以上,就是法大今后发展的定位。”

主持人:“你认为法大具备这个实力而能达到上述办学定位吗?”

徐才子:“我认为完全可以达到,因为法大具有以下的优势条件:

“第一个优势是我们有一流的生源。这是任何一所一流大学都必须具备的,法大每年招收的学生可以和北京几所最著名的大学相媲美。

“第二个优势是我们拥有一流的师资。这点大家应该有充分的自信,世界上没有一所大学的法学教师像我们这样多。我曾经访问过不少的大学,觉得目前在规模上政法大学是世界上规模最大的法学院。我们现在拥有一流的师资,像江平先生、陈光中先生、张晋藩先生,都是我们高山仰止的学者,他们是学术大师,这就是我们的优势。同时,我们的中生代和新生代也在成长。这是我们办成一流大学的第二个优势。

“第三个优势是我们研究资料方面的优势。大家知道任何学术研究离不开信息,离不开资料,法大现在拥有110万册藏书。美国最大的法学院哈佛大学法学院是200万册藏书,斯坦福是100万册藏书,伯克利分校是80万册藏书。这三所学校都是世界一流的法学院,所以世界一流的法学院必须有一流的法学资料中心,这个优势我们现在也具备了。

“我们现在还有一个最重要的优势,这就是第四个优势——‘中国政法大学’的这个品牌是我们最大的优势。我们学校培养了数以万计的优秀毕业生,一大批法学家、法学教育家、政治家、法律家都是从我们这儿走出去的,这种优势值得我们去珍惜。所以每一个法大人都应该把政法大学这个金字招牌当作自己的眼睛,像爱护自己的眼睛一样去爱护她,这个优势是我们发展的基础。

“除了这四个客观的基础以外,我们还有两个主观上的优势。一个主观上的优势是教育部有决心把中国政法大学办成国内一流大学。有领导的支持,这是我们未来能够成功的一个重要条件。另一个主观条件是广大教职工有一种要把政法大学办成一流大学的强烈愿望,还有新组领导班子要把政法大学推向未来的坚强决心，这也是我们可以成为高校中强者的巨大动力。我想政法大学变成世界一流大学的主观和客观条件都已具备了。”

主持人：“众所周知，法大即将刮起一场前所未有的改革风暴，请问，作为校长你是如何看待‘改革’的？”

徐才子：“凡是改革，必定是在有觉悟的知识人中进行的，在座的每一位都是有觉悟的知识人，因此对改革都应有充分的思想准备。高等学校改革究竟应改哪些内容？每个人的回答都会不同，我想用几句话来作一个描述，而这几句话也应该是高等学校共同的任务和使命：第一句是高等教育的根本任务在于培养人。第二句是提高教育质量是高等教育永恒的主题。作为教师，对这句话应该有更深切的体会。第三句是高等教育的中心工作是教学和科研。第四句是高等教育的龙头工作是学科建设。第五句是高等教育的发展要以改革为动力。

“而我们的改革内容中最难改的是管理。管理学中一个定律叫‘路径依赖’，搞管理学的老师可能都知道：美国火车铁轨为什么是八英尺三寸五，根据来自英国。英国为美国人设计了火车轨道。那么英国轨道为什么这么宽？原来是一个电轨车工程师设计的火车轨道宽度，而他以前是赶马车的，所以他设计轨道和马车一样。而马车为什么这么宽呢？罗马人征服英国时，马车就这么宽。那么再寻找，罗马人为什么把车设计这么宽？答案很简单，两匹马的屁股就这么宽。这就是‘路径依赖’。后人思考问题，进行自己的建设，会不假思索地依赖前人的思维和定制。因此，我们要改革，首先就从观念开始。”

主持人：“那你又认为哪些观念需要变革呢？”

徐才子：“第一个观念：办学目标观念。中国政法大学要办成什么样的大学？我曾用‘四性’来概括：多科性、研究型、开放性、特色性。用教育学观点给中国政法大学作一个定位，可作这样几个比较。

“第一个比较是在世界范围内做出的。按照国际标准，大学可以分为这几类：第一类是研究型大学，这是高水平大学；第二类是科研型大学，科研是其重要组成部分，但是它更重要的是支持教学；第三类是低层次大学，叫教学型大学。各位请思考,按照这个标准,我们中国政法大学应归为哪一层次的大学?

“第二个比较是在整个中国内部做出的。第一个层次,是教育部根据党中央、国务院的有关精神,决定把北大、清华办成‘世界一流大学’,这是第一个层次,这个层次很清楚,全国只有北京大学、清华大学。第二个层次,叫作‘高水平大学’,除北大、清华以外的其他大学即属于这个层次。大家可能已注意到,山东大学建校一百周年,江泽民总书记的题词是:‘建校百年,把山东大学建成高水平大学’。这是目前中国高等教育体制确立的第二层次。第三个层次即一般性大学。在这个标准中,大家可以看看中国政法大学应是什么类型的大学,距世界一流大学到底有多远?

“第三个比较是在原来司法部所属的五所政法大学或政法学院这个范围内做出的。这个比较是大家已经习惯的,即司法部所属的几所学校,我们是龙头老大地位,和他们相比我们是一流的。这个地位任何人都无法动摇,尽管最近一个时期有些学校说三道四,但是这个地位他们取代不了。

“这就是三个定位的坐标。中国政法大学将来怎么走,这是非常重要的问题。我想,中国政法大学一定不能低标准、低要求,她要在世界范围这个层次进行竞争和比较,哪些方面能够比上去,我们就优先和着力培养哪些方面。我们不是以学校整体比较,我们的落脚点是某些学科可参与世界竞争,因此中国政法大学将来的定位一定是‘在优势学科上达到世界一流水准’。

“所以中国政法大学要成为世界知名的高水平大学,必须选择准比较对象以进行自身建设。如我们在走向世界时,进行比较的首要对象就应该是法学院校、法学学科,而不是综合性大学和别的学科。这个定位,不知大家是否认可?如果认可,建设世界一流的政法院校,就是建设中国有代表性的法学学科。这是我的一个观点,我希望大家能够统一起来。从归属国家队的那天起,我们的比较坐标就应该立即进行调整,放弃和原来的几个单科性学校的比较自不待言。这是我们所有法大人应该变革的第一个观念。

“第二个应该变革的观念叫‘什么才是大学的中心工作’。刚才我说的,一般性大学的工作是教学、科研。那么,在我们中国政法大学成立的时候,党中央、国务院给我们的任务是要建成三个中心,即政法教育中心、法学研究中心、法学图书资料信息中心。这三个中心固然没错,可是,这仅仅是党中央、国务院根据当年的政治需要,对我们学校中心工作作出的定位。如果按高等教育发展规律来思考我们的中心工作,上述情况可能就会有所改变。

"世界第一所大学是意大利的波多黎各大学,它设立的第一个专业是法学专业。可以说,世界高等教育起源于法学,这是我们从事法学教育的人应该得出的结论,我们应该感到非常自豪。该校当时有两个专业:一个是法学专业,另一个是神学专业,都是解决人的精神需要的。接下来才有了医学专业。

"所以在西方,大致是以这三个专业作为高等教育发展起点的。那么设置这三个专业,当时的需要是什么?是培养这方面的高层次人才。因此高等教育的第一个中心工作是为'培养高层次的人才'而准备的。大家都知道,先有哈佛,后有美国,哈佛大学在经历300多年历史的时候,它已经成为世界科研的中心。这使美国政府认识到:大学不仅仅是培养人的,也是可以出科研成果的。大学的第二个中心工作被赋予出来,即'科研'也是大学的中心工作。到了本世纪30年代前后,人们又发现,大学光创造科研成果,而成果不能转化为生产力的话,那还是大学自身的事情,科研成果应当走向社会,所以赋予它的第三个中心工作就是'大学应该成为科研成果转化中心',也有人将它概括为'为社会服务的中心'。像我们这种文科类院校,科技成果转化对我们来说是微乎其微的,但我们应成为'为社会服务的中心'。

"具体来说,如果按照党中央、国务院赋予我们的使命,来定位我们的中心工作,我们中国政法大学应该成为我国法学教育中心,国家立法政策咨询中心(应该成为国家经济政策、政治政策以及其他政策制定的咨询中心),应该成为法学信息资料中心。如果我们按照世界高等教育界对大学中心工作定位的划分标准来看,中国政法大学的第一个中心工作应该是'教学',第二个中心工作应该是'科研',第三个中心工作应该是'社会服务'。

"大家可以比较一下这两种'中心工作'的不同定位方法。我想,我们既不能放弃党中央、国务院赋予我们的使命,我们也不能放弃自身在国家高等教育主流队伍中取得良好地位的努力，以及与世界主流教育观点相接轨的机会。当你成为国家的思想库时，国家的一些重要决策、立法都取自中国政法大学，这时我们在全国的中心地位就不容置疑，也不会动摇。我最近看了一份资料，近5年来，我们教师当中有87位参加过立法，这个数字是比较大的，其他政法院校法学教师加起来也没有这么多。

“所以，我希望大家去思考，我们的中心工作是什么？这是需要转变的第二个观念。

“第三个观念，我想谈一下学科观念。‘学科建设’是学校的龙头工作，没有比学科建设更重要的工作，只有学科建设工作才能把那两个中心带动起来。

“我曾讲过，学科建设有三个要素，一是主体要素，即一定要有一支高水平的师资队伍，没有这支队伍，就没有学科，所以一个人就可能代表一个学科，一个人就能发展起一个学科，这是主体要素。二是客体要素，就是该学科中一定要有一系列的标志性成果。成果应该有一个积累的过程，只有一项、两项成果构不成一个学科，历史地看，它有一系列的积累，该学科就形成了，这是客体展现出来的。第三个要素，为什么把它叫作学科，学科之所以称为学，终极原因是要培养人，培养高层次的人才。这里的高层次人才就是以博士、硕士为代表。

“抓学科建设就等于抓住了学校的中心工作，只有学科建设才是学校建设的龙头。所以，我们的基本观念是应该通过抓学科建设来全面推动学校工作。中心是不能动摇的，其他一切都是为该中心服务的。这是我们学科建设的一个基本理念。

“那么要建设什么学科呢？中国政法大学应是一个多学科的大学，它不是一个单一学科，包括我与博导们座谈时，那些法学博导也认识到这一点，一个单科性的大学，只能发展学术的一个方面，只有多科性大学，特别是在现代社会，学科间的相互渗透才能将这学科推向前沿。所以多科性要求我们在中国政法大学建立一个个的学科群。

“目前，法大的学科现状是博士点有5个，硕士点有13个，本科专业有8

个。如果我们建设学科群,在该学科群里应突出一两个学科的主体地位,那么在这一两个学科的带动下,使其他的学科都齐头并进,大学的整体水平就体现出来了。所以,我希望大家能树立起建立'学科群'的意识来。因此,当谈到法大时,不要光谈法学,应兼顾其他学科。这也是大学的主体观念。

"学科建设,我想强调重在'建设'两个字。学科不是自身长起来的,一定要有一个力量来推动它,作为学校的管理机构,我们院系领导应该有一个学科的培养意识。在近三次学科申报时,在博士点上法大都是不获而归,值得反思。我们欠缺的一个方面在培养上,那么下一步工作是什么?明年的学科评审就要开始了,大家应该有信心把我们的法学推到一级学科上去。

"学科建设分为三级学科、二级学科、一级学科,现在我们拥有的五个法学博士点都是二级学科,如果我们的整体实力非常强,能推得上去,就会变成一级学科。(学科建设工作不同于学校专业设置。实际工作中通常会把专业设置中的'二级学科'进行进一步细分,'三级学科'就是这种细分的结果。比如'理论法学'这个二级学科是'法学'这个一级学科的细分,那么诸如'法理学''法哲学''法社会学'等就是'理论法学'这个二级学科的进一步细分,也即三级学科。)

"现在大学间的比较是看你拥有的一级学科点有多少,北京大学之所以强,是因为它有36个一级学科。我在山东大学抓学科建设时,过去它只有一个一级学科,去年完成一个大的飞跃,已经有了9个一级学科,全国高校达到9个一级学科的也就有十几个。所以我们应把我们的法学学科推到一级学科上去,争取其他学科如政治学、管理学,在博士点上也有大的突破。这样,学科群才能建设起来。

"我们可以设想:用5年到10年的时间,把法大的法学学科建设成为一级学科,到那时,法学现在拥有的10个博士点我们都可以自主地来设立。博士点我们也可用5年到10年的时间增加到10个以上,硕士点达到20个以上,本科专业达到10个左右。这项工作重在建设,重在培养。该工作主要由老师来完成。

“这就是‘学科观念’，如果大家能达成共识，学科建设就是我们的龙头工作，大家都为这个龙头工作服务，学科建设就会有一个大的飞跃。所以研究生院的主要职责是抓学科建设。这是第三个观念。

“第四个观念，是育人观念。它既涉及教育思想，也涉及办学思想和教学的一系列改革。到底培养什么样的人，我听到很多议论，包括有老师说，我们的传统不能丢，我们的传统是培养实用型人才。我非常赞同中国政法大学过去的这个传统，这已形成了我们的某种特色。

“但我们应思考，现在办学条件已不同于10多年前，10多年前，还有一种优越感：在计划经济条件下，特别是52年院校调整后，办法学是某些大学的特权，因为多数大学的法学专业被取消了，综合性大学只留了三四所，国家重点扶持我们这5所院校办政法。那时培养的学生是非常受欢迎的，我们学生的去向不用学校费心。但现在在市场经济条件下办学，我们培养的学生如果不能接受市场的检验，或在市场检验面前失败，或培养的学生不受用人单位欢迎时，我们就应反思我们的办学思路。

“现在，综合性大学所办的法学院一共是234家，它们有强大的依托，而这一点对法大来说，则是一个致命的缺陷。一个法学专业学生，既需要人文关怀，也需要科学精神。人文关怀应是在文、史、哲、经当中来培养，科学精神应当在数、理、化中培养。我们在这两方面都有缺陷。

“法大到底培养什么样的学生，这是需要大家思考的。改变这个现状的一个做法就是建设我们的多学科性，增加一些学科。另外，思考在素质教育中，在目前状态下，我们处于一种什么样的矛盾之中。一方面我们对学生进行通识教育，另一方面我们培养的学生将来会做律师、法官、检察官，成为法律职业共同体中的一员，那么后面这一种应是一种职业教育，这就使我们的通识教育和职业教育处在一种重叠之中。如何解决这一矛盾？

“通识教育培养学生时，第一要求他学会做人，第二学会学习。现在的高等教育观念叫终身教育，所以学会学习比学会知识更重要。这是通识教育要做的。而我们的职业教育要求训练两个最基本的素质。第一是司法伦理素质，用一生追求这种公正；第二有熟练的法律技巧。这两种教育如何统一起来，这是我们在办学、育人过程中要认真思考的，所以在这个问题上我们不能再培养低层次人才。

“如果用发展的眼光来看，我想我们许多老师都认识到了一点：未来的法学教育应当是精英式教育，就是素质最高的那群人接受的教育，因此他所从事的工作，应当是哲人式的工作。这些人应具有哲学家的头脑，应有最聪明的智慧，应有熟稔社会的各种技巧。所以如何把这两种教育统一起来，也应当引起大家的认真思考。

“一方面教育部对我们提出要求，推行素质教育，素质教育从开始时是提高大学生的文化素质，现在发展到全面推行素质教育，所以要完成教育部赋予高等院校的‘完成素质教育’的使命，还要体现出我们培养的学生将来能从事法律工作的特点，这就是说对我们提出的要求比一般性大学还要高，而不是低。如果带着这种思考来设计我们的教学方案的话，那将会发现我们目前存在的问题是非常多的，所以应迅速改变我们现在的低层次教育，把这个局面改变掉。这就是育人观念的变化。

“第五个观念，是办学规模。规模一定涉及结构，我们的结构在三个方面都是不合理的。第一个结构是非正规办学规模远远大于正规办学规模。我们获得的评价是什么？有人已经把我们当作非正规办学的一个典型大学，这个评价不是来自民间，而是官方。所以我和石书记的压力都很大，教育部领导找我们谈话时也谈到这个问题。有人说中国政法大学已经成为一所民办大学，这是对我们最大的误解。这是第一个结构，我们现在正规办学是 8000 多人，而非正规办学有 15000 人。

“第二个结构是高层次教育的规模和本科教育的规模，研究生只有 1300 人，本科生是 7000 人，比例是 6∶1。一个研究型的大学应要求本科生数量和研究生数量比例持平。北大、清华已经达到了，研究生招生数量已经超过本科生，清华大学前年做到的，北京大学去年做到的。该结构我们应该改变。

“第三个结构，在研究生教育这个层次里，博士生和硕士生的层次结构是不合理的,仍然是6:1,1300名研究生中博士生不足200人。

“这三个结构怎么改善它?大致的思路是否可以这样思考:逐步缩减非正规教育,稳定本科教育规模,大力发展高层次教育,特别是博士层次的教育。该结构是每个学校的办学结构,基本表明一个大学的水平。如果我们定位为一个高水平大学、研究型大学,我们必须努力改善这个结构,这是第五个观念。

“第六个观念是关于教育质量问题。本科是大学的立学之本,没有本科教学就不叫大学,只有本科以上的教育,才能称之为大学。国家学位办把所有的知识分为12个大的门类,一般称之为大学的,应有6个以上的门类,这是国际标准。

“提高培养质量是一个永恒的主题,所以一系列教学改革都应当建立在提高教学质量的基础上。教育部最近的一个文件对我们提出了更高的要求,我想大家还不太熟悉。高水平的大学,凡是进入“211工程”的大学,都要接受国家的本科教学优秀评价。我们法大目前的准备工作还没有开始,所以提高教学质量应以迎接教育部对我们的优秀评价为契机,以评促建,以评促改,使我们的教学质量得到保证。

“同时,教育部还要求一定要把名教授请到本科讲台上。教务处已经商量,我们60岁以下的博导应该给本科生上课,并且应当倡导新生入学后的第一堂专业课一定要由有名的教授来上,这堂课对学生来说终身受益,所以60岁的博导能否每年完成36个以上的课时给本科生上课,这也是提高本科生教学质量的一个措施。

“还有,应大力改善我们的办学条件。这半个多月我们两地走了走,我们的办学条件在某些方面还不如一所中学,一所中学现在获得的投资是几个亿,那是大学没法比的。但是我们学校连一些基础的条件还不具备,如在昌平校区,多媒体教室只用于基础教学,专业教学没用过。

“到目前为止,法大没做出教学课件,教育若比作一个产业,在头脑中主要是课件,一个课件的附加值是千万倍的,这些我们都没有。我们的网络可能是最落后的,价值高,但速度最慢。现代技术的基本教学手段在我们法大的应用很少,在这种状态下培养出的学生,对一些现代技术教育都是陌生的,这就可能影响到我们的教学质量,还有我们的教学评价体系。

"教学评价体系能否有制度保证,一课上完后好坏一个样,可能是没有一种制度,老师在教学位置上的去留是否由学生通过某种权力机构来决定。类似这样的问题我称之为教学评价体系,这样的体系能否建立起来等。

"提高本科教学质量是我们永恒的一个主题,否则我们对不起学生。大家很自豪,我们的生源是最好的,但是如果他们接受不了一流的教育,他们会带着某种怨恨离校,这种名声传播对我们不利。

"我听说一家长到昌平一看我们的牌子到处都是,分不清哪个是法大,最后决定这个学校不能报。我们离校的学生讲四年没有听名教授上课,只是听了一两场讲座,人是见了,上课的风采不知道。这种名声传播出去,使我们丧失了很多优秀的生源。所以提高教育质量,也是我们深化改革要解决的。

"第七个观念,是科研工作。科研工作是一个大学水平的标准。为什么叫大学?我想重在学术。大学不同于官府的最大区别应当在以学术为本,以学术作为评价标准,一个大学的评价体系就是学术。所以我们这儿叫学府而不叫官府。那么,学术上我们应倡导一种什么样的精神?这就涉及学风。我们历来赞扬原创性研究。

"研究成果分为两种,一类是传播型,我们上课所使用的课本,查资料时所见的字典,这一类也是成果,属于传播型;真正有能力的科研人员应该有原创性成果,所以鼓励原创性成果。一个大学原创性成果比例越高,它的科研水平就越高,它所属的层次就越高。

"学风涉及为什么而学术?这里也可分几类:一是为生存而学术,目前这类不多,大家温饱已经解决;二是为身份而学术,要评职称。拿出一点所谓成果而学术,这些'成果'他自己知道是不是成果。真正做学术,只为人格为学术而学术,将学术当作自己人格、生命来看待。范文澜先生所说的'板凳要坐十年冷,文章不写半句空'这种精神,应是我们学术所倡导的。

"这就涉及中国政法大学成果评价体系是否科学,是以数字作为标准,以印成铅字作为标准,还是以真正学术为标准。依我看,数字不是真正的标准,仅仅是形式;铅字未必是学术,印成铅字的东西,有人说只有三种人看,自己看,编辑看,印刷时校对看,除此之外,没有第四个人看。这种学术不应是我们所倡导的。

“学风的引导要通过科研评价体系来体现。因此鼓励大家争取纵向的科研经费,将来是否可建立一项制度,没有科研经费,特别是没有纵向科研经费的人(横向科研经费获得途径很多),你是否有资格参加职称评定。科研经费不足,就没有能力指导研究生。研究生是在导师科研过程中学会研究,导师的经费是指导研究生的条件。这就是我们需要引导、鼓励的,你的经费越多,你的层次肯定越高,为国家作出的贡献就越大。这就是我们科研体制所要理顺的,这是第七个观念。

“第八个观念,是人事观念。人事工作的基本观念是什么?大学里的人事工作,我想主要是建设一支高水平的师资队伍,这是最重要的人事观念。大学里的人事调配,人员进出,一切为师资队伍建设服务。

“一个好的师资队伍,几个方面结构均应该合理:一是职称结构。高水平大学职称结构是倒置的,教授应多于副教授,副教授应多于讲师,助教仅是几个人的事。二是学历结构。构成教师的大多数都是博士,所以我们应有计划地为45岁以下的教师创造条件,使他们在几年内获得博士学位。三是年龄结构。年龄分布应是合理的。在法学学科上,我们基本完成了新老交替,而其他学科好多未完成交替。有前一辈在前引领,中生代、后生代迅速成长起来。这个年龄结构应该合理。四是学缘结构。即大家出生不应同源,如果大家都是从同一个大学毕业,学缘结构就不合理,就如血缘一样。哈佛大学有一个硬性规定,在哈佛从教的人从哈佛毕业的不得超过30%,所以聘任时严格按比例来掌握,这就保证学缘结构的合理性。学缘结构不合理,大家知识结构就相同,因而相互间就缺乏碰撞;另外,都是同一个地方出生而排斥外来,这种学缘只会证明自己的低水平,对于高水平、开放性的大学必须吸引更多的其他大学的人加入我们的队伍。学缘结构要保持合理性。

“此外，还有一个留缘结构，就是留学国别合理。如果大家都留学美国，回来传播的大概都是美国的精神、做法、经验；都留学德国，则大陆法系可能占统治地位。日本东京大学历史上出现过两次反复，开始留英的人占主导，接下来留德占主导，这两派处于矛盾中，最后还是要走向调和，出现一个各种结构都存在的合理性。一个好的师资队伍在这几个结构上都是趋于合理的。

“最后一个结构，人们叫作水平结构。这个师资队伍里应该有大师级的人物，他们是一面面的旗帜，一面旗帜可能代表一个阵地，水平应该分开，然后有接续的人，使星火相传。所以一个大学里两支队伍，一个是师资队伍，另一个是管理队伍，这两支队伍建设好了，这个大学就有希望了。

“第九个观念，是管理观念。大学里管理到底管什么？刚才我一句话：大学是学府而不是官府。所以我和石书记一再强调，大学里没有官。这个观念，请我们从事管理的老师注意。我开过柳华校长玩笑：大学里没有公务员，相反大学教授有一种特殊性，‘以官能高，见民能平’，当总理和你见面，你给他讲解问题，总理就成为你的学生；‘见民能平’，教授见到扫马路的，你不能命令他扫快点。因为不构成隶属关系，大家地位是平等的。

“那么，作为大学里的管理者是管什么？不是管教师和学生的，教师和学生是你服务的对象，在这里有两个明确的观念，一是大学以教师为本位，二是以学生为主体。这两句话是说给从事管理的同志听的。大学的正常循环关系应该是校部机关包括校长、书记在内一起为各个院系服务，校部机关、各院系共同为教师服务，大家共同为学生服务。这个循环关系要厘清。

“学生不是你呵斥的对象，也不是管理对象而是服务对象。特别是在现代教育背景下，学生交费上学，他是来消费的，你不能提供优质服务，他就会动用他的权利。在这个循环关系中，学生应有权利感，学生有权利评价老师、工作人员。大家知道，权利意味着什么？意味一种强制力。学生的评价就成为我们取舍某些人的依据。

“所以大学里的管理观一定要改变成服务观。不能树立服务观念，就不适合做管理工作。所以我非常赞成石书记的话，‘我们到政法大学来不是来当这个书记、校长,而是来做书记、校长,做事情,就是作为大家服务的事情'。所有管理人员要明确,教师是本位,学生是主体。不要把学生当成客体,来支配他,而要把他当成主体,你应有一种被他支配的感觉,他来决定你。

"以教学计划为例,哈佛大学开7000门课,中国开课最多的北大,1700门,差别为什么产生?哈佛、北大学生人数大致相当,原因在于哈佛规定,5名以上学生要求开设某门课,学校必须满足他,教学计划是根据学生需要而提出的,不能满足学生需求时,学生对你评价可能就是'－'(减)号,这就是学生的主体地位。所以一个大学所采取的政策,制订计划应根据学生的需要,这就是我们应建立的一种管理观念。

"最后一个观念,谈一下大学文化的特质。这个观念也是我和大家互勉的一种观念。大学文化本质要求是追求卓越,因为学术始终有创新性,只要追求学术,就是追求最高。因此,各项工作都应以追求卓越作为特征。

"请别人来做一场学术报告,一定要把最高水平的请来,听一场交响乐,要请李德伦,或其他一流大师,一定不能请那个三流的。所以,我们每一项工作都以追求卓越作为大学文化的特质。大家知道我们代表先进文化,代表先进文化的发展方向。

"大学应是一个国家先进文化的传播地、弘扬者,每个人都应为先进文化的产生做出自己的贡献。我们应该去创造这种先进文化,如果我们是创造者,我们一定是在追求最先进的东西。所以大学文化本质性特质应该是追求卓越,学术上如果向二流看齐,那你就不是好的学者,管理上向二流看齐,那你就不是一个好的服务者。所以这种观念我们要一致起来,追求一流,追求卓越。

"关于观念的更新,我就讲这十个方面。实质上就是四句话:更新办学观念,抓住中心工作,改革管理体制,争创一流学科。这是我想与大家交流的一些看法。"

主持人:"真是振聋发聩、醍醐灌顶!各位,什么叫作'听君一席话,胜读十年书'?你们都看到了吧,这就是我们今后的当家人,难道我们还没信心把法大建设好吗？那么，请问你近期将开展哪些工作呢。”

徐才子：“第一，近期要开展机构改革，它的方案将在10月底作出。目前法大是教育部直属71所院校中唯一一所未进行机构改革的院校，部领导的要求很明确，要抓紧时间进行改革。

“第二，干部人事制度改革，这项工作的方案也在10月底作出。

“第三，关于学科建设方案，包括申报国家重点学科。这是大家比较关心的。1985年，国家第一次设重点学科，全国有412个，中国政法大学有1个，即法律史学科。这次国家设立600个左右，我们申报了4个，现在评价结果，诉讼法获100分，就是在一级学科里第一名，在二级学科中也是第一名；我们法史，一级学科第六，但二级学科仍是第一；民商法，一级学科中是第二十六位，但二级学科中是第二；国际法，得票较低，13个百分点，二级学科中排名第四。我们申报了这4个，除了重点学科是建设中心之外，还有整个学科规划，这项工作也在10月底完成。

“第四，教学改革。教学改革包括刚才讲的一系列制度建设和以质量建设、以质量保证为中心而采取的措施。这项工作将在11月底出方案。

“第五，关于科研体制改革，这项工作准备在11月中旬作出。

“第六，校庆工作。校庆工作将在星期五专门开常委会议研究。方案已经基本做出。

“第七，大家关心的‘十五’规划。这项工作将由石书记和我负责，将在年底做出。其间要几上几下，涉及学校发展的大方向，事关大局，既包括学科建设，又包括突出两个中心问题，还包括校园建设。

“第八，校园精神文明建设。这项工作准备在10月底拿出方案。校园文明是一个生态系统，一个教育生态。我们学校校园文明如何，直接关系到我们教学质量，直接关系到育人环境。这些方面，我们有一些大的构想，一定要使中国政法大学至少在中国有一种浓郁的法律文化环境，使全国从事法律教学、研究和学习的学子以及从事法律实务工作的人有一种要到政法大学来，接受它的沐浴和熏陶的愿望。

“要使我们校园有这样的环境，目前这个状况，我们肯定会改变。这包括我们应不应该有主色调，应不应有标识，独特的建筑格局，甚至校歌、道路，如我们主道上是否像华盛顿那样出现宪法大道，进入法大后，感受到非常浓烈的法律文化，这都是精神文明建设所要思考的。

“第九，如何规范我们非正规办学。在非正规办班问题上，我们要辩证地看，常委会每个成员都发表了意见。要肯定它曾经做出功绩，在缓解办学经费的不足有贡献，确实使我们一部分人走向了富裕，但是还应看到其危害已经大过其便利。有的同学在座谈会上讲，政法大学是一个资本，使用这块牌子进行资本折旧，资本有被用完的一天，长此以往，政法大学迟早有一天不存在了，同学们有此感触。

“我们的基本态度是：办班总闸不关，不是说马上把班解散。石书记还有一个概念就是把跑冒滴漏的水龙头拧紧，我们的意思是我们要珍惜自己的声誉。在此前的演讲中，我谈了自己的感受，我也是法大的一员，要像爱护自己的眼睛那样爱护我们这块牌子。这是我们人格的组成部分。任何损害这块牌子的行为都不允许。常委会因此作了这两项决定，希望所有办班单位服从这个决定，你的行政负责人是第一责任人，这项工作由朱校长和李书记负责。

“第十，党的建设和政治工作。

“第十一，关于‘211 工程’和拨款。关于‘211 工程’大家都知道，在教育部直属的 71 所大学中，只有我们与北京广播学院未进入，部里的态度始终是非常积极。包括我大前天回山东大学参加校庆，和陈至立部长同一航班，又谈到‘211 工程’。

“直属办的陈主任说教育部这里没问题，我们一直给你们留着，但剩下的问题是争取其他部委的支持。‘211’是国家计委在立项，财政部拨款，要争取这两个部门的支持，筹款涉及整个学校的发展，特别是为明年校庆，是筹款最好的时机，学校的发展投入可能是一个前提。学校将拓宽渠道，将来会有一系列的措施出台。回答完毕，谢谢各位。”

主持人:“请问你的工作方式将是什么?”

徐才子:“我的工作方式现在可以告诉大家:我将注重制度建设,李卫红司长对法大提出一个要求,中国政法大学应该成为依法治校的典范,其管理过程中的经验应该成为全国高校管理值得借鉴的重心。

“这个制度应该体现出它的效率性,所谓的效率一定对应着责任,应该体现出它的文明性,文明就是以人为本,以关爱人为特征;应该体现出它的民主性,民主就意味着多数,可使更多的教师参与管理。另外就是实行改革,大家知道改革是高校发展不竭的动力,我想大家也期待着改革,因为全国高等教育的发展全部得益于改革,所以政法大学也不能游离于这个规律之外”。

主持人:“请问,你心目中理想的法大应该是个什么样子?”

徐才子:“我心目中理想的政法大学,她应当是校园里充满了法律文化,应当使每个教师可以得到足够的尊严,应当使每一个学生都感到自豪,应当使每一个管理者工作人员获得充足的发展空间。因此我相信我们政法大学的明天会更好。”

主持人:“刚才,徐大才子已经谈了很多,我们让他稍事休息。下面我们再请石大才子陈述一下今后党委的工作思路和工作措施。”

石才子:“党委的工作分成两块,一块是制定全校改革发展大的思路并保证实施。另一块是党务系统的工作即加强党的建设和党的思想政治工作。在这一方面,我们准备搞十大工程:第一是加强领导班子建设,即合力工程,重在中层党政两套班子的建设。第二是加强各类干部队伍建设,即支柱工程,一方面,建立校系两级后备干部队伍;另一方面,对现任干部的培养要加强起来,不能任命之后就不管了,这些都要有一系列的制度。第三是加强师生员工的思想政治工作,即凝聚工程,要探索新的内容、新的方法和措施。第四是加强宣传工作,即鼓号工程,要及时把法大改革、建设、发展的思路、举措和成果向全社会宣传,从而增强凝聚力,扩大社会影响。第五是加强工会、教代会工作,即民主工程。民主工程要推行一整套民主制度,包括民主参与、民主决策、民主管理、民主监督,要广泛地吸纳师生员工来参与我们的决策咨询,而且我们也会把大家的合理意见变为我们的决策。第六是加强纪检工作,即阳光工程。第七是加强统战工作,即温馨工程。第八是加强老干部工作,即夕阳红工程。我们要发挥老干部的余热,使他们在学校的管理和质量监控,甚至在教学中继续发挥作用。第九是加强保卫工作,即安稳工程。第十是加强学生工作,即成才工程。对学生的培养,除课堂教学以外相当一部分是第二课堂,第三课堂的业余文体、科技活动,这是对学生进行优良的基本素质培养的一个很重要的方面,必须认真抓好。”

主持人:“看来改革的大幕马上就要在整个法大拉开了,请问作为当家人,你将如何处理改革中出现的各种问题。”

石才子:“深化改革会遇到很多困难,有来自观念的、体制的、人为的,还有来其他方面的一些困难。要保证我们这些思路和方案都顺利地推进,我们在改革中至少要处理好十大关系:

“第一是解放思想和实事求是的关系。大家知道‘解放思想,实事求是’是我们党的思想路线,首先要解放思想,思想是僵化的,观念是陈旧的,一切改革都不可能,有了思路也运作不起来。解放思想,要敢于从以前的老路子、老框子里跳出来,要敢于接受新的思想、新的事物、新的模式。但解放思想并不是思想的任意解放,思想任意解放的结果,肯定是跟改革的初衷相背离的,是南辕北辙的。

“所以解放思想也有一个前提,这就是实事求是。思想解放的底线在哪里,这就必须根据我们的实际情况制订行动计划,不能超越这种实际情况。所以我们在改革当中,无论是党委决策还是实际运作,都要保持好解放思想和实事求是的必要的张力。

“第二是理论与实践的关系,这是我们在哪个方面都要处理好的。改革要用先进的理论作指导,又必须付诸实践。虽然我们学校是以培养应用型人才为主的,但是没有理论根基的应用型人才在社会上是永远不受欢迎的。过去我们培养人才是培养适应具体工作岗位的能力,现在要培养人才转换具体工作岗位的能力,我们的应用学科没有比较雄厚的理论基础是不行的。

"所以我们的教学改革要构建好我们的课程体系,规格上要培养应用型人才,但也不能忽视基础理论这个根基。我们所有的机关工作也都应该这样,要注意理论和实际的结合,既要有正确理论的指导,又要善于把理论和我们的实践结合起来。反过来在注重改革运作的时候,千万不要忘了把操作层面的东西提升到理论层面来概括。

"比如说,我们原来有一个高教室,按理说这个高教室应该长期履行一项职责,就是要了解世界范围内高教改革的趋向、国内改革的走向,研究出来以后,给党政两套班子提出决策的咨询,此前这个机构这方面的工作做得还很不够,以后要加强。总之就是不管在人才培养上,还是在工作运作上都要注意有理论的层面,同时,也要把它变为实际,两者都不能偏废。

"第三是坚持马克思主义的指导地位与贯彻'双百方针'的关系。我们是社会主义大学,我们必须要把握正确的理论方向和正确的学术导向,尤其因为文科在很多地方都与我们的意识形态是密切联系的。我们必须坚持以马克思主义为指导,指导这个位置是永远不能动摇的。

"但是同时,我们也要切实贯彻'双百方针',要百家争鸣、百家齐放,不要随便把政治问题和学术问题混为一谈,凡是属于学术上的一些讨论,我们都要允许不同意见的存在,不能随便打棍子、扣帽子。我们还要允许不同学派的存在,这样发展才会有好的机制。

"处理好这个关系有一个具体问题,就是课堂教学和科研的关系,科学研究可以探索,但教学有纪律,在研究的时候可以有不同的观点进行交流,但是在课堂上,违背四项基本原则的观点是一律不能上课堂的,这要作为一项纪律。正确处理两者的关系不是一句空话,是要具体实现的,这个必须作为一个要求来严格执行。

"第四是继承与创新的关系。我们要感谢政法大学历届领导班子,他们给我们创造了那么好的条件。面对现在存在的一些不足,我们没有任何理由去指责过去,任何一届领导班子都要受当时历史条件的制约,这是任何人都摆脱不了的,再高明的人也摆脱不了,我们也不例外。

“如果让我在他们那个时候作党委书记，我或许比前人做得更差，所以我没有理由对过去说什么。任何一个学校都有历史、现在和未来，情况发生变化了，我们就要努力提高对新形势的适应性。我们的整个改革思路也好，我们的发展内涵也好，都要处理好发展和创新的关系，要继承我们的优良传统，要继承到现在为止的还是合理的做法，同时要适应新的形势不断地创新，这是一个永恒的法则。不能说一讲创新就否定过去，否定历史也就否定了现实。当然也不能只谈继承不谈创新，那就会失去机会，不会有出路。

“第五是规格与特色之间的关系。我们并入教育部以后，对我们的要求是按全国统一的规格。我们要去适应它，同时，我们必须要办出我们的特色来。我们要培养富有创新精神的、具有独立创业人格的人才，首先我不能不讲规格，不能只强调政法大学有政法大学的特殊性就不去考虑全国的统一要求，这样可能就首先不合格了。也不能强调规格就失去特殊性，在适应规格的同时，我们还要办出我们的特色出来，我们的特点要鲜明，我们具体的专业，各院系都要在全国同行业当中追求我们自己的特色。

“第六是经济效益与社会效益的关系。我们的办学经费比较拮据，这的确是一个亟待解决的问题。这几年我们也在这方面做了一些尝试，做了一些探索。但是，我们的校领导、我们的机关部处长、院系的党政主要领导，都要有一个强烈的意识，我们是在办学，不是在经营。我们并不是不讲经济效益，而是同时要处理好经济效益与社会效益的关系，应该是要获得双效益。

“而在具体问题上，当社会效益和经济效益发生冲突的时候，我们必须把社会效益放在第一位。一个学校的根本问题是两个，一个是最广大教职工的切身利益，另一个是学校的声誉。如果这个学校的牌子都没有了，我们以后的经济效益也就断了根，它也不是可持续发展的。所以两个方面都要讲，但是一定要摆正它们之间的位置，思想上必须非常明确我们所要追求的最主要的东西。

“第七是改革主体与客体之间的关系。在实施改革中，我们常常会遇到双重角色的矛盾。大家改革，成为改革的主体，但改革的锋芒指向自身的利益时，在这一点上又会成为改革的客体。我们必须善于正确处理两者之间的关系，为推进学校的改革进程做主人，做推动者和促进者。

“第八是局部利益与整体利益的关系。改革必然要触及既得利益，改变原有的利益格局。改革中难免会出现学校的改革措施跟某个单位的某些方面现在运作的情况发生不对称。出现这种情况的时候，要以学校的整体利益为主，识大体、顾大局，真正维护学校根本的和长远的利益。

“第九是个人作用与集体团结之间的关系。我们要鼓励个人拼搏、竞争，我们要建立一个有规模的、高水平的师资队伍，没有个人的拼搏和竞争是不可能的。除了自己努力以外，学校还要作为一个工程来支持他们，创造条件，让他们成名。他们成了名，反过来是提高了政法大学的地位。

“我们主张从个体来说要奋斗拼搏，但是我们还要考虑到整体的作用，还要讲集体的团结。我们也发现某些单位这两个关系处理得不够好，团结甚至变成了瓶颈问题。如果不解决，这个单位就要受到影响。决不能造成这样的情形，一个拳头伸出去每个指头都是硬的，握紧了反而是软的，这就不行。

“第十是改革、发展与稳定的关系。常委会在研究这十一项工程的时候，提出的指导思想是，高举马克思列宁主义、毛泽东思想和邓小平理论的伟大旗帜，按照‘三个代表’重要思想，以发展是硬道理为纲，解放思想、实事求是、抓住机遇、战胜挑战、深化改革、锐意进取、大力创新、加快发展，紧紧围绕培养人才的中心工作和教学、科研两个重点，搞改革、争创新、抓管理、求发展，通过改革调整布局，通过创新开拓事业，通过管理提高质效，通过发展改变面貌，在学科建设、教学改革、科研发展、社会服务、体制改革、校园建设、党建和思想政治工作中迈上新的台阶，开创新的局面。

“如果经过全校师生的共同努力，一年后，我们都能感觉到学校在这些方面发生了很大的变化，那就说明我们深化改革有了成效，发展的确取得了一定突破。但是有一点，它必须同稳定结合起来，改革要有稳定的环境和秩序，形成群策群力的局面。既要敢想、敢干、敢做，还要同整体的情况结合起来。

“总之，如果把这十个方面的关系处理好，我们的十一个计划在运行过程中来自思想、观念、体制和人方面的阻力就会小得多,做起来路子就顺畅得多。回答完毕。”

主持人:“谢谢两位精彩的发言。最后再问二位一个问题,两位作为我们学校的党政一把手,在今后的工作中,你们将如何自律呢?同时,还想听一下你们对法大未来发展的希望。”

徐才子:“我是以一种忐忑不安的心情来政法大学的。因为这里有许多我仰慕的先生,我是在学习政法大学各位先生的著作和教材过程中成长起来的。另外我还有一种忐忑不安的心情,教育部把这么重的担子压在我们几个人身上,我们感觉到责任非常的重大,越是这样,我就越应该勤奋工作。

“校长在实现这个目标的过程当中,我想用这三句话来概括他的工作:第一句话就是学科建设是一个大学的龙头工作;第二句话就是教学和科研是这个学校发展的两翼;第三句话就是队伍建设是一个大学的主体。因此,这就告诉大家我第一要做的事情就是要抓学科建设,这是学校的龙头工作或者关键;第二要抓教学和科研;第三要抓两支队伍的建设。一支队伍是主体性队伍,即师资队伍,师资队伍是一个大学的本位主体。另一支队伍是管理队伍,管理队伍是服务性主体。抓好这三件事,就等于说是通过学科建设带动学校的整个事业。

“我认为,校长在履行职责的过程中,应恪守几个伦理标准。第一个是他应该有能力吸引、团结一批水平更高但又愿意与他一起愉快工作的人,这应该是大学校长的第一个基本功。这个方面我将加强对它的修炼。

“第二个就是所有的工作应该实现公正的理念,用我们法学的语言来讲就是立法者不得制定对自己有利的法,或者立法者不得从自己制定的法律中首先获利,这应该作为我们班子成员的一个自律要求。所以政法大学未来的所有改革,所有资源的配置,所有政策出台的最终受益者绝不是制定政策的人,而是广大教师和学生,这也是一个校长的基本功。

“第三个大学校长的责任就是要使这个学校每个人的发展获得充足的空间和自由。学生的发展需要空间,工作人员的发展也需要空间,同样教师的发展也需要空间,这就是大学校园应该提供给大家的,这就是校长应尽职责,也是校长的职业体现,或者是一个伦理要求。”

石才子:“作为党委书记,我感到责任重大,要挑起肩上的担子,必须做到的是,一要紧紧依靠教育部,紧紧依靠学校党政领导班子,紧紧依靠全体师生员工实现党委的领导核心、政治核心作用;二要向大家虚心学习,善于听取群众的意见并集中群众的智慧;三要在把握正确的政治方向和学术导向的前提下,求真务实,真抓实干,讲求实效;四要在各方面严格要求自己,并敢于坚持原则,公开、公平、公正行事。

“我将坚决支持校长履行职责,与同志们一道,解放思想、实事求是、抓住机遇、战胜挑战、深化改革、锐意进取、大力创新、加快发展,使法大的改革、建设和发展事业锦上添花。

“从履新的那天起,我就已经正式成了中国政法大学的一名成员,能加入法大的建设行列,有缘与法大的师生员工并肩拼搏,我感到非常光荣和幸运。虽然是初来乍到,我已经体会到,相逢何必曾相识,相识何必曾相知,同志们的热情令我生出一种极大的亲切感。我将百倍珍惜我们的缘分,与中国政法大学及其全体师生员工同呼吸、共命运,同甘共苦、携手并肩走向未来。

“最后说一句,法大是所有法大人的终身背景和精神家园,把她建设得更好,是所有法大人的共同心愿,也是所有热爱法大,关心法大的人们的共同期盼。学校党政领导班子的一个重要责任,就是要把来自五湖四海的法大人团结在一起,凝聚在一起,带领大家朝着共同目标卧薪尝胆、艰苦奋斗、一往无前地为我法大开创改革和发展的美好前景。谢谢。”

掌声响起来,答对太精彩!

有人说徐校长给法大带来的最大变化就是“观念的变化”,而石书记在“中国政法大学深化改革动员大会”上,开场第一句话也是“观念更新是先导,经费投入是前提,体制改革是关键,教学改革是核心”,其首先强调的同样是“观念”。

学过法律的人对于“思想、观念”之于人行为的重要意义,想来并不陌生。

无论是民法上的“意思自治”,还是刑法上的“罪过”,都首重人的“观念意识”。如果“意思表示不真实”,那么相应民事法律行为的效果就必然会被重新考量;而如果一个人没有罪过的话,那么无论此前其行为多么地符合“该当性”与“违法性”,其行为也不得认定为犯罪而处以刑罚。

新领导班子所阐释的全新高等教育理念,带给法大及所有法大人的变化是潜移默化的、是持久长远的、是深刻彻底的。

这次大会后,诸多老师分别在不同的课堂上,满脸灿烂地向我们这些新入学的同学们描述着学校的新任领导:“咱们的新校长那可真叫年轻有为,一个半小时的发言,连稿子都不看一眼,思路清晰、头头是道”,“新来的校长懂教育,我在政法大学待了这么多年,还是头一次听人把高等教育讲得这么明白透彻呢”,“咱们学校的老教授们可欣赏新来的校领导了,就连那几位平常不怎么评价人的老师,都对他们赞不绝口。”

随后的时日里,有关于学校新任校长的各种信息也便纷至沓来。有知情人士说,这位新任的徐显明校长年少有为,17 岁高中毕业后就担任了生产队长以领导当地的经济生产工作,其还兼任过当地的中学民办教师,既教过初中的语文、数学,也教过高中一年级的数学等课程,听过其授课的学生均对其教学水平心悦诚服、佩服不已。及至高考恢复后,其又以优异的成绩考入当时号称国内法学教育顶级院校的吉林大学法律系,并在其入学后的第二年便被老师指派为一件凶杀案的辩护人,那场庭审是在东北师范大学的大礼堂进行的,能容纳 5000 人的礼堂当时座无虚席,窗台上、走廊里都坐(站)满了旁听的各界人士。作为辩护人的徐显明面对如此阵仗毫不怯场,每一次辩护发言都能赢得现场的阵阵热烈掌声。此次庭审后徐显明可谓是一战成名,不只是在吉林省,就算是在东三省都声名鹊起,据说从本科到研究生阶段,他共代理和辩护了上百个民事、刑事案件,尤其可贵的是,其对参与的每个案件均分文不取,纯属公益助人之举。

徐显明校长的学术兴趣也非常广泛,既往研究主要涉及法理学、宪法学、中国法律史、近现代中国法律思潮、法治国家的原理等多个领域,且无论在哪个研究领域均有质量上乘的学术成果，因此才被以人文底蕴深厚见长的山东大学连续破格评为副教授、教授，以至与法学界同样颇负盛名且同出一门的张文显教授和郑成良教授共同被誉为中国法理学的“三剑客”。其独著的《公民权利义务通论》《生存权论》等学术作品更是获得了山东省人民政府优秀社会科学成果奖一等奖、“首届全国优秀社会科学成果评奖”一等奖等各种奖励（值得一提的是，“首届全国优秀社会科学成果评奖”成果具有非常高的含金量，该活动由中国社会科学院组织并由院长胡绳亲自担任评委会主任，是中华人民共和国成立后第一次大规模的社会科学类学术成果评奖，参评的作品有数万件之多，几乎遍及文、史、哲、经等各大社会学科领域，且最终仅评出了三个一等奖作品）。正因其种种杰出研究成果及对相关工作的突出贡献，所以屡次荣获“山东省十佳理论工作者”“团中央跨世纪群英代表”“教育部跨世纪人才工程入选专家”“全国跨世纪百千万人才工程首批入选专家”等荣誉称号。

在来中国政法大学任职之前，徐显明校长已在山东大学分管过学科建设、师资队伍建设、教学及科研等多个领域的工作，并历经教研室主任、系主任、法学院院长、校长助理、副校长、研究生院院长等多个岗位的历练且政绩卓著，比如其作为创院院长所执掌的山东大学法学院发展势头迅猛，已成为中国法学教育、研究的重镇，且已参与了国家多部法律和法规的起草工作。所以在徐显明校长来法大之前，其对如何办好一所大学已经有了非常深入的思考和系统的理论研究，同时具有非常丰富的具体工作经验，基本具备了管理一所高校所需的思想基础、理论基础和实践基础。这位44岁的年轻校长将为法大带来怎样翻天覆地的变化，所有的师生员工尽皆拭目以待。

我也记得，当时本人拿着印有新校领导讲话的、尚未改版的、仅有现在校报一半大小的“老校报”看了两三遍，心道真是一篇描绘了法大未来发展蓝图的好文章。由于对徐显明校长任职讲话这篇文章的欣赏，以至于在整个宿舍所有人都传阅完这期校报后，我还特意将之收藏了起来。

▲校园内景之“法”字墙(摄影:艾群)

第三章　法大新政

回望当年法大改革自新路上的起手措施，笔者戏说为这样的一句话，叫作“团结两头，调整中间”。

所谓的“两头”，“一头”是指法大中资历和辈分最高的那些老教授，他们在过去五十年历尽劫波的法大生命历程中，或以自身高洁的人格，或以多年精湛的学术，或以曾经独有的地位，形成了或者以精神为中心的“一个人”，或者以实力为中心的“一群人”。

这种种的“一个人”或者“一群人”，凭借自身或群体多年在各种风浪中历练出的诸多本领，在法大这个一如中华大地千万个如此这般，浓缩着全部中华特有政治文化因子的个体组合里，也在法大这个存在着各种盘根错节、异常复杂的人际关系的地方，为着自己那或真或假的理想，亦为着那亦真亦幻的现实，曾真在斗室之中为了理想上下求索、笔耕不辍、夙夜辛劳，也确于广众之下为了个人或集团的利益与对手分庭抗礼、据理力争、寸土不让。

而在这诸多的“一个人”或者“一群人”中，这些作为领军或者灵魂人物“年高德昭”“与世无争”的老教授们，既可以明着甩甩手说一句“人老了，早就对这些俗事不在意了”，而当一位法大政局中的真正看客；又可以通过自己多年培植下的深厚人脉，影响着一个又一个政策措施的发展。同时由于年龄等各方面的原因，权力不在而且以后也不会再回到他们的手中，以至于与改革者间虽有矛盾但却不大。

而另“一头”则指的是广大的学生和那些虽然胸怀治平之志、但却无由白袍变紫衣的许多希冀出仕做点事的老师。这些人无声无名，只有法大整体真的好了，他们才会跟着好。

之所以要团结这两头，是因为这两大阶层在一个群体中通常占有绝大部分的人数，除了没有可以现实应用的权力外，其蕴含着人望、数量、智慧、舆论、志向等巨大而又无形的资源。同时，改革者急需抓到手的实权又不握于他们手中，故而不会与之产生根本上的矛盾。

所谓的“中间”，是指那些权力在手的人，他们掌握着所有改革图强的枢纽——权力，没有权力，再好的理想和抱负也难以执行。

纵观千古以来所有的改革成功者，莫不都在各种冠冕堂皇理由的外衣下，坚定不移地执行这一政策。当然，回到现实，在一个理性与文明并且局势可控制的高校改革中，首当其冲的便是学校中层干部了。

有人说上述看法过于严肃。那咱们就换一种说法，其实对于“中间”，我们的新领导并没有“打”，其采取的措施是“竞聘释职权”。这种文明少阻的措施，骨子中更透出一种制度上的公平正义。诸位竞聘者同样机会、同样场合、同样评委，如果十八般武艺使将出来后的结果是领导不识、能力不济抑或群众不忿，那竞聘之人只能服从，己不如人，又怨得了谁呢？

那么，当年法大的新一届校领导们又是如何稳扎稳打地次第践行其施政纲领的呢？

一、前期铺垫

(一)理念先行

为进一步拓宽学校今后的发展思路，集思广益、博采众长。2001 年 11 月 29 日，新任校领导专门邀请校外各大法学教育名家齐集北京香山饭店，特为法大今后发展举办了一场名为“法学名家谈法学教育及法大发展”的高端论坛。吉林大学副校长张文显教授、国家行政学院法学部主任应松年教授、中国人民大学法学院院长曾宪义教授、南京师范大学党委书记兼校长公丕祥教授、司法部法规教育司副司长霍宪丹、中国社会科学院法学研究所副所长信春鹰教授等应邀参会并先后发表演讲。

是次会议由校长徐显明、副校长张桂琳分别主持。党委书记石亚军在论坛开始前代表学校致欢迎辞。校领导班子成员、校部机关、教学科研单位的中层领导及部分教师代表 100 余人参加了论坛。

论坛中，各法学教育名家分别就法学教育与国际交流、法学发展的战略思考、依法治国与法学教育、现代大学制度与法学教育、法学教育中的人文关怀以及法大今后应该如何发展等问题进行了为期一天广泛而深入的探讨，以进一步确定法大今后发展的思路。

为何要为“发展思路”或者“发展理念”这样一个“务虚”的东西，而专门召开该次会议？徐显明校长在总结讲话中如是说：“大学的理念”从软的方面看是大学的灵魂与精神，从追求角度看是这个大学的价值观。一种观念产生一种行为，一种行为产生一种习惯，一种习惯产生一种品格，这种品格就可能决定产生这种品格主体的命运。所以理念对于一个大学是至关重要的，没有理念的大学不称之为大学。因此这次关于法大办学理念和中国法学高等教育应该怎样取向的学术研讨，对于法大的法学教育的全面发展具有重要意义。①

此次会议加之当其时一系列与此有关的会议后，学校的办学理念基本成形并开始固化。那就是：一要改变原有局限于法学（“政法大学”四字中的法、政二字同属法学这一学科门类）这一大学科门类而建设的单科性大学，而成为以法学为主同时兼有哲学、经济学、历史学、管理学、教育学、文学等其他学科门类的多科性大学；二要改变原有偏重法律应用实践、忽视理论研究的教学型大学，而成为社会实践和理论研究并重，同时以理论研究为主的研究型大学；三要改变过去学术视野狭隘、交流对象单一、国际影响不大的封闭型大学，而成为研究视域广阔、往来伙伴多元、世界影响显著的开放性大学；四要改变过去各个学科建设不分主次、平均用力、个性单调的大众型大学，而成为主次分明、协调发展、优势突出的特色型大学。并以之作为中国法学高等教育发展的文化交流平台，而向世界展现中国法学教育的最高水平。

对于秉持崭新办学理念的法大，究竟要在我国社会、经济、文化建设中所起到什么样的作用，徐显明校长在一次“东方时空 · 东方之子”的专访中如是说：我们讲我们国家有三国战略，第一国叫科教兴国战略，第二国叫人才强国战略，这两国战略的实施，各个大学都在做着自己的贡献，法大并不能自外于人。但是，还有第三国战略，叫作依法治国战略。

---

① 园林：《我校举办“法学名家谈法学教育及法大发展”论坛》，载中国政法大学新闻网 2001 年 11 月 30 日，https://news.cupl.edu.cn/info/1011/18765.htm。

在这个战略的实施上，政法大学做的贡献要超越中国任何一所大学，这就是政法大学的独特性，所以我们的贡献是其他大学所不能比的，这就政法大学存在的理由！政法大学不去办全科的大学，当然我们也抛弃了过去的单科性大学，所以我的一个很明显的理念，就是政法大学不去追求十项全能的冠军，但是我们可以追求铁人三项的冠军，甚至可以追求单项的冠军。在法学这个领域里边，我们就可以成为世界的知名强校，当然在中国它一定是冠军。①

（二）尊师敬贤

新任领导班子上任后，对于教师和学生在法大中的地位进行了不同以往的全新阐释。比如徐显明校长，其在不同场合反复旗帜鲜明地提出了让所有师生都倍感振奋的，本应是所有从事高等教育管理工作的人员都应具备，但又多年为其无视并极力践踏的常识，即大学的一切工作一定要时刻坚持“以教师为本位，以学生为主体”——老师和学生才是这个学校真正的中心。

对于为什么要“以教师为本位”，徐显明校长这样解释：大学中，所有的中心工作都是由教师来代表的，在高校教学、科研和社会服务三个中心工作中，教师是教学、科研工作的主体，也是学科建设的主体，还是为社会提供知识和智力的主体，更是教育创新的主体，学校的所有中心工作都是通过教师和围绕教师展开的。所以，全校应该形成这样一种办学意识：我们必须确立“以教师为本位”的观念，我们的管理、我们的一切工作都应该从为教师服务中寻找出发点和归属。正如香港科技大学创校校长吴家玮先生讲过的一句话：我们管理的目标就是利用现有的、不足的资源为教师提供最优质的服务。如果在服务上还有空间，教师认为，还应该做得更好，那就说明服务不到位，所以，高等院校管理工作的重心应该放在为教师服务上，要根据教师个体有差异的需求，提供质量相同，但内容有别的服务，在这个意义上，校长也不过是为教师服务的工具。②

---

① 《东方之子：徐显明》，载搜狐网，http://news.sohu.com/20070622/n250713351.shtml。

② 徐显明：《校长徐显明在庆祝2002年教师节大会上的演讲》，载中国政法大学新闻网2002年9月11日，https://news.cupl.edu.cn/info/1013/1316.htm。

正是由于秉持了上述的主体理念，石亚军书记、徐显明校长及各新任领导班子成员在2001年9月30日，也即新班子走马上任的第二天，便不辞劳苦地连续拜望了15位老领导、老教授。可以想象在一天内连续拜望15位少有往来、住处各异、专业不同的前辈，并且还要在短短的晤面中调动自身口才、智识、思想、抱负、表情等各种能力以赢得他们的认同，赢得他们的支持，这需要耗费多少的时间和心力。

请看两则有关当时新任校领导拜望学校前辈的新闻，以重温彼时的情境：

1.9月30日，值国庆、中秋双节同时到来之际，法大新上任的党委书记石亚军、校长徐显明等领导同志一行专程登门拜望了戴铮、江平、陈光中等15位法大德高望重的老领导、老教授。[①]

石亚军书记和徐显明校长向各位先生表达了诚挚的节日问候，坦诚询问听取他们对学校各项工作的意见。各位先生对校领导上任伊始就亲自上门探望表示深深的感谢。他们表示对新任的领导班子充满了信心，同时也寄予了很大的希望。他们为政法事业奋斗了一生，对法大充满了感情，希望新一届班子能够励精图治，把法大办成国际一流的高等院校。

校领导听取了各位先生对学校工作的意见，并了解了现在学校所面临的实际困难后，表示将团结一致、奋发图强，为中国政法大学的发展作出最大的贡献。[②]

2.9月30日下午，新任校领导班子一行专程拜望了江平先生。新任校领导除向江平先生表达了自己和广大师生的深切景仰与诚挚慰问之情外，还与江平先生就为学与治校之道进行了交谈。江平先生对新任领导寄予厚望，亲切勉励他们为法大的发展、法学教育的昌隆尽心励志。与次师生如坐春风，席

---

① 其余的老领导、老教授还包括：张廷斌、郄名扬、杨振山、田辉、苏炳坤、罗大华、倪才忠、徐杰、卢一鹏、巫昌祯、樊崇义、杨荣馨。

② 《新任领导班子在双节到来之前看望我校部分教师》，载中国政法大学新闻网2001年9月30日，https://news.cupl.edu.cn/info/1011/18743.htm。

间充盈欣欣向荣之气。①

2001 年 10 月 12 日,新一届党政领导班子在昌平校区召开组建以来的第一次党委常委会,会上的一项重要行政工作是讨论并通过了"聘任江平、陈光中、张晋藩同志为我校终身教授"的议题,在随后召开的中国政法大学深化改革动员大会上,徐显明校长这样解释这项工作:

"常委会决定授予江平、陈光中、张晋藩三位教授'终身教授'称号。这是校长办公会讨论决定,并由常委会同意而作出。我解释一下这个决定,这三位教授对法大的贡献人所共知,是我们的标牌,是样板,他们三人分别是三个学科的奠基人,最主要的是他们带起了一支队伍。学科建设重在带起一支队伍,这个贡献了不起,使这个学科繁衍下去,使学科站在山巅之上。学科影响力分为三级、二级和一级,在一级法科内人所共知,你就是知名学者,超越学科而产生影响,就是大师级人物。这三位学者的影响都超越了法学科,学校以学术为本,所有的尊敬都应给我们学术大师。所以学校慎重作出这一决定,授予称号后,他们的待遇将会发生变化,在招收研究生上不应当受数量限制,应该有自己的工作室,自己的工作助手"②。

在此项决定作出 12 天后的 2001 年 10 月 24 日,中国政法大学通过"新华网"、《光明日报》、《中国教育报》等具有全国影响的媒体,向社会高调宣布授予决定。上述媒体纷纷以《三位法学大师成为中国政法大学终身教授》等显赫标题予以大力报道。③ 同时徐显明校长还以接受媒体访问、指令专人撰写相应文章等形式,向社会全面细致地解释法大之所以作出上述决定的意图,以向社会释放法大"尊师重道、善待贤才"的良好信号,进而为他年成功的人才大战埋下了最早的一处伏笔。

---

① 《江平先生与新任领导长谈》,载中国政法大学新闻网 2001 年 10 月 1 日,https://news.cupl.edu.cn/info/1011/18746.htm。

② 《徐显明校长在"中国政法大学深化改革动员大会"上的讲话》,载中国政法大学新闻网 2001 年 10 月 19 日,https://news.cupl.edu.cn/info/1013/1343.htm。

③ 《三位法学大师成为中国政法大学终身教授》,载中国教育和科研计算机网,http://www.edu.cn/gao_jiao_news_367/20060323/t20060323_17714.shtml;肖黎:《观点:慎用"大师"》,载人民网,http://www.people.com.cn/GB/wenyu/68/20021023/848903.html。

以下,再为大家讲述一则徐显明校长切实维护教师尊严并改变了教师车辆进校门收费制度的故事。

在法大生活过的人都知道,当年除了相关领导和学校公务用车以外,不论是校内还是校外的人想要驱车进入政法大学的校门,保卫处都是要收费的。有一次,学校有个曾多次被学生评为“十大最受本科生欢迎老师”的教师,就因为车辆进校收费的事情与门卫发生了一场激烈的冲突——某一天,这位老师在离上课还有5—10分钟的时候开车到了校门口,可是一摸口袋,却发现身上没带钱。因为没交进校费,所以那位值班的门卫就不肯让他进去。这位老师生气地对门卫说“我是来上课的,现在马上就要到上课的时间了,如果你耽误了我给学生上课,这个责任你们承担得起吗?”门卫却说道:“管你是谁,不给钱就不能让你进校门”。马上就要迟到的老师见眼前人无论如何也说不通后立时心头火起,头脑一热,索性加了油门硬是把车开了进来。可冲进来之后,门卫却一拥而上围住了其车辆,其中一位“硬气”的更是直接把这位老师生生地从车里拉了出来。好在大庭广众之下他们并未对这位老师再有什么过激行为,只是把他拉出来后说不交钱就不能放行。面对此情此景,顾全教学大局却又无可奈何的这位老师只好在押了点随身物品后便急趋课堂。

讲完课后,一直按压着火气的这位老师马上来到主楼的校长室,见到徐校长后就对这件事情进行了投诉。了解清楚事情的原委后,徐校长先是安抚了这位老师的情绪,然后把保卫处处长请到办公室准备妥善处理此事。可时任的保卫处处长并非易与之辈,所以当徐校长向他问起这件事情时,他坚称门口这样做是对的,因为老师不交钱冲卡在前,保安严肃执纪于后,手下之人尽职尽责,何错之有?面对保卫处处长这样的诘问,徐显明校长并未以势压人,而是给他讲了“三循环”的高校管理之道——徐校长说:“我一直以来都坚持一个教育管理理念,就是一所合格的大学,必须要完成三个循环。第一个循环是校长要带领校部机关为院系服务,校长不是管院系的,而是要为办好各个院系提供便利条件。校长之所以需要校部机关,就是需要他们给各个学院提供公共服务,这是第一个循环。第二个循环是校长要带领校部机关,以及所有的院长、系主任，一起来为教师服务，要让教师获得最好的教学条件，要让教师获得尊严。第三个循环是校长要带领校部机关，然后和各个院系的院领导，再加上老师们，共同为学生服务，学生应该是这所学校的最终受益人。那么现在第二个循环出了问题，保卫处的人因为老师没交钱，就在众目睽睽之下把老师从车里拉出来，这个事情就和我所倡导的校长带领校部机关为教师服务的理念不相符了，所以对于这件事情，你要拿出来个处理意见，你们先讨论一下你们今天的行为是否符合我们的办学理念，是否符合向老师提供尊严的价值观？如果不符合，你们自己先拿出个处理意见。如果符合，请你把理由讲出来。”可能是保卫处处长一时之间消化不了这么先进的管理理念，所以依然坚持己见。

徐校长见状就笑道：“我再给你一天的时间，你回去认真考虑考虑，明天我会把这个事情提交到校长办公会来讨论，到时候你来汇报。”结果第二天这位想通了的处长来会上做汇报的时候，先是主动检讨起了此前对于该事件的错误认识，接着还提到，经处里讨论决定要从重处理那个把老师从车里拉出来的人，最后这位处长还表示要带着保卫处的其他干部一起到那位被冲撞了的老师家里去登门道歉。徐校长见改革的时机已经成熟，于是就在认可了保卫处的上述处理意见后，提出要以此事为教训，从此取消教职工车辆进校园的收费制度，保卫处处长表示坚决执行校长办公会的这项决议——一项困扰法大教职工多年的车辆进校门的收费制度终于就此画上句号。

上述新领导班子的种种做法，使得法大的教师们倍感振奋。其之所以如此振奋，是因为在此前的多年中，他们并未能够在这所其安身立命、默默耕耘的学府中找到这种“中心感”。所以，徐显明校长简单的一句“今后我校的工作中心要以教师为本位”，才会深得广大教师之心。何况对于广大教师，他还明确提出要加大教师引进力度、增加学术休假以降低原有教师们的工作强度；或者对于青年教师，学校要抽出专门的经费，支持他们提升学历至博士，或者留学海外以增加其自身竞争力等确实为诸多教师着想的措施。上述做法，无形地、有力地俘获了法大绝大多数教师的心。

(三)爱生以行[①]

上面说完了"以教师为本位",下面再谈一谈"以学生为主体"。本科生作为高等教育最基本也是最根本的对象,在任何一个国家的国民高等教育序列中都应予特别重视才对。

本科生阶段,是一个人从中等教育向高等教育过渡得最为重要的阶段。这个阶段中接受教育的个体,具有可塑性强、上进心大、求知欲旺等特点。此时期的学子,甫脱高考之劳又无家室之累,大把金钱、大块时间、大量精力攒积在手,面对新人、新地、新事,旧有知识、观念、人际系统亟须更新完善,加之此时身体康健、记忆复强,所学知识往往受用终身、影响终身。

所以,此时期对于这些"freshman"由谁、怎样引导至关重要。倘若得遇名师,则其自身实力与时俱增、一日千里;倘若遇到庸师,则其难免徒耗光阴、事倍功半。当此人生能力、智慧、情趣、人品、境界养成之关键时期,那可真是万万马虎不得。

因此,现在不论高校招生(此指招考硕士生与博士生)、高企招工,都从投简之人的本科生阶段开始细细甄拣,以便收纳那些根正苗红的贤达才俊为我所用。至于那些失掉高考这次大好机会,而通过"考研""考博"等"二次高考""三次高考"层楼更上者,往往为那些起初便生于名校、长于名校的捷足先登者们拒之、斥之,而迫使他们只能重回本科学校去寻找身份认同。此"同榜""同年"通病古今中外皆然,当今尤以名校为甚,亦是一种打压同辈上进、无视他人艰辛的既得利益者的恶俗表现罢了。

而广大以"学从名师,行取高士"为人生信条的优秀考生,对于一所即将开始本科学习生涯的学校,其艰辛系于是、悲苦系于是、孜孜以求之、终生不悔之的终极动力,莫不是因为那所学校有足够分量"大师"的存在罢了。

徐显明校长在其上任后不到五天的工作日内,也即国庆长假刚刚过完后的 2001 年 10 月 11 日下午,徐显明校长在学院路校区召开了本科生教学质量

① 此处的"生"主要是指法大的本科生。

保障体系研讨会。对于“本科教学”他如是说：

“本科教学是一所大学的生命，大家必须高度重视本科教学工作，要把本科教学质量当作生命看待，只有保持这种观点，才能保障本科教学质量。”

对于那些尸位素餐、滥竽充数的老师，他严厉指出：“如果有人连续两年不服从学校安排，不讲授本科课程的，可不再聘任其担任教授、副教授职务。对于科研人员如果不按要求担任本科生课程，同样不能聘任其为教授或副教授。”

同时，徐显明校长还希望法大所有教师都应具有“职务专念义务”，即一个人在一定职位上，其所思所想应全是与职务相关的事。做学问要有范文澜先生提倡的“板凳要坐十年冷，文章不写半句空”的精神。如果一个教师把在校外的兼职放在第一位，就搞不好教学。

他表示不能允许教师把大量的精力放在兼职上，更不能允许那种将人事关系挂在政法大学，学校却根本见不到人的现象存在。他提倡教师应学会保持适当的贫困，只有这样才能保持尊严，也才能保持对社会不良现象的批判态度。他还说，“我们要坚持把教学工作量作为教师职务的聘任标准，并要实施教学考核一票否决制”，同时其还委托教务处要用好“一票否决”这个监督、查处的权力。

此外，他还特别强调，“教授要上本科生的讲台”。他要求每个院、系、部都要请最优秀的教授为本科生讲课，尤其是各专业的第一门课。因为“学生第一堂课能否上好，关系着学生对专业印象的形成，是至关重要的，有的甚至是终身的。”对于60岁以下的博士生导师，他还明确要求每人每学年至少要为本科生讲授36课时的专业课。①

此后，法大只有让同学面对同是名师、不知选择哪位是好的左右为难的局面，极少甚至再也没有出现名师上课有名无实、偷梁换柱而让同学们沸反盈天、面责腹诽的情形。

---

① 《徐显明校长召开健全本科生教学质量保障体系研讨会》，载中国政法大学新闻网2001年10月19日，https://news.cupl.edu.cn/info/1012/19400.htm。

各位新任校领导为了解学校一线情况,同时也为了拉近自己和全校教职员工们的距离,各种层次的座谈会、交流会、恳谈会不断得以召开。比如,国庆节当天下午5时,新任党委书记石亚军放弃节假日的休息时间,亲自视察法大学生组织、学生社团的办公地点,看望节假日留守值班的主要学生干部,并与校、系学委会和学生会等学生组织、学生社团的负责同学就学校的有关情况进行了长时间的座谈。①

还比如,新任校长徐显明为让同学们明白学校今后的发展大计,而在任职不到十天的时候就与同学们进行了多次近距离的交流。

我依然记得在阶五的"校长与你面对面"的见面会中,同学们是如何把那间偌大的教室挤得那样的水泄不通。在其中一位国际经济法系大一的女生向徐校长提了一个她认为成熟,但其余同学却认为幼稚的问题引来嘘声一片后,徐校长引用了一句现在大家耳熟能详,但当时对我还稍显陌生的法学名言替那位女同学解围。他环顾了整个阶五后,并未针对哪个人,但又针对了所有在场的人说道:"我想你们都听过一句话,就是'我不同意你说的每一个字,但我尊重你说话的权利'。"整个教室瞬时安静了下来,并随即响起了热烈的掌声。

整个见面会上,徐显明校长直接并明确地回答了同学们提出的绝大多数问题,没有含糊其词,也没有推诿之言。

徐显明校长在"中国政法大学深化改革动员大会"上,还特意重申"与同学座谈中的8个问题目前正在落实当中","我们听到问题,只要涉及校职工的利益,常委会都进行了研究,采取了措施,都会在最短的时间内解决"。

关于徐显明校长关心同学学习和生活的事例还有很多。这里再讲一个故事,以让诸君感受一下徐显明校长是如何以一种春风化雨、润物无声的柔性手法来维护学生权益的。

话说那位深受同学欢迎的老师多年来养成了一个教学习惯,就是在他的课堂上不允许学生以任何理由迟到——只要上课铃声一响他就会把门关上开

① 《新任党委书记石亚军同志与校团学学生干部亲切座谈》,载中国政法大学新闻网2001年10月9日,https://news.cupl.edu.cn/info/1011/18747.htm。

始上课，其曾明言这么做的原因是上课的时候不希望被他人以任何形式干扰，另外这也是师生间最起码的尊重。

某一天这位老师已经开始讲课了，但有名学生却因为临时有班务需要处理而迟到了几分钟，因为不想漏听老师的授课，于是他就轻轻推开门，然后弓着腰悄悄地跑到后面坐了下来。这位老师对眼前的情况自然有所察觉，所以他马上停止讲课，并大声问道："刚才是哪位同学进来了？"

那个同学因为迟到，本来就已经很不好意思，现在老师这样一说，没办法，只好在众人瞩目中缓缓地站了起来。

这位老师并未给这位同学任何解释的机会，当即就毫不留情地说："我上课的规矩早已在第一堂课前就有言在先了，所以不管是因为什么样的理由迟到，都请你给我出去"，学生听后犹豫了一下，迟疑着没走。结果这个老师又严厉地追加了一句，"你马上给我出去，如果你不出去，那我出去"。可以想象那位同学在听到老师当众对其如此严厉的批评后承受了多大的压力，所以这位学生也只好在众人复杂的眼光中狼狈而出。等回到宿舍以后，这位学生越想越委屈，他觉得自己因为处理班级事务迟到是事出有因，可老师却没有给他任何机会解释，他觉得受到了莫大的委屈和羞辱，所以就给校长发了一封饱含情感的电子邮件，一是讲述了整个事情的经过，二是在信末表达了他对自己当众遭受来自这位老师的极大侮辱后的失望和愤慨。

徐显明校长阅信之后，就给那位老师也发了封电子邮件过去，并留言说："你先看看学生发给校长这封信的内容，然后再来谈谈自己对这个事情是怎么认识的。"据说这位老师起初并不服气，还与徐校长就此事展开了深入的辩解。徐校长在听完这位老师的申辩后则向他提出了几个问题：第一个问题是，老师有没有权利随便把学生赶出教室；第二个问题是，他在当时那个情况下有没有其他更好的选择而不让学生如此难堪；第三个问题是，老师有没有权利说诸如"我想上就上，我不想上就不上"这样极可能会酿成教学事故的话？

好在经过徐校长的提醒之后，这位老师终于认识到了自己的错误所在，同时还心悦诚服地承认了自己的行为欠妥。最后他还表示，万万没想到自己的做法竟然那么深地伤害了学生的尊严和感情。

徐校长见这位老师已经充分认识到自身错误，就问他想怎样解决这个问题。这位老师表示要向这名同学道歉并取得其谅解。徐校长同意了这个解决办法。后来校办人员了解到，这位老师果然话付前言，不仅向这位同学道歉了，而且还是在同一个课堂，原来那些学生全体在场的情景下。这位老师说："今天讲课之前我先说个事儿，前几天发生了一个因为同学上课迟到，我当众把我们的一个同学给赶出去了的事情，这样的做法伤害了这名同学的感情，事后我也意识到这件事情做得很不对，所以我要当众向这名同学道歉并请求他的原谅。"

徐校长对于该老师处理该事件的做法非常认可，事后在某个场合还特别表扬了这位老师，说他知错就改，很有学者的勇气，这是非常不容易的。因为对于这样一个在学界非常有名望，平时也非常受同学尊敬的老师，在其意识到自己行为不妥之后，不是利用老师的权威把学生叫出来私下和解，而是勇于做一场深刻的自我批评，能够当众向学生道歉，这是非常难得的。徐校长进而说道："当这位老师当着那么多学生的面向之前那位同学道歉的时候，这并没有降低其威信，反而使大家更尊重他了。"

这位老师了解到徐校长对他的这份认可后也非常高兴，于是一场风波就这样被巧妙地化解于无形。

曾有校友在网上撰文提及："我对他（徐显明）的回忆最真切的是我大一时学校的'学代会'，我们一人发了一个小本子，坐在装修之前的阶四教室。

"可能大家都不会记得以前的阶四是什么样子了，我记得。像20世纪80年代电影院中那种厚重的木椅子，上面一列一列的木头，咖啡色的漆斑斑驳驳。桌子的表层是黄色的硬板，里层还是发黑的木头，然后四边被铝合金包了一层，四个角的铝合金接缝非常不平整，于是衣服被刮开都是常见的事情。

"当时，石亚军书记在讲话，徐校长从我身边走过，从教室后面走到前面的窗边，摸了一下暖气……就是这个举动，让我记忆犹新。

"因为当时的阶四里面，几乎是没有暖气的。我还记得，我穿着蓝色那件羽绒服坐在里面。后面发生的事情大家都知道了：当年夏天，我们所有的教室（包括阶梯教室）整体翻修，我们的宿舍整体粉刷和换门窗，我们的操场铺上了塑胶跑道……”

二、雷霆手段

（一）大刀阔斧整治非正规办学

在我国，高校经费的获得的途径共有五种：第一种途径是国家拨款；第二种途径是学生学费；第三种途径是银行贷款；第四种途径是社会捐资；第五种途径是教育创收。其中第五种途径中理工类大学主要靠专利、技术来创收，而人文类高校则主要靠非学历教育来创收。教育创收是缓解教育资金投入不足和提高改善高校教职工福利待遇、生活水平的主要渠道。所以，扪心自问，我们对其存在的正面作用并不能全盘抹杀。

正因如此，对于这个在法大历史上曾经的非学历教育，徐显明校长才这样评价其曾做出的积极贡献：“第一，我们的自学考试培训很大程度上缓解了中国政法大学办学资金不足的矛盾，因为过去政法大学的资金来源较为单一，主要靠司法部的拨款来解决；第二，它增加了我们教职员工的收入，使得在同期的比较当中，政法大学教职员工的收入待遇不是北京市最低，而是中等以上；第三，它使得政法大学的正常办学得以运转和维持。所以，今天的政法大学一定是历史上政法大学对我们的功绩，自学考试在我脑袋当中的评价就这么三句，这个评价可能不算太高，但也不算太低。”

但是一如前述，“成也萧何、败也萧何”的非学历教育，也对法大的发展起到了巨大的阻碍，甚至于曾经威胁到法大在高等国民教育中的地位和作用。所以，在“辉煌”的同时，我们也付出了沉重的代价。

是故，徐显明校长在肯定了其积极作用后，又这样具体分析了我们为此曾付出的代价：“第一个代价，我们的办学目标是什么？至少从现在来看，回过头来看，当时并不明确；第二个代价，就是其导致的学校的价值观在某种程度上来说受到了扭曲。价值观的扭曲必然带来办学观念的变化，甚至是某种程度上的混乱。

“我记得当年温家宝在回答记者问时的一句话，就是说一个民族在历史上所经受的苦难，一定会在这个民族今后的发展中得到历史上的补偿。那么这个原理返用到我们学校的发展历史上也是适用的。那个阶段尽管有几个亿的收入，但是这些得利也使得政法大学在后来的发展中受到了严厉的惩罚。这个惩罚就是我们的品牌受到了怀疑，我们的相关机遇——历史性的机遇一个个地错失。”

同时，在新领导班子上任之前的教育部例行诫勉谈话中，有关教育部领导特别指出新领导履新后，要立即解决这个对法大构成极坏影响的问题。而后，北京市教委主任来法大视察的时候，也明确地讲到“你们未来一定要把自考班萎缩掉”，而且还特别强调了两遍。

有消息称，新任校领导班子到来之前，北京市教委已经作出一个决定：取消六所学校自考招生的权利，排在第一位的就是中国政法大学，而剩下那五所学校皆为民办大学。后来北京市教委鉴于全新的校领导班子履职，就将采取措施的主动权重新交回了法大，而将“中国政法大学”的名字从那张整治非正规办学的名单上抹掉，但是另外五所民办学校的自考招生权，却按计划全部被予取消。①

据统计，2001 年中国政法大学的正规在校生是 8000 多人，而非正规办学所招学生人数却高达 15000 多人，几乎超过了正规办学人数的一倍。另一传闻是，一名考生家长到昌平一看，标有“中国政法大学”的牌子到处都是，根本分不清哪个才是真正的法大，所以最后决定让自己的孩子放弃报考中国政法大学。可以想见，非正规办学的问题对于当时的法大严重到了何种程度！

为此，新任领导班子作出两大决定，并要求各院系领导无条件执行。第一个决定是关于写有“中国政法大学”字样校牌的使用问题。根据常委会的决定，2001 年 10 月 31 日前，所有办班单位必须拆除各自办班部门在校内外办学

① 《徐显明在中国政法大学教学改革工作会议上的讲话》，载《中国政法大学校报》2002 年 12 月 20 日，第 4 版。

点设的带有“中国政法大学”字样的标志（包括互联网上的有关内容），只保留海淀和昌平两校区正门的各一块牌子。

徐显明校长在全校教职工大会上，引用此前座谈时法大同学的发言说：“我们不能无休止地耗用这种无形资源，过度地使用这块牌子进行资本折旧，资本总有被用完的一天，长此以往，政法大学迟早有一天不存在了”，“我们要珍惜自己的声誉，因为这是我们人格的重要组成部分”。徐显明校长还情真意切地向所有法大人倡言“要像爱护自己的眼睛那样爱护我们的这块牌子”。

第二个决定是关于招生广告发布的问题。此前的法大各种办班广告出自多门，管理极不规范，似乎任何人，只要与法大有联系，都可以以法大的名义对外做广告，更有甚者，有些不法分子居然趁当年法大管理不善之机，盗用、冒用“中国政法大学”的名义在社会上开展培训工作，他们为了追求经济利益而不择手段，对社会大众进行误导宣传，严重损害了中国政法大学的声誉，败坏了法大的形象。

对此，常委会决定，以后法大的各类广告必须要走向统一，各部门办学广告宣传必须统一由培训中心批准，并且不能带有“计划外”等字样，未经允许而发布广告的，要承担责任。徐显明校长更是恨铁不成钢地向着校内某些貌似深谙法律，却又每每一再违法行事的人指出“广告发布权是一个法人的权利，不是任何人都可以使用的，搞法律的人都知道”。①

2001 年 11 月 20 日，中国政法大学下发《关于整顿校园内非学历教育广告、标识的通知》（以下简称《通知》）。《通知》称：“经 2001 年 11 月 7 日第 24 次党委常委会议研究，决定对法大校园内的非学历教育广告、标识进行治理整顿。具体措施是：

“一、未经批准，任何单位不得在校园内（含昌平校区和学院路校区）设立非学历教育招生点，不得设置非学历教育广告、标识。

---

① 《徐显明校长在“中国政法大学深化改革动员大会”上的讲话》，载中国政法大学新闻网 2001 年 10 月 19 日，https://news.cupl.edu.cn/info/1013/1343.htm。

“二、任何单位不得将房屋租借给校外人员借用‘中国政法大学’或‘中国政法大学×××’部门的名义举办各种培训班；不得允许校外人员以‘中国政法大学××楼××号’、‘中国政法大学××信箱’为联络地址，举办各种类型的培训班或招生点。

“三、2001年11月30日以前，各单位一律自行清除未经批准已经使用的非学历教育标识，并对出租、出借房屋、信箱办班进行清理。

“四、上述工作，以各单位行政负责人为责任人（无论是本单位自行设立，还是承包、转包到外单位、个人设立的非学历教育招生点及广告、标识，均由该单位行政负责人负责）。2001年11月30日以后，如仍有未清除或清除不彻底的广告、标识及招生点、培训点的，将追究该单位行政负责人的责任。”①

《通知》发布后，各个办学点的牌子纷纷被拆除，各种不合规定的标识纷纷被销毁，“中国政法大学”这块长期晦暗无光的金字招牌，终于重又发出了其应有的光彩！

整肃学校非正规办学这件工作现在听起来好像做得令出即止般轻松自如，殊不知当年为了推动这项改革，徐显明校长是顶着何样的压力方始功成！要知道，自考班一旦被取消，那将会涉及多少人和多么巨大的现实利益。何以至此？有人曾计算过，一些大型的自考班往少了说一次可以招生1000人到2000人，若一个学生收费5万元，那其招2000名学生大概就是1亿元的收入，而这1亿元的收入那可是天文数字。为什么那么多学生愿意报班，因为很多人都是冲着“中国政法大学”这块金字招牌来的，所以如果这些牌子被摘下，那有些人的损失就不啻为几千万元甚至上亿元，所以这项改革在推动的过程相当困难自是必然。

所以，当年学校领导班子做出取消自考办班时，徐校长责令不配合决议的人把分管的工作先停下来专门处理好此事后才能接续履职，由此这个决议才得以彻底地执行。

---

① 李丽萍、刘万永、石洪涛：《中国政法大学奋起捍卫学校声誉》，载新华网，http://news.xinhuanet.com/st/2002-01/18/content_243141.htm。

至于社会上因学校裁撤自考班而被伤到利益的人，那更是恨徐校长入骨。据知情人士透露，当年社会上某些利益受损之人曾给徐校长家里打过许多次恐吓电话。更有甚者，有一辆车子竟然一直跟在徐校长公务用车后面长达两三个月，直至学校办公室向有关部门报案才解决了此问题。最终经公安机关调查得知，这辆车子便是当初社会上办班的一个老板安排的。

后来，为了巩固前期整顿自考班乱象成果，进一步加大非正规办学的规范力度，学校还在国家工商行政管理局专门将中国政法大学的中英文全称和简称注册为服务性商标，①并在首都主要新闻媒体上发表声明，以提醒广大希望通过自考等方式提升自己的学生不要受骗上当。

当然，对于那些已经通过自考班投入法大门下的广大学生，学校并未将他们立即扫地出门，而是做到了善始善终。《通知》发布后，中国政法大学一边立即停止继续招收自考学生，一边让培训中心采取助考班等全新的管理模式，将既有全部学生划归培训中心管理，形成学校和院系联合培养的新架构。

归口后的助考班实行严格的教学管理，由培训中心协调各院、系在全校范围内选择有丰富自考教学经验的老师按自考科目系统授课，助考班学员的日常生活则参照本科生的管理办法，配备专职辅导员，实行严格管理，尽量使已招学生在德、智、体各方面得到相应发展。

尤记此后的一段时间里，各办学点前冠以“中国政法大学”字样的牌子被纷纷摘除，那些支撑各种牌子的铁、木家什也相应被出售，市区废品回收的工作很是兴隆了一段时间。最终，人们在整个昌平区也仅能从法大本科生部的门前看到“中国政法大学”的牌子，昌平的市区终于从“中国政法大学”的校园里，又重新回到了“人民的手中”。

当年，对于学校的上述种种利落举措，新华社、《中国青年报》、《法制日报》②

---

① 《“中国政法大学”及英文名等注册为服务商标》，载《中国政法大学校报》2002年3月1日，第2版。

② 《法制日报》于2020年8月1日更名为《法治日报》。

等网站及报刊媒体纷纷以题为《教育打假：中国政法大学从规范自身入手》[①]《中国政法大学奋起捍卫学校声誉》[②]等文章予以报道。法大此前因为非正规办学而常年受损的声誉，在最短的时间内得以迅速修复，社会美誉度逐渐上升。

2006年，《光明日报》以一篇题为《中国政法大学自考班停招》的文章，[③]最终宣告了法大非正规办学遗留问题的彻底解决。文章称："中国政法大学将于2006年8月起全面停止自考班招生，并将于最后一批在校生学业期满后终止自考班办学。这是该校继2002年全面整顿自考班以来，在调整对外办学布局上的又一重大行动。中国政法大学也由此成为全国首个停办自考班的高校。"

（二）精兵简政、革故鼎新厉行机构、人事、职称改革

优质的管理体制和管理队伍是一切高校改革与发展的前提和基础。一个学校只有做到管理体制优化、人员素质过硬，才能为学校的整体改革奠定良好的基础。1993年始，国内各大高校在我国政府教育主管部门的主导推动下，在体制、人事、教学和科研等方面进行了全面、深入的改革，改革后的各大高校其办学水平和办学效益皆获大幅提升。

作为2000年方始由司法部转归教育部的法大，已成为教育部71所直属院校中唯一一所未进行机构改革的院校。新任校领导上任时，教育部领导明确要求中国政法大学要抓紧时间进行相关改革。

2001年10月12日，新一届党政领导班子在昌平校区召开第一次党委常委会，会议研究确定了学校的11项重大工作。其中排在这11项工作头两位的，便是改革作为学校顶层管理机构的校部机关以及重新进行校部机

---

① 《教育打假：中国政法大学从规范自身入手》，载人民网，http://www.people.com.cn/GB/kejiao/39/20020802/791018.html。

② 李丽萍、刘万永、石洪涛：《中国政法大学奋起捍卫学校声誉》，载新华网，http://news.xinhuanet.com/st/2002－01/18/content_243141.htm。

③ 苗苗：《中国政法大学自考班停招》，载中华人民共和国中央人民政府网，http://www.gov.cn/fwxx/sh/2006－04/19/content_257801.htm。

关管理干部的人事聘用这两大工作。学校拟通过本次校部机关机构改革和干部人事制度改革，在法大建立起以教学、科研为中心的人员精干、办事高效、运转规范的管理体制，建设一支具有高素质和一流管理水平的管理队伍，从而转变校部机关作风，进而建立起一套新的决策科学、管理规范、监督有效的管理机制。

平心而论，上述两大工作的开展，并非新任领导唯上唯权，以及新官上任皆得天翻地覆的“穷折腾”，以显示自己的高明果敢，而是由于种种历史原因，学校机构重叠，职责不清，关系不顺，冗员较多，部门与部门、人员与人员之间推诿扯皮，高消耗、低效率的现象大量存在之故。倘使听之任之、不加整肃，后续诸多工作恐怕难以顺利进行。

诸君倘若不信，这里可举几个过往机构设置中存在的问题，以作说明：

一如机构重叠问题。按照我国现行高校管理机构设置规则，高校的管理机构一般分为党政两大层次，党的一层管理机构一般称之为“部”，政的一层管理机构一般称之为“处”。然而这两层管理机构的诸多部门，存在严重的机构重叠问题，如说党委办公室和校长办公室存在机构重叠现象，再如党委设置的保卫部和行政设置的保卫处也存在上述问题。

二如职能交叉问题。一个管理规范的体制应该是泾渭分明而非混沌不清，至少是管理的归管理、教学的归教学。然而此前学校管理与教学职能划分不清，二者交叉现象明显，如国际教育学院本应属于教学单位，却被不当地划为校部机关管理单位。

三如层次不清问题。一所高校本该科级、处级、厅级等层次分明、隶属准确，下级与下级平列，中级与中级对等才是，然而本属于科级单位的校综合档案室却与处级单位学校办公室同行并列，怎么都让人觉得不伦不类。总之种种问题不一而足，此不赘述。

所以，此次机构设置改革工作，主要是针对上述问题的对症下药、就病施医。其整治措施具体如下：对职能重叠、交叉或相近的机构实行撤销、合并或合署办公；对不具备管理职能的单位成建制的剥离校部机关，根据其职能转入教学科研单位或后勤服务集团等部门；对原在机关从事服务工作的人员，全部从机关剥离，实行分类管理；根据建设和发展的需要，适当增设对应新职能的新机构。增强机构的综合管理职能，减少层次，理顺关系。

校部机关机构改革的具体方案：

一是对原有定位准确的机构予以保留，如保留了组织部、宣传部、统战部、教务处、科研处等13个部、处、室。

二是对于应有未有的部门进行新组更建，如新设了中国政法大学新闻中心、资产管理处、中国政法大学教育技术与网络服务中心等4个机构。

三是对原有职能定位稍显过窄的机构进行了更名扩建，如将原有的财务处更名扩建为计划财务处、国际交流处更名扩建为国际合作与交流处等共3个机构。

四是撤销原本不应属于校部管理机关的营利及教辅机构，如撤销校产业办公室（其管理职能由后勤管理处承担）、电教中心、外语系语音室（其电化教学职能和音像制作职能，由新组建的教育技术与网络服务中心承担）等共4个机构。

五是合并或合署原本职能重叠的办公机构，如“党办”与“校办”合并，组建“学校办公室”、党校与组织部合并、武装部、综合治理办公室与保卫处合并等共7个机构。

六是研究生院下设的机构改为正科级，其第一负责人根据本人条件可低格高配。

七是不具备管理职能的机构被整建制地剥离校部机关，以分清职能、理顺关系、归口管理，如国际教育学院从校部机关转入教学序列、第二学位办公室从教务处划归法律系管理、保卫处校卫队不列入校部机关，归口校保卫处管理（主要负责校园内楼、堂、馆、所的门卫、传达工作，并逐步以保安人员等代替）等共7个机构。

八是把校培训部纳入校部机关，以加强本科及本科以下非学历教育的管理。

九是对有关部门进行职能调整,如师资队伍建设工作从教务处划归人事处、计划生育工作从校办划归校医院、教职工培训工作从校工会划归人事处等共4个机构。

改革后列入学校机关序列的分别是研究生院和20个部、处,分别是学校办公室(党办、校办)、组织部(党校)、统战部、纪委办公室(监察处)、宣传部(新闻中心)、退(离)休干部管理处、教务处、科研处、研究生院、人事处、国际合作与交流处、学生处(学生工作部)、计划财务处、审计处、保卫处(保卫部)、资产管理处、后勤管理处、基建处、培训部和机关党总支。此外,列入群众团体的处级单位有2个:分别是校工会和校团委。

学过中国法律思想史的同学,想必都会知晓孟子的一句名言,叫作“徒法不足以自行”;同样修过西方法律思想史的同学也会大体有闻亚里士多德“良法+守法=法治”的精辟思想。中西两位先贤都突出了“人”这一主体要素,在法律运行中的重要作用。

可以说,任何一种好的施政思路,都必须有一群能够读懂并且认同而且还确实能够力行的人,才会发挥出应有的功效,否则其也只能是一纸词句炫美,但却无法落实的空文罢了。所以说,在理顺了管理机构设置问题后,如何选出能够理解并严格执行那些经过各位学校领导殚精竭虑、不眠不休而思考出的,能够让法大起死回生、枯木逢春的良方,并能落到实处的恰当之人,也就成了随之而来,而又顺理成章的第二大工作。

2001年12月3日,印有《中共中国政法大学委员会关于实施中国政法大学校部机关机构改革方案和干部人事制度改革方案的决定》《中国政法大学校部机关机构改革方案》《中国政法大学校部机关分流人员安置办法》《中国政法大学校部机关和院(系)处级领导干部选拔任用规定》《中国政法大学校部机关和院系处级领导干部公开竞聘上岗工作实施意见》五份文件的打印纸,密密匝匝地布满了学校信息公示栏内,这些白纸黑字的文件向人们昭示着法大的机构及人事改革的开始。

改革文件发布后的第二日,“校部机关机构暨干部人事制度改革动员大会”即在学院路校区礼堂召开。除朱勇副校长因故未出席外，新任校领导悉数参加，党委书记石亚军在大会上做动员报告，副校长解战原在会上做关于《校部机关机构改革方案》及编制改革问题的说明报告，纪委书记兼副校长马抗美作《关于处级领导干部选拔任用制度改革方案的说明》的报告。[①]

上述报告分别分析了学校机构暨干部人事制度改革所处的背景和存在的问题，详尽说明了处级干部聘任方式和程序，并要求全校上下在实施改革方案时要正确处理好改革中的各种关系，同时希望大家认清形势，统一思想，按照学校的改革方案参与到各项改革工作中来。

在大会结束时，徐显明校长对于此次机构及人事改革工作中的纪律问题还特别予以申明：机关各单位人员一定要在改革期间坚守工作岗位，维护正常工作秩序，确保这次改革的顺利进行。在机构改革和干部调整中，禁止用公款请客送礼，接风送行，借机分钱分物以及用公款赠送礼品和纪念品等；各撤并单位主要负责人要做好本单位的财务、物资、档案等的清理和交接工作，严防财物及档案流失；在干部聘任工作中，要坚持德才兼备、任人唯贤的原则，防止出现任人唯亲等不正之风。

徐显明校长还特别向学校纪检监察部门强调要依法履行职责：“对于在机构调整和干部聘任工作中出现的违纪行为，要给予当事人组织处理或者党纪处分。现任干部如果在机构调整中有违法、违纪行为的，取消其参加竞聘干部岗位的资格。”

12 月 11 日上午，学校处级领导干部公开竞聘演说在昌平校区办公楼五层会议室如期开始，竞聘领导小组成员压阵督导，参加竞聘人员对于自己今后的施政思路予以说明，并按事先要求回答现场评委的提问，各单位人员按要求到

---

① 园林：《我校隆重举行校部机关机构暨干部人事制度改革动员大会》，载中国政法大学新闻网 2001 年 12 月 5 日，https://news.cupl.edu.cn/info/1011/18769.htm。

会观看并对活动过程进行相应监督。[①] 12 月 26 日，竞聘结果予以张榜公布。[②]随后，学校校部机关副处级领导干部选拔任用工作也顺利完成。至此，新领导班子上任后的机构调整及人事布局工作告一段落。

12 月 30 日，校党委书记石亚军与校长徐显明召集 19 位新任机构主要领导干部，进行集体谈话。会上，党委书记石亚军介绍了我国高等学校改革的动态和高等教育发展的形势，指出了法大面临的改革任务，要求每一位新上岗的领导干部面对改革发展的严峻形势要有新的理念，要学会运思，学会运作，善于创造性地开展工作，并对新上任的各部处主要领导干部提出了 5 个方面 25 种要求。

校长徐显明也从转变观念、制度建设、勤政廉政等方面对新任处级领导层作出了相应的要求，其中重点强调所有工作人员都要把全部精力投入工作之中，对于管理层干部更是严禁其进行营利性兼职活动，任何部门都不能把学校的利益作为部门获利的基础，各部处要把部风处风建设作为重要工作来抓。

最后，石亚军书记和徐显明校长希望大家和党委同呼吸、共命运，担负起学校改革发展的重担，使法大在三年内发生大的变化。[③]

通过这次改革，学校管理机构数目被确定为 19 个（比原定计划多减掉 1 个），原有的 37 个处级单位被压缩为 22 个，校部机关人员编制由原来的 292 人压缩为 197 人（比原定计划多裁掉 16 人），减幅分别达 68% 和 48%，党政管理机构的领导职数控制在了机构设置数的 2.5 倍以内，基本建立了以服务中心工作为理念的权责统一、职能优化的管理运行机制，改变了法大校部机关机构重叠、权责不分，年龄老化、知识结构不合理，因人设事，工作效率低下等不合理状况。[④]

---

① 《我校处级领导干部公开竞聘演说活动今日展开》，载中国政法大学新闻网 2001 年 12 月 11 日，https://news.cupl.edu.cn/info/1011/18714.htm。

② 《我校校部机关正处级领导干部选拔任用工作顺利完成》，载中国政法大学新闻网 2001 年 12 月 26 日，https://news.cupl.edu.cn/info/1011/18720.htm。

③ 《党委书记石亚军校长徐显明寄语新任校部机关主要领导干部》，载中国政法大学新闻网 2001 年 12 月 31 日，https://news.cupl.edu.cn/info/1012/19405.htm。

④ 《齐心协力　同心同德　为实现我校的办学目标而奋斗》，载中国政法大学新闻网 2004 年 2 月 24 日，https://news.cupl.edu.cn/info/1013/1339.htm。

为使机构改革能真正取得良好效果，学校又跟踪解决了一些具体工作机制方面的问题。比如有人反映，搞科研的老师们到财务处去报销时，某些管理人员或办事人员根本不拿老师当回事，甚至倨傲无礼、故意刁难。得知此事的徐显明校长为此专门到财务处去开了一次会，他说，“你们这些财会部门的人不要认为手里的钱是你自己的，老师们到这个地方来报销，你是为他们服务的，他们报销的是自己的钱，这个钱只是在你这个地方过路一下而已，你们千方百计地挑剔，来一次不行来两次，来两次不行来三次，为了报销几十块钱，一个老师要到你这来跑三次，所以你们想想这样做究竟对不对？有些人是不是就是以刁难他人、刁难老师为乐的？所以财务报销制度必须要改变。第一，老师来报销的时候你必须起立，不能老师在这儿站着，你在那儿坐着。你要刁难别人的话得站着刁难，必须增加刁难的成本，不要在这儿坐着刁难别人不腰疼。第二，要执行一种报销‘只跑一次’的工作办法。老师来财务处报销，就跑一次。如果老师拿的单据不够规范，你可以当场告诉他，让他把单据留在这儿，至于那些不足的部分，你们可以派工作人员跟他去取。”财务处的人见校长真动了怒，便开始积极采取多种办法解决教师报销多跑路的问题，最终财务处过去那种门难进、脸难看、话难说的现象得到了很大的改善。

另外，为了提升学校师资队伍的教学科研整体水平，学校还对一些职称评定制度进行了大力改革。比如对于那些欲拥有博士生导师资格的老师，就提出了其必须要达到“双博”的崭新评聘要求（一名教师若要成为“博导”的话，其自身必须要首先拥有博士学位才行）。对于那些当时已经获评博士生导师但自身却还没有获得博士学位的老师，学校给了他们3—4年的时间去创造条件来完成自己的博士学位，否则按照相关制度规定，这些老师未来极大可能会被取消“博导”资格。

对于学校这项新的评聘制度，许多人到中年好不容易才获得“博导”资格的老师很是不解，甚至颇有怨言。无奈这个“双博”新规是经过教师代表大会讨论并通过发布的，因此所有的教师就必须一体遵行。所以不情愿归不情愿，但是孰轻孰重还是拎得清的广大有识之士，就在不能改变、只能适应的规则之下开始纷纷择校、择师、择专业地自我革命起来……

多年以后，许多因此项改革终获红利的老师一谈到彼时“被迫”读博士的经历时，就讲当时面对这项新规是多么的无可奈何与抵触抗拒，而后的求学经历又是多么的辛苦波折与惊心动魄，不过这些获得了博士学位的老师也发自内心的感慨，当初若非徐校长在这件事情上给他们猛击一掌，那时已然“功成名就”的他们内心其实非常满足，更是根本不可能再下那么大的辛苦去读什么博士。如此这般的结果是，许多教师的个人学识能力水平与自信感获得了极大的提升，学校整体的师资队伍综合水平得到了大幅度提高，并最终被推至中国高等教育第一方阵，这也为后来教学评估中师资队伍一项得到高分奠定了坚实的基础，并使广大受教于法大的学生得到了更多的实惠……

那么法大当年的改革何以如此波澜不惊、顺风顺水？个中还真是有些值得大家进一步深思的独门密钥！比如学校当年在推动各种改革中，基本上都贯穿了一个“标准优先、规则至上”的工作原则，即但凡开展一项改革之前都要先组织相关人员来论证接下来改革所应用到的标准和规则等问题，涉及此事的任何人皆可对即将施行的诸般标准和规则表达自己的观点和态度，如果有人认为某个规则不合理或者令其不满意，那也尽可以提出更加优化的合理化建议来……

多年以后，当有人问及法大当年的改革何以成功时，徐显明校长微笑着回答说，“当年学校采取的那些改革举措基本都是制度上的改革，它是一种价值观的再造。我们以学术为引导，以贡献为引导，首先这个价值观是对的，所以这些改革既不走论资排辈也不搞什么派性。当然我们也可以进行利益上的再造，但这个利益都是以当事人的贡献为基准的，所以基本不存在厝火积薪、后来者居上的问题。另外，所有的改革还坚持了一个‘学生标准’的工作原则，也即所有的改革措施，所有的教育理念推行到最后，最终的受益者必然是学生，而不是中间的其他什么人，更不是某些既得利益者。”

所以当年法大推进的诸多改革任务虽然非常烦琐又艰巨，但基本上每一项改革都有正确的价值观作为引领和完善的规则作为支撑。而在诸般规则的制定上，学校也尽可能地让每个涉事主体都有发言权，所以许多事情如何操作基本都能在事前达成共识。而共识一旦形成，后续的工作中就会用这一把尺子去客观公正地衡量所有的人和事，正因如此，当年学校的许多改革推动起来就相对容易了许多。

此外，为了在一系列的改革中起到表率作用，校领导还一改此前将大本营安置在海淀区的做法，而将所有校级领导的办公地点全部移至昌平区，以凸显“以本(科)为本”、以昌平校区为今后建设发展中心的态度。徐显明校长更是将前任七位院、校长的放大照片悬挂于自己办公桌对面的墙上，他在接受“东方之子”采访时说，他要在七位老校长的注视下认真开展自己的工作，既要勤政又要廉政！

除了“整治非正规办学”“厉行校部机关机构暨干部人事制度改革”这些人人得见的宏观改革以外，一些有利于师生员工学习生活，或者不利教与学及有损法大形象的微观改革亦在同时进行。例如在新领导班子上任后的第一次党委常委会上，就通过了学院路校区礼堂每周为学生免费放映一次电影，多功能厅将主要作为学生开展活动场所，给在昌平校区上课教师在外籍楼提供午休、晚休床位，凡学校师生乘坐的各种车辆进出两校区校门一律不再收费等决议。

这些被改变得看似不起眼的“细小之事”，却处处反映着一种新旧有别的工作理念，如前述“车辆免收出入费”的问题，2006 年在东方之子的录制现场，徐显明校长对记者如是说：“你的车如果进政法大学不用交一分钱，但是你到北大和人大去你都要交钱。

“你像我们过去的老师工作人员，要进校门的话，在我来以前，是要先交钱的，我就问我们的门卫，保卫部门，如果是你的家里，你家里的人进你家，你要不要向他收钱？当然不要；你邀请来的客人，要到你家，你要不要先让他交钱？也不要，这是一个常理。”

同样意思的话，徐显明校长在 2001 年学校深化改革动员大会上也说过：“我要表扬一个处，就是保卫处。大家已经感受到进出校门没人收费了。处领导做了很大努力，校领导作出决定，他们迅速执行，这个制度得到了贯彻。收费是没有任何道理的。进出法大的人都是我们自己的人,自己的人进自己的家还要交钱,道理上说不过去;对客人要钱更没道理。”

而对于社会上那些想恶意利用新改革制度的人,徐显明校长说:“我们只是想为教职工和我们的朋友创造最好的条件,我们不会做社会的免费停车场;我们办学固然不需要通过保安、门禁来进行创收,但我们也不是社会的免费面包,谁想吃就可以来吃的,执行好这一新措施只需抓好管理和制度建设即可,没必要因噎废食!”

“法大新政”带来的种种崭新变化获得了绝大多数师生员工的认可,以至于30位青年教师联名赠送给徐显明校长一幅“骏马图”以示鼓励。而这幅“骏马图”也一直被徐显明校长当作青年教师对自己改革的一种激励,一直悬挂在自己的办公室里直到卸任。

正如当年作为这30名赠画教师之一,几年后成为法大经济法专业博士生导师,并荣获“法大最受本科生欢迎的十大教师”称号的时建中教授所言:我们希望新班子能够带领我们学校走得更好,就像骏马图所描绘的状态那样,以一种生龙活虎的精神将我们的学校引向一种更加辉煌的状态!①

犹记徐校长当年被记者问到“当您推行一个改革遇到很多困难的时候,你会怎么样面对”时,他的回答:“每一项改革都会遇到困难和阻力,因为每一项改革实际上都是利益的重新分配,原来的利益格局要打破,失去利益的人他就会谩骂你,攻击你,甚至抵抗你。

所以法大的改革,我曾经用泰戈尔的一首诗,作为我们这种心迹的表露。说当改革开始的时候,人们一开始不理解,后来是人们谩骂它,再后来是人们诅咒它,反对它,而再后来,改革者胜利了。

所以我们要有这种心情来对待我们自己推行的改革,只要这个改革我们认准了,它是符合整个社会价值要求的,我们就要坚持下去。对我个人的得失利害,我不作任何考虑,我们的改革要‘言万世而不言一时’!”

---

① 《东方之子·徐显明》,载搜狐网,https://news.sohu.com/20070622/n250713351.shtml。

▲校园内景之拓荒牛雕塑(摄影:艾群)

第四章　校庆大典

“校庆”之于学校正如生日之于自然人，代表着社会大众对于一个全新智慧生命开启，一种崭新精神人格诞生的记忆和祝贺。“庆典”作为世间群体情感的一种释放，表达的既有对此前成绩的欢愉，也有对此后路向的一种反省。

欢愉的是，一路坎坷走来，终归事业有成；反省的是，如何再接再厉，创造继起之光荣。庆典之于学校，既有展示自己辉煌历史，承接光荣传统，表彰己身成就之继往，又有引发社会大众关注，凝聚世道学子人心，宣示未来走向之内涵。是故当今之高校，举凡凑五逢十，每每需要一个大典，以为学校承前启后、继往开来之丰碑！

一、岚清到访

这次法大校庆大典的故事，我们需要从2002年春节前时任中共中央政治局常委、国务院副总理李岚清的到访说起。按照中国的惯例，为表示党和国家对高等教育以及高级知识分子的重视，每年新春前夕，党中央、国务院总要有一位领导高官，或者到一些学界名宿家中，或者到一些著名高校府里，要么前去拜望贤达，要么莅临指导工作。

正所谓“求名于朝，取利于市”，无论是被探访的个人，还是被看望的群体往往一夜成名、每每万众瞩目，只是花落谁家、彩至哪里却并非全凭运气。这些个人，要么此前成绩斐然、功勋卓著；那些高校，要么当下家国所需、人民所待，总之是要有些能够让高层驾临到访的足够理由！

2001年，以足球中“假球”“黑哨”事件为代表的体育界贪腐事件接二连三、层出不穷。“甲A”“甲B”演变为公众口中的“假A”“假B”，“金哨”“银哨”变化成媒体纸上的“灰哨”“黑哨”。无论纸介还是网媒均围绕着“假球”“黑哨”“足协”“司法”等关键词，在报端、网上掀起了一浪胜过一浪的热烈讨论。[①]

---

① 可参见《中国第一“黑哨”今天开审　宣武法院未当庭宣判》，载中国新闻网，http://www.chinanews.com/n/2003-01-29/26/268345.html。

于是既管教育又抓体育的李岚清副总理为听取学校对高等教育改革的意见，并寻求解决上述问题的法律支持，便环顾华夏学府、检视炎黄智库，并最终将当年要视察的高校定为有“中国法学教育最高学府”之称的中国政法大学！

2002 年 2 月 9 日上午，中共中央政治局常委、国务院副总理李岚清专程来到学校学院路校区，亲切看望部分老教授，并与他们座谈。座谈会由校党委书记石亚军教授主持，马抗美、朱勇、张桂琳、张柳华、李书灵等全体在京校领导参加了座谈（此时的徐显明校长正与舒国滢、岳礼玲、杨勤活三位老师，为了法大 50 年校庆而组团出访欧洲 5 国 12 所名校，以为大典之时万国来朝做着艰辛但富有成效的前期准备，此事后有述及）。

学校刑事诉讼法学专家陈光中教授、法制史专家张晋藩教授、国际法学专家王传丽教授、婚姻法学专家巫昌祯教授、行政法学专家朱维究教授、经济法学专家徐杰教授、刑事诉讼法学专家樊崇义教授、外国法制史专家曾尔恕教授、经济法学专家王卫国教授、政治经济学专家郛名扬教授、中国法制史专家郭成伟教授、刑事诉讼法学专家卞建林教授、民事诉讼法学专家陈桂明教授等纷纷参会。

座谈会上，党委书记石亚军同志首先讲话，他代表全校师生对李岚清副总理专程来到学校，看望老教授并指导工作表示热烈欢迎。在介绍了所有参加座谈的老教授代表后，石亚军同志简要介绍了中国政法大学的整体概况、教学科研和人才培养成就。他说，目前，法大新一届领导班子紧密团结，广大教职员工士气高昂，正朝着把中国政法大学建设成为以法学为主，兼有多门学科，国际知名、国内一流的全国重点大学而努力奋斗。

随后，陈光中、张晋藩、朱维究、王卫国教授分别就如何进一步加强法学教育，高等教育如何进一步适应国际竞争，如何建立高水平的评估体系，法学教育如何进一步面向经济建设和贴近法律职业等问题做了发言。

李岚清副总理在认真听取了情况汇报和教授代表的发言后，首先向大家拜年，祝大家新春阖家欢乐，身体健康，在马年工作取得更大成就。并通过大家向中国政法大学的全校师生员工表示亲切慰问。随后，他在讲话中提到，之所以到中国政法大学来，一是要听取学校对高等教育改革的意见，二是寻求法律援助、法律支援和法律支持，到政法大学来具有特殊的意义，因为中国政法大学是中国法学教育的最高学府。谈话过程中，他明确希望中国政法大学能够为解决我们国家改革与发展中的法律问题作出积极贡献，并努力培养出高素质的法律人才，满足经济和社会的需求。临近中午，李岚清副总理向大家挥手告别、乘车而去。①

李岚清副总理离去之后，石亚军书记立即主持召开党委常委会，主要研究部署如何解决讲话中所提到的“法律难题”。随后，各位专家按照相关工作安排，集思广益、聚众所长，最终提交了一个解决“假球”“黑哨”等体育界贪腐所涉法律问题的妥善方案。

其后，学校又积极利用此次机会，争取到了为学校日后发展起到巨大助推作用的“本科专业自主设置权”：

壬午年春，甲子日，巳时，礼部大堂。陈尚书讳至立谓徐校长讳显明曰：“尊宰辅李公之雅意，念汝法大诸公分忧国是，功甚巨，欲以财货劳贤达。知汝法大前归刑部时，钱粮多为其所克扣，此有薄银万两相赠，公意下如何？”显明公曰：“否”。陈尚书复垂徐校长曰：“闻汝法大，大师众而大厦寡，赠君一广厦高楼可乎？”显明默然无所答。陈尚书再向徐校长曰：“晓汝法大硕士点乏，补之若干，何如？”徐校长首愈垂、冠再点。尚书怒，曰：“此亦不行，彼亦难中，汝属意若何，莫非贪而无厌，欲三者尽收囊中乎。”徐校长遂正缨，肃然曰：“公暂息雷霆之怒，休发虎狼之威，此三者，非吾所欲也。”尚书奇之，复言之：“公属意者何？”徐校长对曰：“府中‘本科专业自主设置权’也。”尚书曰：“此国之至宝，于今仅北大、清华、北师大、上交大、浙大、武大六校具之，公尽可移情他物，皆许之不悔。”徐校长坚辞之，力求“本科专业自主设置权”也。尚书逡巡多时，默然良久，终止于窗侧，手抚栏杆垂首泣曰：“速速至堂官处办结取走，近期莫来烦吾。”徐校长出，顾左右笑曰：“自今日始，华夏九州之众本科专业，尽入吾

---

① 彭祥林：《李岚清来我校看望广大师生》，载《中国政法大学校报》2002 年 3 月 1 日，第 1 版。

法大彀中矣！”[①]

“中共中央政治局常委、国务院副总理李岚清视察中国政法大学”之事，正值年终岁尾、百事将息之时。民工返家乡、学生归故里，候机厅内、火车厢中熙熙攘攘、万头攒动。当此一年之中人员聚集最为密集的时候，经过新闻联播之有力传播，“中国政法大学”之名一夜间传遍千家万户，中国政法大学之社会声望亦在高校间陡然急增。

2002年3月21日，时任教育部副部长张保庆来学校视察指导工作。张保庆副部长在听取了徐校长的汇报后作了讲话，他首先肯定了中国政法大学多年来在我国法治建设中所取得的成绩，继而就提到了李岚清副总理对法大“中国法学教育最高学府”的定位，并认为法大是中国法学教育的第一块牌子，学校要继续发挥法学教学科研的整体优势，办出自己的特色。同时他明确表态，对于即将来临的学校50年校庆，教育部给予一定支持。[②]

而在校庆典礼的当天，无论是在代表党和国家出席这次盛会的时任全国人民代表大会常务委员会副委员长姜春云的致辞里，还是在徐显明校长的讲话中，都屡次提到李副总理到访指示一事——这里还不论学校通过这次大好良机所争取下来的，全国仅有7所高校才有的“本科专业自主设置权”对法大此后多学科发展的重大作用。是故足见此事对于法大校庆大典以及此后发展的重要意义，可以说李岚清同志的到访，为法大50年华诞庆典谱写下了一个良好的开端！

二、近合远交

除了迎接李岚清副总理的到访考察以外，法大的校庆大典一直在紧锣密鼓、紧张有序地进行着。

为使这次校庆大典成功召开，学校主要从以下方面进行了筹备：

在国内，我们对那些早年在小月河边、军都山下，为学绝艺闻鸡起舞、夜阑

① 《教育部批准我校自主设置本科专业》，载《中国政法大学校报》2002年3月30日，第1版。

② 《教育部张保庆副部长来我校视察工作》，载《中国政法大学校报》2002年3月30日，第1版。

不寐最终“艺成下山”的师哥、师姐，以及对那些为法大“开山立派”如今“收山归隐”的师爷、师叔们广发通知。

于海外，学校领导带领教职工们拜访居于亚、欧、澳、美的著名学者们，叙来意、结友情。

2002 年 1 月 20 日，学校的一封“英雄帖”传向了海内外校友：

亲爱的海内外校友：

你们好！值此新春佳节之际，谨向海内外的校友们致以节日的祝贺和亲切的问候！

2002 年，中国政法大学将迎来五十华诞，这是母校建设发展史上的一件盛事，也是全校师生及每位校友的喜事。届时，学校将举办隆重热烈的纪念与庆典活动。

母校创建于 1952 年，原名北京政法学院，毛泽东同志亲笔题写了校名，1983 年更名为“中国政法大学”，邓小平同志亲笔题写校名。五十年风雨沧桑，五十年改革进取。半个世纪以来，在共和国几代领导人的关怀下，母校以育才为己任，为社会输送了 10 余万法律人才，分布于大江南北、世界各地，校友们以自己良好的素质和杰出的业绩为祖国的社会主义法制建设和经济建设作出了巨大的贡献。同时，也为母校赢得了辉煌的荣誉。

历史进入新世纪，母校也迎来了新的发展契机，2000 年，国务院决定法大归属教育部。在今后若干年里，我们将根据社会主义法学教育的需要及学校发展现状，优化资源组合，调整专业结构，全面深化改革，努力把母校建成以法学为主的多学科一流大学。

为使校庆活动办得隆重热烈，独具特色，希望各位校友或撰写回忆文章，或资助母校建设。相信有了各位校友的关怀和支持，母校的发展前景必将更加壮丽！

五十年的风雨兼程，五十年的春华秋实。经过几代人的奋斗和努力，母校已经成为享誉海内外的著名学府。‘挥法律之利剑，持正义之天平，除人间之邪恶，守政法之圣洁’，法大精神代代相传，生生不息，不管你们身在何处，心却与母校息息相通。

2002 年 5 月 5 日，我们将以最真挚的热情，最殷切的期盼，等候您回家看看！①

与此同时，根据学校的统一部署，各地校友会纷纷得以建立。根据校庆筹备委员会的统一部署，校庆办公室在北京、天津、上海、内蒙古、广西、广东、湖北、海南、黑龙江、吉林、辽宁、河南、河北、安徽、福建、山西、四川、甘肃、浙江、青岛等二十余个省市相继成立了中国政法大学校友会分会筹委会。

为进一步加大对校友工作的领导力度，学校还专门指派解战原副校长专门分管校友会工作。其间，石亚军书记和徐显明校长及其他校领导分别率学校相关处室负责人，先后参加了河南、上海、江苏和甘肃等省市校友分会的成立大会，并前往福建、山西、广西、山东、吉林等省会见校友。②

2001 年 12 月 7 日，党委书记石亚军、副校长解战原、教务处处长江兴国、校庆办公室主任徐阳等一行拜访了学校 66 届政法系毕业生、时任中纪委常委、监察部副部长李至伦。在交谈中，李至伦副部长详细了解了学校的现状及 50 年校庆的筹备情况，并欣然答应届时将参加校庆活动。③

2001 年底，副校长解战原，校庆办公室主任徐阳还拜访了学校 1964 级校友、时任公安部副部长罗锋。他们就学校的现状、学科建设、学校的发展等问题做了深入的交谈，罗部长就学校的发展提出了许多很好的建议，并表示届时将出席校庆庆祝大会。④

2002 年 3 月 13 日，学校副校长解战原和校庆办公室主任徐阳前往北京市

---

① 《致中国政法大学海内外校友的一封信》，载中国政法大学新闻网 2002 年 1 月 24 日，https://news.cupl.edu.cn/info/1011/18726.htm。

② 《校庆工作简报》，载中国政法大学新闻网 2002 年 3 月 25 日，https://news.cupl.edu.cn/info/1011/18688.htm。

③ 江宏景：《我校 66 届法律系毕业生、中纪委常委、监察部副部长李至伦同志欣然答应届时将参加校庆活动》，载中国政法大学新闻网 2001 年 12 月 11 日，https://news.cupl.edu.cn/info/1011/18715.htm。

④ 《校庆工作简报》，载中国政法大学新闻网 2002 年 3 月 25 日，https://news.cupl.edu.cn/info/1011/18688.htm。

委,拜访了法大校友、时任北京市委副书记、市委政法委书记强卫。在交谈中,强卫详细了解了法大的现状。他高度赞扬了法大取得的丰硕成绩和巨大变化,同时也希望母校在法律援助和法律咨询方面与市委、市政府加强合作。在听说将邀请他参加法大50周年校庆时,他十分高兴地接受了邀请,并表示在今后工作中多为母校贡献力量。①

在造访校友的同时,我们还力邀校友回家看看,2002年1月25日,法大校友时任全国政协副秘书长王巨禄、全国政协办公厅五局局长怀效锋在副校长解战原的陪同下回访母校。按照有关工作安排,校庆办邀请社会著名人士和优秀校友参加50周年校庆的工作一直紧张有序地进行着。

2002年1月23日至2月11日,由校长徐显明教授带队,国际交流处杨勤活处长,法律系舒国滢教授、岳礼玲副教授参加的访问团,出访了欧洲5国12所大学(主要为剑桥大学、牛津大学、汉堡大学、波伦亚大学、巴黎第一大学、慕尼黑大学等12所名校)。虽然此行目的仅有寥寥可数的三项:邀请欧洲最著名大学校长参加法大50周年校庆,磋商筹建中德法学院和拓展法大与12校间建立的经常性、多向度的校(院)际关系。然而究竟能否达成所愿、心想事成,其实我们访问团的成员也是心中无底、忐忑不安、忧心忡忡。正如舒国滢教授所言的那样:"由于这12所大学皆名声显赫,以法大现下之声名地位欲与攀得亲缘,诚属不易。亦正因如此,访问团使命尤重,诚惶诚恐。"那么我们不禁要问这个身负重任的法大使团究竟能否顺利成行、不辱使命?

好在作为使团成员之一的舒国滢教授对于访欧全程皆有记述,下面我们截取此行的几个片段一窥究竟:

1月23日当地下午,访问团由意大利米兰转机抵达罗马。在夜色朦胧里,我们透过车窗打量着这座并不太靓丽的古老城市。然而,罗马毕竟与众不同,它吸引着各国学人的目光。这里散发着从古城废墟里幽幽飘动的精神魅

---

① 《我校副校长解战原同志和校庆办主任徐阳同志前往北京市委,拜访了我校校友、北京市委副书记、市政法委书记强卫》,载中国政法大学新闻网2002年3月18日,https://news.cupl.edu.cn/info/1011/18686.htm。

力——罗马的整个城市是一座偌大的露天博物馆。我知道，有数位享有世界声名的学者（如孟德斯鸠、歌德、拉德布鲁赫）都是在中年之精神生命处于委顿之时，分别在不同的时代朝觐过这个城市，意图追寻拉丁文明的源头。歌德曾写道："（在罗马）我看到我青年时代的一切梦想又复活了……从我踏入罗马的那天起，意味着真正地再生。"确实，古罗马市政厅、斗兽场、巴拉蒂诺山丘、罗马的旧城墙和浴场、梵蒂冈以及数不尽的雕塑、绘画和喷泉……像风暴一样席卷着每一个踏进此城之游客柔弱而敏觉的心灵。

但可惜我们无暇在匆匆的行程中悠闲地欣赏这人间的美景。按照预定的计划，到达罗马的翌日，即拜访罗马第二大学，在罗马法教授桑德罗・斯奇巴尼先生引荐下，两校校长商谈并签署了进一步交流的协议。罗马二大的校长是一位从事生物化学研究的教授，其为人谦和，面部始终带着微微的笑容，协议签订之后，他目送我们一行再进罗马的暮夜，神情安详静穆。

访问团的成员在这个世界闻名的文化古都中并未耽于玩乐，而是仅仅为了签署一个"进一步交流的协议"，就从甫一下机夜色朦胧的"傍晚"一直操劳至天色漆黑的"暮夜"，创业之艰可见一斑！

对于这个有着"古罗马市政厅、斗兽场、巴拉蒂诺山丘、罗马的旧城墙和浴场、梵蒂冈以及数不尽的雕塑、绘画和喷泉……"等名胜古迹、艺术珍品的"露天博物馆"，访问团的成员竟然无暇一览，以至于舒国滢教授这样记述夜色中离去时的恋恋不舍："当离开罗马古城的时候，我情不自禁地回头再看一眼这个逐渐远逝的城市……"

同样，对于从罗马乘车北上经佛罗伦萨而至波伦亚大学（1088 年建立的世界上第一所近代意义的大学，尤以研究《尤士丁尼法典》而闻名于世，为欧洲各国法科学生的朝圣之地）的过程中，途经那个被徐志摩称为"翡冷翠"的佛罗伦萨时，访问团的成员也只能对着那个"埋葬着文艺复兴巨匠身魂"的文化古城"匆匆一瞥"而"久久无语"。

"1 月 27 日下午 3 点，经空中 2 个小时的飞行，访问团成员到达法国的巴黎。这是一座以艺术、时尚、堂皇的建筑与浪漫的风情装点的都市。塞纳河、卢浮宫、巴黎圣母院、凯旋门、香榭丽舍大街、埃菲尔铁塔……当这一连串年幼时即耳熟能详其名之所，像一个个生动的精灵真实地显现在眼前时，笔者在瞬间所感受到的冲击力难以用文字来缓缓叙述。但我们在巴黎停留的时间十分短暂（不到一天），且公干在身，故只能利用晚间空余去领略一下它的夜色。我们至午夜时分仍然在香榭丽舍上漫步，当时感觉仿佛整个巴黎的心脏在静谧的夜风中正均匀地跳动。"

"次日上午，高会长亲自引领我们与巴黎第一大学的领导人会谈，气氛热烈而友好。两校就进一步多方面交流的意向达成一致意见。中午，我们在大雨滂沱的洗礼中别离第一大学和高会长，奔赴机场，赶往下一个目的地。"

"在随后的一周，访问团又马不停蹄，先后访问了德国慕尼黑大学、法兰克福大学、汉堡大学、荷兰鹿特丹伊拉斯谟大学，就筹建中德法学院及其他交流事项广泛交换意见，有些学校（如伊拉斯谟、汉堡）还提出了进一步交流的具体项目。

2 月 5 日上午，我们一行 4 人由荷兰鹿特丹中经德国的科隆，乘车抵达德国重镇波恩。"

"辞别欧陆，越英吉利海峡，2 月 7 日晚访问团来到英国。我们此行的目的地是剑桥和牛津这两所王牌大学。它们像两颗耀眼的星座斜挂在伦敦的东北方（剑桥）和西北方（牛津），交相辉映。两校历史上孕育的超重量级科学家、哲人、历史学家、文学家、诗人、经济学家和法学家不计其数（只要其中哪怕一位在其他大学担任过教授，都会使那所大学立刻跻身世界一流），他们用自己辉煌的业绩不断续写着牛津与剑桥的神话。不知有多少青年学子为之梦断肝肠，不知有多少文人骚客为之穷尽辞章。任何一个来到这里的人（哪怕是帝王将相）都会被他们精神的光芒所遮蔽，被这思想帝国的威仪所折服。8 日上午 10 时，访问团一行 3 人（岳礼玲副教授留在德国）来到剑桥大学，前往剑桥西路 10 号的大学法学院拜会院长比特森教授。比特森先生在自己的办公室接待我们，并与徐校长就两校（院）合作事宜进行交谈。"

"然而，我们不能在剑桥停留太长的时间，按照计划必须在当天下午赶到牛津。带着遗憾和哀叹，我们不得不离开这有着醉人的剑河、'康桥'、格兰赛斯德草原以及美丽动人故事的地方。远望剑河这'世界上最秀丽的一条水'，也只能像徐志摩当年那样，'悄悄地我走了，正如我悄悄地来；我挥一挥衣袖，不带走一片云彩'（徐志摩：《再别康桥》）。"

"作别剑桥，我们乘坐面包车，经过 3 个小时的路程，于下午 4 时许缓缓进入牛津镇。""我们与菲尼斯的谈话是在宴会之后才真正开始的。当时已接近晚间 11 点，大部分客人告退回府，仅剩基金会的帕特森夫妇、我们访问团的 3 位成员以及菲尼斯本人。""告别菲尼斯已是深夜了，我们一行人将他送出奥里尔静静的庭院，一直看着其消瘦的身影消失于牛津高街的夜色里……"

"别离牛津，我们为等候归国而暂时住进位于伦敦西区一家由华人开办的小旅店。说它小，不仅因为它只是一幢仅有十几个房间的三层私家小楼，而且主要还是因为它规定要由旅客自我服务（比如旅客自己埋锅造饭）。

10 日清晨，我们决定在离开伦敦之前去看一看卡尔·马克思墓（这几乎是每一个来伦敦的中国人最朴素的愿望）。显明校长比我们起得早，为大家准备早餐（其实，他不过用黄油做了一盆鸡蛋汤，按他的话说算是'校长为教授服务一回'吧）。"

"当日 17 点 30 分，我们从伦敦希思罗机场登上返京的班机。次日上午 11 时进入中国的领空。俯瞰飞机下方茫茫的雪山、深邃的沟壑、莽原与森林交织的土地，我知道我们终于结束了短暂而紧张的云游，又回到了生于斯、长于斯的母土……"①

在舒国滢教授对于法大访问团"欧陆二十日"的记述中，我们可以看到"匆匆的行程""马不停蹄""按照计划必须在当天下午赶到牛津"等词句，而知此次行程之紧张；我们也可以从"暮夜谈判""午夜送别""雨中辞行"的记述中，读出访欧过程中工作之劳累和辛苦；我们更可以在清晨起床后旅馆不提供早餐，还得顾客自己亲力亲为（如"校长为教授服务"而做的鸡蛋汤）的故事

---

① 舒国滢：《访欧语丝——从罗马到牛津》，载农权法律网 2017 年 1 月 19 日，https://www.nmql.com/wenji/zhuanjia/sgy/2346.html。

里，知晓我们的特使团用度节俭、不事铺张。而对于大多数人都予以关注的“公款旅游”一事，我们也大致知晓不过是“午夜时分仍然在香榭丽舍上漫步”“清晨去看一看卡尔·马克思墓”而已，除此之外就只有“匆匆一瞥”“回视瞻顾”“默默无语”“遗憾哀叹”了。

那么此行中宾主双方到底交流了些什么内容呢？据有关当事人回忆说，在那次出访中，法大访问团成员与各大欧洲名校交流的话题并非集中于法学领域，而主要是与文化和文明有关的内容以及双方如何在今后的工作中进一步加强交流与合作。比如在慕尼黑大学访问时，当双方交流完文化课题并在谈完了一些工作后，徐显明校长就顺势提出，两家大学能不能共同搞一个中德法学院，以进一步促进中西方法律文明方面的研究和交流？身为民法专家的慕尼黑大学校长对徐校长的这个提议非常感兴趣并当即表示同意。徐校长见对方认可了自己的意见后就进一步阐明双方合作框架，他说如果慕尼黑大学一家觉得交流的力量比较弱，派不出那么多留学生的话，可以先与5所到6所大学联合成为一个乙方，然后这几家学校签署一个协议并选出一个代表性的大学，再和中国政法大学签署一个协议来共同筹办中德法学院。如此，法大的学生将来可以到德国的这五六所大学进行交流学习，德国的这五六所大学也可以把学生派到中国政法大学进行交流学习。

慕尼黑大学校长觉得这个提议非常好，于是就在共进午餐后邀请访问团成员来到他的办公室，给客人们泡上咖啡后就开始当着众人的面打起电话来协调此事。因为慕尼黑大学在德国是一所非常具有代表性和影响力的大学，所以一会儿工夫他就联系上了五所大学，一桩跨国合作的复杂情事也就以一种最为简洁的方式得以快速落实。其人感慨道，在促成诸多名校与法大合作的工作中，徐显明校长可谓是厥功至伟，对方校长在事前只知道徐校长是中国法学界非常具有代表性的法学家，可交流起来才发现，原来徐校长对于中西方的文化及文明居然有那么高水平的见解，深谈之后为徐校长的学识水平所折服。对于这种文化上的交往和交流，徐校长却具有十足的把握，并基本主导了每一次会谈的节奏和方向，同时也赢得了对方发自内心的尊敬。

也因此，舒国滢教授才这样记载道："好在显明校长见多识广，与欧洲同行谈笑自如，纵横捭阖，使多项重要交流项目得以落实，亦展现出法大之教育构想和发展之蓬勃气象。与这些大学古老厚重之精神相比，法大访问团所透露出的昂扬激情，给欧洲的同行留下了深刻的印象"；"弗赖堡大学的校长、法学院院长以及马克斯－普朗克外国及国际刑事法律研究所所长阿尔布莱西特教授（Hans-Joerg Albrecht）均对该项目表示出浓厚的兴趣与合作的愿望。在座的其他弗赖堡教授们的言谈中也透现出强烈要求与法大结好的情绪"；"在总部的会谈中，徐校长就筹建中德法学院的情况向德国学术交流中心（Deutscher Akademischer Austauschdienst，DAAD）负责官员作了详细的介绍，双方对经费的筹措、德方伙伴的遴选以及法学院建设的规模及步骤进行了具体的磋商。在此方面，对方态度反应积极，表示将对项目予以鼎力支持"。

所有的这些，还仅仅是当年为了结交新朋、兴建学院、备办大典而做的努力。任谁也难以知道5年后中欧法学院的争夺大战中，这些欧陆法学院校为何对法大这样一个在综合实力上与人大相去甚远的大学如此地慷慨支持、鼎力相帮。其实，歃血为盟、肝胆相照、同止同行的交情在5年前就已建立，而期间又经法大多年全力经营，争夺战中又有徐显明校长亲自坐镇指挥，从而才有了最终的胜利！

除了徐显明校长赴访欧陆以外，2002年3月石亚军书记也率团赴澳、新等地，对澳大利亚新南威尔士大学、悉尼科技大学、悉尼大学、格里菲斯大学、墨尔本大学、迪肯大学、维多利亚科技大学、新西兰维多利亚大学、奥克兰大学等十所大学进行学术访问交流，纷纷就合作办学、联合培养学生、共同培养双语教师、合作开展科研、交流教材等项目签署了意向性协议。同时，被访问的大学校长及法学院院长大多明确表示要于5月5日出席法大的50周年庆典活动。①

① 《石亚军书记一行赴澳、新、港学术访问交流顺利归来》，载中国政法大学新闻网2002年3月26日，https://news.cupl.edu.cn/info/1012/19411.htm。

三、辉煌大典

在法大，各种擂台纷纷设立，首场比试是围绕“中国政法大学新校训”展开的，2002 年以后入学的各位同学可能并不知道法大当年的校训竟然是“团结、勤奋、严谨、创新”这种没有任何特色、区隔性极低的校训。随着时代的发展，这个校训当时已经亟待完善。

在法大 50 年校庆大典即将到来之际的 2001 年 11 月，校党委宣传部征集新校训的求贤榜文便向全校予以发布。发榜以后，各路师生踊跃参与，如当时政治与公共管理学院林存光老师在校训征集建议发出的第二天，就发来了“志存高远，与日俱增；明法善政，公心利民”“正身乐学，公心济世”的校训；2001 级法理学研究生张青波同学发来了“只向真理低头”（江平先生的人生格言）的校训；张波阳同学发来了“仁爱、博学、务实、创新”的校训等。[①] 有的校训设计还附有百言、千言的设计说明书。[②] 除此而外，江平、陈光中、张晋藩、高潮、舒国滢、李曙光、刘广安、龙卫球等老师也纷纷为即将出台的新校训积极贡献自己的思想和智慧，古籍所的吕立仁老师更是带病先后两次撰写校训建议稿。

这种蕴含了一所大学治校办学核心理念，一旦确定就可使献言者名垂校史的校训争夺战是如此之激烈，又如此之引人，以至于石亚军书记和徐显明校长都不觉技痒而下场一试。2002 年 4 月 11 日的学校党委第十次会议上，石亚军书记提出应用“明法厚德”，基本能集中体现此前收集的各种建议的精神内涵；朱勇副校长提出应把“厚德”放在“明法”之前，其建议得到了与会常委们的一致认可。校训的前四字就此确定，然而由于会议时间等原因，校训的后四字经过讨论并未达成一致意见。

4 月 18 日，在学校党委第十一次会议上，依照会议安排的第二个议题是继

---

① 张波阳：《张波阳同学发来的校训：仁爱，博学，务实，创新》，载中国政法大学新闻网 2001 年 11 月 25 日，https://news.cupl.edu.cn/info/1011/18762.htm。

② 张青波：《校训的一点建议》，载中国政法大学新闻网 2002 年 4 月 5 日，https://news.cupl.edu.cn/info/1011/18693.htm。

续讨论校训。讨论过程中,徐显明校长提出使用"格物、致公"的新建议,并说明了自己的理由,与会常委们经讨论后认可通过。至此,为期近5个月的校训征集活动尘埃落定,法大的这二位巨头获得了最终的胜利,校训最终被确定为现在的"厚德、明法、格物、致公"。①

对于新确定的校训含义,徐显明校长特意在校庆大典结束后的2002年6月20日的那期校报上做出过专门的解释。在这篇解释文章的末尾他还引用了古人的三句话与法大师生共勉:言是非,而不言利害;言顺逆,而不言成败;言万世,而不言一生。②

为使体现法大精神内涵的校训含义为广大师生遍知,并应对种种诘问、质疑,徐显明校长曾在各种场合多次解释过新校训的内在含义。比如,其在2005年本科生开学典礼上对新生如是说:"最后,我讲一讲政法大学校训:厚德、明法、格物、致公,这既是学校的规则,也应该成为学校的理念,同时也应该成为我们日常行为的规范。

"'厚德'有两层含义:第一层含义,大学要教会大家做人,学会做人是一个基础的道德。做人之德当然重要,但仅有此是不够的,因为道德是分层次的,处在最低层次的道德被称为公民道德。比公民道德高一个层次的是职业道德,被称作伦理。那么比职业道德再高一个层次的是政治道德,所以大家做人的道德——公民道德应该是在你接受基础教育的这个阶段完成。'厚德'的第二层含义就是在进入高等教育之后,要重点训练后边这两个道德,第一是职业伦理,第二是政治道德。所以'厚德'里边学会做人是我们的基础道德,而大家更应该注重进行职业伦理的修养和政治道德的养成。

"我们校训的第二句'明法','明法'也有两层含义。管子有《明法篇》。第一个'明法',进入政法大学的所有的人都应该懂法;第二个含义,你们应该肩负着一种使命,将来成为中国法治建设的生力军,主力军。

"第三句'格物'。'格物'也有两层含义,第一层含义,就是要发扬我们的

① 晓理、琳琳:《新校训是这样诞生的》,载《中国政法大学校报》2002年4月30日,第4版。
② 翟艺、王婷:《徐显明校长阐释校训内涵》,载《中国政法大学校报》2002年6月20日,第1版。

传统，理论和实际要结合，理论和实践要结合；第二层含义，‘格物’目的在于致知。致知需要一种独特的思维，所以我们在‘格物’的过程当中要训练出政法大学独有的思维来。

“第四句‘致公’。‘致公’还有两层含义。第一层含义，是表达了我们的目的性，我们要亲民，将来要有能力为公众、为天下作出我们的贡献；第二层含义，是表达让我们始终不要忘记的就是要把公正作为我们一生的追求，所以校训表达的仍然是政法大学的精神。”①

除此以外，各种教师资格、荣誉称号的评选激战，也在轰轰烈烈地进行之中。首先，在研究生院听取相关学科意见的基础上提出，并经校学术委员会认定，最终经校长办公会批准，11 位在法学界德高望重、思想深邃、技艺精湛、深孚众望的专家、教授获得了“学科建设开创者”的荣誉称号，他们是行政法学专家王名扬教授、法律文书专家宁致远教授、民法学专家江平教授、中国法制史专家张晋藩教授、诉讼法学专家陈光中教授、婚姻法学专家巫昌祯教授、犯罪心理学专家罗大华教授、经济法学专家徐杰教授、法律古籍整理与研究专家高潮教授、刑法学专家曹子丹教授、比较法学专家潘汉典教授。

其次，对于在教学和科学研究工作中成绩突出、政治过硬、品德良好、教风(学风)严谨，同时兼具组织领导教学、科研工作的经历和能力，并得到了学界有关学科、学人广泛认可的十余位教授，获得了“优秀中青年学科带头人”的光荣称号，他们是行政法学专家马怀德教授、诉讼法学专家卞建林教授、民商法学专家方流芳教授、经济学法专家王卫国教授、国际经济法学专家王传丽教授、环境法学专家王灿发教授、刑法学专家曲新久教授、中国法制史专家朱勇教授、政治学专家张桂琳教授、诉讼法专家陈桂明教授、法理学专家舒国滢教授等。

再次，对于那些在 1952 年北京政法学院建院时就到校工作的教师，以及一直以来在院、教研室、年级办公室辛勤工作的有关同志，学校授予他们“元老教师”的光荣称号，他们是：卢一鹏、何秉松、张浩、杨鹤皋、陈光中、陈志平、罗

---

① 《徐显明：大学的精神——校长徐显明教授在 2005 年新生开学典礼上的讲话》，载法治网，http://www.legaldaily.com.cn/misc/2009-09/29/content_1161402.htm。

典荣、苗巍、高潮、曹子丹、潘华仿、杨达、崔衍勋和戴铮。

最后,有着本科生广泛参与的“最受学生欢迎的十大教师”评选活动将此类评选活动推向了最高潮。这次评选活动主要以本科生投票形式进行,共发放调查问卷1100份,回收933份,回收率为84.8%,调查范围覆盖法大本科生各个年级,通过设定相应程序标准,使得此次调查质量大体上得到了保证。此次评选的标准是:(1)在教风上严谨治学、作风正派、工作负责;(2)具有良好的师德,忠诚人民的教育事业,模范遵守职业道德,为人师表;(3)在教学方法上,能根据授课目的和教育对象以及课程的环境条件,长期形成独到的教学艺术、教学技能、风格和方法;(4)在教学效果上,必须是在传授知识、培养技能、提高学生思想认识、端正学生学习目的、提高学生全面素质等方面成效突出;(5)在教书育人上能够全面关心学生学习成长,对学生在学习、纪律、处世、为人等方面给予指导,参加学生交流或班级活动,做到寓德育于智育之中。

最终,十位老师榜上有名,他们是:法理教研室舒国滢教授、刑法教研室曲新久教授、民商法教研室王涌教授、法制史教研室张守东教授、民商法教研室龙卫球教授、宪法学教研室焦宏昌教授、民商法教研室李永军教授、政治学教研室常保国教授、行政管理教研室商磊教授、自然科学教研室刘崇丽教授。[①]

这里需要补充的是,这一名单仅是由校党委宣传部牵头进行的那次,而在时间上几乎与之重叠,并先此进行的,还有一次民间的评选活动,其评选结果为李永军教授、曲新久教授、龙卫球副教授、王涌副教授、张守东副教授、焦宏昌教授、郐名扬教授、舒国滢教授、商磊副教授、宏洁副教授(有并列情况)。此后官方与民间的评选合二为一,每两年一届的“最受学生喜欢的十位老师”评选活动自此成了法大的“惯例”。

可以说,这份名单在某种程度上反映了当时法大的教学状况和师资水平,因为时至今日有些老师已经连“十佳教师”候选人的名单都上不了了,这也从某一侧面反映出了学校近年来师资队伍建设方面翻天覆地的变化。

---

① 以上详见《中国政法大学校报·校庆专刊》2002年5月5日,第2版。

在此期间,国内各大名校以及校友为法大50年华诞“献寿”的贺礼分次送至,学校礼宾“知事”在接礼处整日价忙个不停、唱名不断:写,清华大学“推广漆器壁画”一幅;写,华中农大“水晶华表”一对;写,北京青年政治学院“景泰蓝花瓶”一对;写,青岛海洋大学“镀金奔马”一座;写,北京外国语大学“纯足金《清明上河图》”一卷;写,湖北校友会“编钟”一套;写,秦川莹先生书“‘厚德明法,慎思笃行’壁挂”一幅;写,济南社会科学院“黑瓷花瓶”一对;写,湛江校友会“玉质龙船”一只;写,人民大学法学院“挂毯”一幅;写,内蒙古校友会“巴林鸡血石雕”一座;写,河海大学“布艺‘大展宏图’”一套;写,兰州大学“景泰蓝彩蛋”一对;写,北京工商大学“金画浮雕”一套;写,黑龙江大学法学院“八骏马图”一幅;写,浙江校友会“屏风”一座;写,西南财经大学“地球仪”一只;写,河南校友会铜制“獬豸”一尊;写,武汉理工大学“瓷坛”一只;写,李钧宏先生“陕西凤翔生肖塑马”一尊;写,哈尔滨工业大学“白桦质《清明上河图》壁画”一幅;写,首届毕业生张树藩先生“报春园图”一幅;写,复旦大学法学院“瓶胆”一尊;写,中国药科大学“虹泰电脑万年历”一套;写,公安部校友“壁画”一幅;写,东北师范大学“花瓶”一尊……①

2002年5月4日,经过各地校庆筹委会通知组织的各地校友纷纷返校。是日,早已装饰一新的昌平校区校园内旌旗招展、彩带满天,三条分别写有“热烈庆祝中国政法大学50年华诞!”“热烈欢迎奉献在五湖四海的各界校友返回母校!”“团结奋进、求实创新努力把中国政法大学建设成世界知名、特色鲜明的高水平大学,为依法治国提供智力、人才支持”的宽数米高数十米的巨大条幅自昌平校区十四层主楼齐齐垂挂而下,可以说整个校园处处洋溢着节日的气氛。同时,各院系的志愿者一大早就守候在校门口接待站等待着远方归来的校友。

以下为当时的系列新闻报道:“第一位回家的人是我校83级政治学专业的张荣清校友,现任内蒙古自治区监狱管理局政治部副主任。当他在登记表上落笔时,他略带吃惊地说:‘哟,我还是第一个?’而他脸上的表情饰不住心中

① 侯世明:《校庆现场采访报道之二十七》,载中国政法大学新闻网2002年5月7日,https://news.cupl.edu.cn/info/1011/18634.htm。

的自豪，他已意识到他将成为第一位返校的校友，第一位回家的人。对这个略显意外的头衔，张荣清校友说‘我自毕业后一直没有机会回母校，这是第一次，很早就想回母校看看了。我昨天到的北京，今天一大早起来就跑了过来报到，我是急切地想看看母校的建设发展，来会会久别的老师和同学’。张校友在‘回家’看到母校现状之后，用两个字‘激动’概括了他当时的感受，他再次感受到法大的热情，法大没有让他们失望，在这里他确实找到了家的感觉。据张荣清校友介绍在此前的 4 月 28 日，他还与内蒙古的其他校友一道在内蒙古共贺母校 50 华诞，他认为今年的校庆办得热烈，使九州学子齐聚法大，回顾历史成绩展望法大未来。”①

来自四面八方的各路英豪陆续抵达两大校区，面对 50 年来母校的变化，校友们感慨万千：

来自福建泉州伟烈律师事务所的 57 级政管系校友李文伟律师想起自己学生时代学院路仅有的 4 栋宿舍楼、1 栋教学楼。面对现在的校园，他感慨万千，说国家正在倡导依法治国，急需法律人才，相信母校一定能抓住这个机遇，获得大的发展。

就职于北京市公证处的 65 级校友张玲允说：“50 年校庆，心情很兴奋、激动，见到可敬的老师和同窗的校友。心里甭提多高兴了。看到法大新面貌，真是感慨法大发展变化太快了。”她非常想见到当时给她们教外语的江平老师。同届校友杨雨绵也在一旁说：“法大教会了我们业务和做人的道理。现在全国各地到处可见法大人，每一个法大学子都在关注着母校的发展，自政法大学恢复以来，母校的名声越来越大，一批批法大学子业已成为祖国政法战线上的中流砥柱。”最后，几位校友共同为校题字“祝法大越办越好！”

来自内蒙古自治区的 68 届毕业生、现任内蒙古监狱管理局的党委副书记宿同忠说：“今天能够再次回到母校特别高兴，1968 年毕业后在呼和浩特从基层工作做起，基础知识都是在母校打下的，一生当中都受到母校传授知识的影

① 沈彪：《校庆现场采访报道之二十四：第一位回家的人》，载中国政法大学新闻网 2002 年 5 月 7 日，https://news.cupl.edu.cn/info/1011/18631.htm。

响。几十年来在为国家管理罪犯的工作中作出了一定贡献，这都离不开母校老师的辛勤栽培。”他的孩子也在法大，读大四，即将毕业。他希望孩子一定要继承法大的优良传统，踏踏实实地工作，公正执法，严格执法，为国家的法治建设作出贡献。

68 届校友高晓红在接受校报通讯员的采访时，显得十分高兴。她说：“法大 50 年历经风风雨雨，如今与往昔已大不相同，让人十分振奋和鼓舞。当年上学时，学校在学院路上，‘文化大革命’期间学校搬到安徽；今天回来看到充满活力的学校和校友，感慨万千。”同时她也希望母校再接再厉，推进中国的法治建设，培养更多的人才和法治生力军。

69 级校友刘金华一家三口本打算在“五·一”节去山东旅游，但一收到母校的邀请函，她就立刻携全家来庆祝母校的 50 华诞。她认为法大的学生有很强的纪律性和深广的胸怀。她真切希望在校的师弟师妹发扬这些优良的校风。

87 级国经系校友陶红女士 1991 年离校，至今恰好 10 年之久。她说短短的十年，法大已经发生了巨大的变化。她在校时，法大根本没有树，而今的法大则处处绿树成荫，芳草依依。今天的法大充满了节日的气氛，每一个法大学子的脸上都洋溢着青春的气息。陶红女士说，今天来到法大有一种归属感，这种归属感深深地打动了她。她说每一个法大学子都应该为自己的母校感到自豪。与众多的 87 级校友结伴而行，还是那条路，还是那个校园，心中涌动的是割不断的法大情。

在所有回来的校友当中，有一群较为特殊的校友。他们是 88 级的毕业生，这次回来除了参加母校 50 年庆典之外，还要参加他们的毕业 10 周年庆祝。来自江苏的何峰律师说，当初在校的时候，校园还很破，很荒凉，每个班都要承包种树，今天回来看到自己当初种的小树都长成了大树，觉得非常激动。北京建筑工程学院的副主任副教授孙镇平也是 88 级校友，他在法大从本科一路念到博士，用他自己的话说就是一直与法大战斗在一起。校友车红花在日本早稻田大学留学，此次专程赶回来参加 50 年庆典和毕业 10 周年纪念。她说，我们的法治工作还存在很多问题，希望法大的学生能够保持优良传统，维护好我们母校的良好声誉。

91 届校友邵旸一行 4 人对通讯员说,她们是第一届在昌平校区学习的法大学生,那时这里什么都没有。现在法大变了,风景美了,人文气息足了。

92 级校友刘光伟想起只有杂草、小树苗的母校,他感到校园已今非昔比。对于母校的情感,他说在校学习时并没有太特别的感情,但毕业后却无时无刻以母校为荣。法律是个神圣高洁的话题,而母校就是这个话题的倡导者,他相信抓住时代机遇,在依法治国的理念下,母校终有一天会走在国家法学教育的最前面。

99 届在职研究生甘宗器,时任湖南省永州市司法局第二法律事务所主任。他说能够取得今天的地位,离不开母校的培养。努力做好司法工作是报答母校的方式。希望母校越办越好,培养出更多的法律人才。①

9:30,《中国政法大学校报》400 期纪念回顾展览活动,在昌平校区主路两侧隆重开展。这一次回顾展的意义并不单纯在于回眸校报 400 期的风雨历程,而主要是通过校报这个窗口向校友们展示母校五十年来成长的每一步足迹。翔实的历史资料和生动的名师传记使得众多校友和在校同学纷纷驻足观看。一位校友说,400 期校报是法大五十年发展的最好见证。

9:50,由校新闻中心和摄影协会共同推出的"迎校庆摄影展"接踵而至。作为献给学校和所有法大人的一份厚礼,本次展出的 110 幅照片全部出自法大人之手,主题涉及自然、社会、人类三方面,其中最为吸引人的莫过于法大诸位名师的个人肖像,江平教授、陈光中教授、张晋藩教授、何秉松教授、巫昌祯教授、王名扬教授……一位位法学巨匠的风采神韵迷倒了每一名观众。几乎所有路过展区的人都会弯下身去,用心品读每一张照片,一同感受岁月,一同解读昨天、一同追忆曾悉心栽培过自己的园丁们……

10:30,教学楼 A 段的 102 书画接待室与其他接待室的欢笑满堂相比,则充溢着浓浓的墨香和宁静。在这里,工于书画的校友们纷纷欣然挥毫泼墨,笔

① 参见王晓佳、李蒙、陈健、程晓曼:《校庆现场采访报道之一、二:回顾法大 50 年　盛赞母校变化多》,载中国政法大学新闻网 2002 年 5 月 4 日,https://news.cupl.edu.cn/info/1011/18705.htm。

走龙蛇，将自己即兴演绎的作品作为特殊的生日礼物献给母校。教室墙上已挂起了众多的书画作品。其中有千娇百媚的“百花迎春图”，有伟岸高峻的“青松图”，还有英姿洒脱的“飞鹰图”，每一幅作品都饱含着作者对母校的深深祝福。

14:30，“中国政法大学校史展暨教学科研成就展——辉煌50年”展览在昌平校区启运体育馆举行。校长徐显明在剪彩仪式上致辞，他说：“古人有句话说‘吾十五而游学，三十而立，四十不惑，五十而知天命。’中国政法大学建校50年，是到了‘知’年，但也是实年。总结这五十年的历史，是辉煌的历史，这段历史可分为三个阶段：一是50年代建校。中国政法大学有着辉煌的前身。二是70年代末80年代初重建。三是今天，因为今天有三个好的背景：其一，党中央制定了依法治国的宏伟目标，中国的法治建设需要大批专业的法律人才；其二，中国加入世界贸易组织，社会对高素质的法律人需求量急增；其三，国家司法考试的实行，也为法大的发展提供了广阔的前景。

纵观50年，也是中国政法大学科研成果不断积累，文化底蕴不断沉淀，学科建设不断完善的历史，也是法大威名远播，影响海外的历史。50年来，中国政法大学为我国的法治建设培养出了10余万法律人才，其中有上百人担任党和国家高级领导职务，全国有高学历的法官中，逾1/10来自中国政法大学。中国政法大学在全国及世界的影响力不断提升。总的来说，中国政法大学有着50年的辉煌历史，也有着广阔的发展前景！”①

15:00，中国政法大学50周年校庆知名校友座谈会在昌平校区第一会议室召开。会议由中国政法大学副校长解战原教授主持，中国政法大学党委书记石亚军教授、校长徐显明教授、纪委书记兼副校长马抗美教授、党委副书记冯世勇同志、副校长张柳华同志、纪委书记李书灵同志以及吉林省人民检察院检察长索维东等校友参加了座谈会。

石亚军教授在会上做了讲话，他首先回顾了法大近年来的发展历程，肯定

---

① 张宏滨、王斌：《中国政法大学辉煌50年展览举行开幕式》，载《中国政法大学校报》2002年5月10日第8期、第9期合刊，第5版。

了法大在国内学术界的地位；并且提出要以50年校庆为契机，加快法大的各项改革，把优势学科和新兴学科、理论学科和应用学科、单体学科和交叉学科相结合，主动适用于社会。

徐显明教授提出在管理模式和定位上要改变，把法大建成多科性、研究性、开放性、特色性的新型大学。

会上，校友们回顾了学校的历史，肯定了学校现今取得的成就，并且对法大以后的发展提出了建设性的意见和建议，座谈会在一片欢声笑语中暂时告一段落，大家相约于晚上的“校庆招待会”上再续前缘。①

16:00，吉林省校友以及中国一汽集团向法大捐赠轿车的仪式在法大昌平校区图书馆（现今的法渊阁）前举行。法大党委书记石亚军，副校长马抗美等校领导、吉林省人民检察院检察长索卫东、吉林省公安厅厅长陈占旭以及吉林省校友代表出席了此次捐赠仪式。在捐赠仪式上，校友代表用质朴而又满怀热忱的语言，表达了对给予他们知识与品格滋养的母校的拳拳之情，以及对母校五十华诞的深深祝福。最后，由一汽大众公司集团代表向法大党委书记石亚军转交了红旗世纪星轿车的车钥匙，一同捐赠的还有红旗世纪星轿车模型以及宝来轿车模型各一部，二人并共同为轿车揭幕。一汽集团及吉林省校友向法大捐赠这部代表着我国民族精品车的红旗世纪星具有深远的寓意：一方面，用以表达对法大母校的深厚情感；另一方面，也是殷切希望中国政法大学能够成为中国法学教育的一面旗帜，并像红旗车一样在中国法治建设的道路上迅猛飞奔。当时的新闻这样评论此次捐赠活动：“石亚军书记代表法大接受的这一法大学子对母校生日的贺礼，接受的不仅仅是他们对母校的深深祝福，更是接受了担当推进社会主义法治建设的重任，让我们同他们一起祝福法大母校，愿母校前景无限好。”②

---

① 刘杰、王晓佳：《校庆现场采访报道之十二：中国政法大学50周年校庆知名校友座谈会召开》，载中国政法大学新闻网2002年5月4日，https://news.cupl.edu.cn/info/1011/18658.htm。

② 张宏滨、王斌、李蒙：《校庆现场采访报道之十四：中国一汽集团及吉林省校友向我校捐赠轿车》，载中国政法大学新闻网2002年5月4日，https://news.cupl.edu.cn/info/1011/18660.htm。

17:30,庆祝法大建校50周年暨“相约星期三”举办一周年特别专场在图书馆前如约举行。此次演出活动节目精彩纷呈,幽默风趣。其中相声《畅想法大未来》引来了现场观众阵阵掌声;《小提琴独奏》清雅悠扬,令大家陶醉不已;群舞《金蛇狂舞》灵动诡异,热烈狂放;最令人期待的校歌合唱《阳光下的法大》将演出推向了高潮,此曲以优美的歌词,动听的旋律吸引了大家,不少观众轻声和了起来,台上台下唱成一片,热闹非凡。[①]

18:00,法大50周年校庆国内嘉宾招待会在中国石油大学翠宫酒店举行,学校设盛宴招待了田文昌、唐师曾、白希、夏华等100余名校友。法大党委书记石亚军、副校长解战原、党委副书记冯世勇、校纪委书记李书灵以及校团委、学生处、法律系等部门负责同志出席了晚宴。招待会由副校长解战原同志主持。党委书记石亚军致开幕词。他代表校党委以及学校党政部门对各位校友的到来表示热烈的欢迎和真诚的感谢。他说,经过50年各位校友以及师生的努力,法大建设已取得了很大的成就,现在正准备把法大建设成为现代中国法学院校的航空母舰。通过10万多名校友的努力,基本材料已经具备,我们要打造的航空母舰是现代的航空母舰,它应该有以下几个标志:第一,法学学科设置比较全面,分量重;第二,将拥有一支庞大的高水平的学科教师队伍;第三,学校正逐步建设一流的基础教育和科研设施;第四,中国政法大学将继续招收更高质量的生源;第五,学校将不断推出标志性的科研成果、科研精品。目前,这一规划正在设计之中,但他相信,通过广大校友和全体师生员工的共同努力,就一定能把法大建设成为多学科、开放性的世界知名法学院校。最后,他真诚祝愿,各位校友一切都好,并和大家一起为法大50周年大庆干杯。在招待会上,法大校友、著名律师田文昌代表校友做了即席发言,他以“转变”为中心给法大建设提出了三点宝贵建议:其一,从单一性院校向多学科转变;其二,由行政化向学术化转变;其三,由封闭性向开放性转变。宴会中,与会校领导按桌一一向校友敬酒表示欢迎、向工作人员以及志愿者表示感谢,整个招

---

① 叶勇军、陈健:《校庆现场采访报道之十五》,载中国政法大学新闻网2002年5月4日,https://news.cupl.edu.cn/info/1011/18661.htm。

待会现场洋溢着浓浓的热情和暖意。①

2002年5月5日上午，阳光明媚、风和日丽，来自世界五大洲20多个国家的代表及法大校友共计六千余人，分乘数十辆大巴客车，浩浩荡荡地赶往中国政法大学50周年校庆大典的现场——人民大会堂。人民大会堂二层高挂写有“团结奋进、求实创新努力把中国政法大学建设成为多科性、研究型、开放性特色鲜明的世界知名法科强校”四十三个巨型大字的鲜红色横幅，中国政法大学建校50周年庆典暨法治与法学教育国际研讨会如期开幕，大会由学校党委书记石亚军主持。

会上，首先宣读了时任中共中央总书记、国家主席江泽民，中共中央政治局常委、全国人大常委会委员长李鹏分别为法大50周年校庆题写的贺词。江泽民的题词是：“弘扬法治精神，培育法学新人”；李鹏的题词是：“培养优秀政法人才，建设社会主义法治国家”。

随后中国政法大学校长徐显明代表学校讲话，时任中共中央政治局委员、全国人大常委会副委员长姜春云代表党和国家讲话，在向中国政法大学全体师生员工和海内外校友表示祝贺的同时，也对法大在培养人才、教学科研、参与国家立法、开展国际交流与合作等方面取得的丰硕成果给予了充分的肯定；而后，陈至立代表中华人民共和国教育部，强卫代表北京市委、市政府，中国人民大学代表国内各大高校，王家福、郑增茂代表法大校友分别讲话，皆对法大50周年华诞表示祝贺。德国弗来堡大学校长沃夫冈·杰格教授、牛津大学理查德·特尔教授则分别代表国外同行对法大50周年庆典予以祝贺。最后江平教授、邱文栋同学分别代表教师和同学在大会上发言，以示回礼。②

上午，中国政法大学50周年校庆招待会在人民大会堂隆重举行。石亚军、徐显明、解战原、马抗美、冯世勇、朱勇、张桂琳、张柳华、李书灵等学校现任

---

① 赵莉莉：《校庆现场采访报道之十六：我校举行国内佳宾招待会》，载中国政法大学新闻网2002年5月5日，https://news.cupl.edu.cn/info/1011/18662.htm。

② 《中国政法大学建校50周年庆典暨法治与法学教育国际研讨会开幕式今日于北京人民大会堂隆重举行》，载中国政法大学新闻网2002年5月5日，https://news.cupl.edu.cn/info/1011/18665.htm。

领导班子成员、历任校领导与校友代表和嘉宾参加了招待会。招待会由副校长解战原教授主持。徐显明校长在招待会上发表了热情洋溢的致辞。香港运盛(中国)投资集团董事局主席陈泽盛先生当场捐资100万元人民币支持中国政法大学的建设与发展。徐显明校长代表学校接受了捐赠。①

晚间,由中国广播艺术团和中央电视台联合举办的"庆祝中国政法大学建校50周年文艺晚会"在昌平校区礼堂拉开帷幕。本次晚会由中央广播艺术团著名演员朱时茂、著名节目主持人张政以及法大两名年轻女教师主持,著名表演艺术家黄宏、吴琼、巩汉林、冯巩,青年歌手高枫、解晓东以及我校各院系师生等纷纷登台献艺,将当天的庆典活动推向了又一个高潮。②

5月5日晚,中央电视台在《新闻联播》中播放了江泽民总书记和李鹏委员长为法大校庆50周年的题词及当天的开幕式。5月6日,以《人民日报》为首的纸质媒体和以"新华网"为首的网络媒介纷纷以《中国政法大学喜迎建校50年　江泽民李鹏题词祝贺》为题,③将法大的这次盛典向全国予以强势报道。

在随后两天的校庆大典活动里,中国政法大学先后召开了以"法治与法学教育国际研讨会"为主体,以中德银行和资本市场法律研讨会、中国传统国情与法律近代化途径研讨会、比较法学与中国法治建设座谈会、犯罪学学科建设座谈会、中日韩古代法律文献比较研究学术研讨会、中国行政法与行政法学研讨会、中日民商法研讨会、法学教育国际论坛为辐辏的大型系列国际学术会议。④

---

① 相关捐赠新闻参见《5月4日校友返校日继续收到校庆捐款》等稿件,载中国政法大学新闻网2002年5月4日,https://news.cupl.edu.cn/info/1011/18704.htm。

② 周玮、文婧:《校庆活动现场采访报道之二十二:明星登台同贺法大校庆》,载中国政法大学新闻网2002年5月6日,https://news.cupl.edu.cn/info/1011/18678.htm。

③ 江涛:《中国政法大学喜迎建校50年　江泽民李鹏题词祝贺》,载新华网,http://news.xinhuanet.com/newscenter/2002-05/05/content_382056.htm。

④ 相关研讨会报道请参见张丹丹:《校庆现场采访报道之三十:中德银行和资本市场法律研讨会召开》等稿件,载中国政法大学新闻网2002年5月8日,https://news.cupl.edu.cn/info/1011/18636.htm。

这次由法大组织召开的法学界学术盛会，参加人数有 1500 人之多，共收到学术论文 224 篇，参加开幕式的人数更是接近了 6000 人，来自世界五大洲的 20 多个国家的代表参加了这次会议。国外诸如英国牛津大学、日本中央大学、德国科隆大学、韩国东国大学、意大利罗马第二大学、日本皇学馆大学、澳大利亚新南威尔大学、韩国庄兆大学、德国慕尼黑大学、日本学士院、美国印第安纳大学、韩国延世大学、美国培普戴茵大学、德国马普研究所、新西兰维多利亚惠灵顿大学、日本东京大学、美国印第安纳大学等著名高校，国内诸如清华大学、北京大学、浙江大学、复旦大学、中国人民大学、吉林大学、南京大学、社会科学院法学研究所、中国法官学院、中国人民公安大学、苏州大学、西南政法大学等著名高校，纷纷派出顶尖学者参加此次盛会。会上国外诸如马修·帕尔墨、星野英一、迈克·史本森、利昂·特拉克曼、边浩、理查森·林恩、詹姆斯·怀特等著名教授；国内诸如沈宗灵、朱苏力、范愉、张中秋、陈兴良、王英伟、黄京平、吴志攀、张文显、霍存福、胡建淼、杨海坤、陈弘毅、于安等著名学者，纷纷建言献策、知无不言、言无不尽，场中欢声笑语、宏论频出、高潮迭起真可谓是一次“团结的大会、胜利的大会”！

这次联动了海内外法律学界、法律学人的“校庆大典”活动之于法大的重要意义是：我们全体法大人通过此次盛会的召开，将沉寂了近乎 15 年之久的中国政法大学，重新推到了全国高校的面前，也首次将欲执中国法学教育之“牛耳”的法大推到了世界著名高校的面前，我们正在以自身的实际行动表明，法大以及全体法大人从此不再甘愿屈居人后，而是要通过自身一步又一步艰苦卓绝的努力，切实不断地提高自身的综合实力，以在不久的将来能够真正地主导整个华夏神州的法学甚至法治建设的发展方向！

正如有关学者指出的那样：“通过这次盛会，中国政法大学在中国法学界乃至整个世界法学教育界都会产生极大的影响，这对法大来说绝对是空前的。”也正如徐显明校长在此次校庆大典闭幕式上所言：我们召开了一次法律界的盛会，我们召开了一次世界范围内的法学联谊会，我们的这次学术研讨会必将对中国法学教育产生重大的影响!①

▲校园内景之校训铜鼎(摄影:艾群)

① 《校庆现场采访报道之二十九:五湖高朋齐聚北京同庆法大华诞　四海嘉宾畅谈法治共议法学教育》,载中国政法大学新闻网2002年5月8日,https://news.cupl.edu.cn/info/1011/18635.htm。

第五章　院系调整

2001年的校部机关改革已经为学校的进一步发展构造了一个良好的平台，然而仅仅这一个平台还远远不够。按照校内大部分师生的共识，学校还需要另外一个平台，即院部平台。诚如徐显明校长设想的那样，“有了这个平台后，学校就可以调动起更多人的积极性投入学校的发展建设事业中来，假如校院两级平台得以构筑的话，学校实现跨越式的发展步伐就一定能够大大加快”。

一、集思广益

院系调整前，学校共有法律系、经济法系、国际经济法系、政治与管理学院等几个教学、科研及行政管理单位。随着时代的进步，这些单位无论从行政管理的角度，还是从教学、科研的角度，抑或从服务师生的角度看，都已不再能很好地服务于学校新确定的发展目标。

例如，学校当年虽然按照“小法学时代”的要求，从法律系中分出来经济法系和国际经济法系，但是后续的某些机构配置问题却没有得到及时的解决。以经济法系为例，该系“分家独立”之后，仅带走了经济法等少数教研室，诸如民法、民事诉讼法、财税法等大量本与经济法有关，且应及时划入经济法系的教学、科研机构都仍处在法律系的管理之下。此外，法律系因循旧有体制划分，也还分别保有刑法、刑事诉讼法等众多教学、科研机构，如此这般的机构配置，而出现“小院吃不饱、大院管不好”的情形自是令人不难理解。

况且法律系最多时招收十三四个行政班级，而国经系仅有六七个行政班级，学生总人数只是法律系的一半。据法律系有的同学反映，因为本院学生众多，有时想找老师反映一些学习和生活中的问题，却排不上老师的议事日程。当排上议事日程后，很多问题早已失去了解决的最好时机。这就造成了“大院撑死，小院饿死”等诸多资源配置不合理的问题。

除了上述教学和管理等问题外，学院的设置还关系到学生就业的问题。

很多用人单位并不知道各个法学系开设的课程其实并无不同，而仅从系、院的名称上来选用学校的学生。比如经济法系和国际经济法系的同学，相对于法律系的同学来说，更易受到用人单位的青睐，在就业时就相对容易一些，但因这两个系的学生在入学分配行政班级时人数并不是很多，使得上述院系品牌资源并未得到很好的应用。

此外，诸如政治与管理学院、英语系等非法学院系也存在着这样那样的实际问题，而亟须进行进一步的调整。

这些问题如果任其继续下去，将不利于实现学校的人才培养目标和提高学校的教学、科研水平。所以校领导决定，要顺应时代发展潮流，尽快以转换机制为核心，以学科建设为龙头，通过改革和调整的方式，理顺学校原有的教学科研组织体系，促进教学科研资源的合理配置和有效利用，从而理顺管理组织关系，提高学校教学科研组织的规模效益和整体管理水平，最终使学校的办学效益和整体水平得到大幅度的提高。

为认真贯彻落实好院系调整工作，学校成立了由校级领导组成的专门院系专业调整领导小组，徐显明校长担纲此次调整领导小组组长，副组长由解战原、马抗美、朱勇、张桂琳、张柳华副校长共同担任，各有关部处、院系负责人和相关资深教授为领导小组成员，院系调整的前期调研工作则由教务处主抓。①

2002 年 4 月 22 日下午，学校院系专业调整领导小组举行第一次会议。会议的主题是：听取教务处对前一阶段院系专业调整工作的汇报；听取领导小组成员对院系专业调整的意见和建议，并讨论下一步的工作安排。

会上，各参会人员畅所欲言、集思广益，纷纷为即将开始的院系专业调整工作献计献言、出谋划策。

陈桂明教授（时任教务处处长）说：学校将院系专业调整领导小组设在教务处，是对我们的一种信任和期待，接到此项任务后，我们丝毫不敢懈怠，一个月以来，我们教务处已经 3 次召集了有关校部机关，院、系、部负责同志参加的

---

① 《我校院系专业调整领导小组召开第一次会议》，载《中国政法大学校报》2002 年 4 月 30 日，第 1 版。

会议,广泛征求意见。很多部门和单位对于此项工作都十分重视,一些院、系、部和科研处还专门提交了书面意见。因此,教务处已经比较广泛地听取和收集了院系专业调整的多种方案,并已对这些方案进行了细致地比较和研究;下一步我处将继续进一步听取广大师生员工的意见,做到充分酝酿、集思广益,最终按照事先部署在5月确定最终的调整方案,并在6月正式付诸实施。

王卫国教授(时任经济法系主任)说:相对于综合性院校开设的法学院或法学系,法大的法学教育特色就在于法学专业的教师和法科学生较多。因此,具体到法大的法学学科建设方面,应该进行一种不同于综合院校的细致专业分工,我们大可不拘于法学一级学科,而立足于法学二级学科进行下一步的院系划分,对于法学教学机构的调整,应该在现有三个法学系的基础上进行整合。

王传丽教授(时任国际经济法系主任)说:在中国进入世贸组织的背景下,本科教学要追求务实,要适应市场经济的需要,专业设置要有特色、有精品意识,而且特别要注重对本科生进行国际化知识和外语能力的培养,所以国际经济法系仍有存在和保留的必要性。

陈光中教授认为:法大此次的院系调整工作必须要本着追求效率、节约经费和精练人员的基本原则进行。一定要妥善处理教学和科研之间的关系,对于那些对学校发展有重大影响的独立于教学单位的研究所,如比较法研究所、法制史研究所等,完全有必要对其予以保留、改进和进一步地发展。

郭成伟教授(时任科研处处长)说:对于研究所的问题,应分两类来予以区别对待,对于那些具有优势和鲜明特色的学科研究所应该给予提格对待,可以让其直属于学校;而对于那些优势和特色都不太明显的研究所,可以下放到今后成立的各学院中管理。但无论哪一种,都要反对封闭自守,应尽可能地做到开放,同时研究所和教学院系还应更好地做到关联与互动。

张晋藩教授认为:对于研究所的问题,我们应该认识到它们在法大向研究型大学发展中的重要作用。我们的研究所不是多了而是少了,我们应大力发展法大的研究所。同时对于法大的专业调整,我们不但要重视新专业的设置,还要重视对旧专业的改造。

龙梦晖教授则具体分析了外语在现代法学教育中的重要性，以及兄弟院校外语教学机构设置方面的经验，提出了外语系的拆系、建院和保留系的三种调整方案，并认为建院方案更有利于人才的培养和学校的发展。

潘汉典教授认为：学好外语很重要，同时信息也很重要，法大是否要考虑设置一个法律信息专业。

王洁教授认为：学校还应重视法律语言的教学与研究工作，我们是否考虑应成立一个法制新闻与信息工程学院。

邬名扬教授认为：新专业要么就不设，要设就一定要达到专业的水平，并且还应体现出专业交叉的渗透性。所以，法大的经济学学科领域不仅要设置理论经济学，还应设置金融学、国际贸易、工商管理、财税等，同时对于马克思主义理论课也应给予相应的重视。

张桂琳、胡明教授分别对于政管学院专业的发展现状作了说明，并提出了较为明确的调整思路，即法学专业机构调整宜细不宜粗，非法学专业机构调整宜粗不宜细，同时非法学专业中各性质相近的专业还要相互予以扶持地走一段路。

朱勇教授认为，本次院系专业调整应考虑以下三个原则：一是调整工作的科学性，二是体现法大的特色性，三是人才培养要适应市场需要。同时，他还指出了如何进行全校学术师资力量的重新整合，如何解决调整后各机构的利益问题，如何进行调整后各院系学生和学校资源的重新划分和配置，如何做好调整后各院系领导干部的配备，如何做好科研机构的相互协调、共同发展等几个需要认真加以讨论的问题。

校长徐显明教授在认真听取与会同志的发言后，就院系专业调整的原则、内容和程序问题做了总结性讲话。对于本次的院系专业调整，他认为应本着三大原则：第一个原则是要有利于人才的培养，这是最高的原则，学校培养的学生应适应市场的需要，富有竞争力，富有特色；第二个原则是要有利于学校的学科竞争力，从有利于专业的发展到有利于学科的发展，这个调整跨度是本次调整工作的核心所在；第三个原则是要有利于学校建立科学的校、院二级管理体制，使教学、科研和学科建设工作重点向院系转移，使得学校的各项管理更加具有效率。

最后，徐显明校长就院系专业调整领导小组的工作程序进行了具体部署和安排。①

二、阔斧改革

5 月 29 日，在酝酿已久的院系部调整工作进入实质性阶段后，全校校部机关、院系、科研、教辅和后勤机关党政负责人，各民主党派负责人、离退休干部代表会议如期召开。

从会前下发的《院、系、部调整方案（讨论稿）》中可以看到，未来的法大将设置以下几个学院：一是国际法学院，或者称为国际经济法学院，包括国际公法学、国际私法学和国际经济法学等；二是民商法学院，或者称为民商经济法学院，包括民商法学、民事诉讼法学、经济法学、知识产权法学、环境资源法学、财税金融法学等；三是刑事司法学院，或者称为社会工程学院，包括刑事侦查学、法医学、司法鉴定学、狱政学、犯罪学、犯罪心理学、社会学等；四是公法学院，或者称为基础法学院、理论法学院、公共法学院、法学院，包括法理学、法史学、宪法与行政法学、刑法学、刑事诉讼法学、律师学、司法文书学等；五是政府学院，或者称为政府管理学院，包括政治学、国际政治学、行政管理学、公共事业管理学等；六是商学院，或者称为经济学院，包括经济学、工商管理学、数学等；七是人文学院，或者称为文学院、新闻学院，包括哲学、文学、艺术等；还有外国语学院、马列主义学院、基础教学部、体育教学部、成教学院和国际教育学院等 10 个左右的院系，在教学、科研、学科建设、研究生培养等方面形成校、院两级管理体制，以研究所取代原有的教研室，为学校成为研究型大学提供机构上的支持。

---

① 《我校院系专业调整领导小组召开第一次会议》，载《中国政法大学校报》2002 年 4 月 30 日，第 1 版。

新设立的各学院(教学部)是基层教学行政管理实体,为处级机构,根据行政管理职能类别,下设科级机构。为便于教学管理,具备条件的学院可按专业设系,系为教学组织,不具有行政管理职能。院之下有硕士点的学科组建研究所,负责组织教学、科研和研究生培养工作;无硕士点的组建教研室,负责组织教学和科研工作。研究所(或教研室)所长由所(室)自身推选或院内任命产生,不具有行政管理职责和级别。

院长(部主任)为全院行政工作负责人,根据工作需要,设副院长(部副主任)若干;院(部)一级视情况建立分党委或党总支,分党委或党总支书记为全院(部)党建及思想政治工作负责人,党总支副书记专职负责学生的思想政治工作;系主任由副院长兼任。

对于科研机构的调整,学校将继续坚持以扶持优势和特色学科为原则,同时充分发挥科研在学校建设中的导向作用,将科研与教学密切结合,形成教学、科研、学科建设互动态势。调整的具体办法是:对于部分原有的研究单位,学校予以保留或重建为研究所或研究中心,这些单位或是国家重点研究基地和国家级重点学科点,或是跨学科的研究单位,承担专职研究工作以及教学工作。院(部)以研究所或教研室为依托,设立特色学科和优势学科的研究中心。

对于各新建学院的具体职能,学校将按照下述方案予以设置:一是学校将学科建设、教学、科研管理重心下移。学院(部)可自主开展教学、科研工作,统一组织学院的学科建设、队伍建设、科研活动;对本院(部)教职工进行考核聘任,实施奖惩。二是取消二级财务管理,各单位不设财会岗位,实行委派制,其工作由校计财处派员承担(今后视情况另定),具体聘任办法按学校有关文件执行。三是取消年级办公室,各学院成立"学生工作办公室",负责学生的日常管理及思想教育工作;研究生人数较多的学院成立"研究生工作办公室",负责研究生培养、日常管理及思想教育工作。四是辅导员实行专兼职相结合的运行模式,执行研究生担任助教、助研、助管的工作制度。五是学院分团委按有关规定设置,编制单独计算。

下面,以即将设立的法学院来做说明,其管理机构将有:院务办公室,负责全院日常行政党务及外事工作；教学科研办公室，负责全院教学、科研管理工作；研究生工作办公室，负责研究生培养、研究生日常管理及思想政治教育工作；学生工作办公室，负责本科生、第二学士学位生的日常管理及思想政治教育工作。

它的教学部门将有：诉讼法学研究中心（校级直属研究机构，挂靠在法学院）；法律史学研究中心（校级直属研究机构，挂靠在法学院）；法理学研究所；宪法学研究所；行政法学研究所；刑法学研究所；法律职业伦理研究所；法律语言教研室。其余学院的具体情况大致与此相似，在此不再一一赘述。①

对于上述方案，徐显明校长说：几个月以来，我校的院、系、部调整工作经过多种形式的讨论、上百人次的调研，终于形成了今天的调整方案讨论稿。如何看待和理解这样一项事关学校全局及今后发展的工作，我想我们每一位教职员工是否都要有一种科学的态度、大局的胸怀和长远的眼光。

所谓科学的态度，也就是要实事求是、求真务实，所思所为既要从我们学校的实际情况出发，又要考虑到全国高等教育改革所取得的成果，还要远瞻国内外高等教育发展的趋势，反对以自我和小团体利益为标准。

所谓大局的胸怀，也就是要求我们在这次全校性的调整工作中注重整体利益，做到一切资源的重新配置都纳入学校的全局调整中去。

所谓长远的眼光，也就是说这次调整要与法大中长期事业发展规划相结合，站在学校 10 年、20 年发展的角度来思考问题。

徐显明校长特别强调，在整个调整过程中，我们将始终坚持以下几个原则。第一，要有利于人才的培养，这是最高的原则，即我们培养的学生应适应市场的需要，富有竞争力，富有特色。第二，要有利于法大的学科竞争力，从有利于专业的发展到有利于学科的发展，这个调整跨度是我们本次调整工作的核心所在。第三，要有利于法大建立科学的校、院二级管理体制，使教学、科研和学科建设工作重点向院系转移，使得法大的各项管理更加具有效率。第四，

---

① 《中国政法大学教学、科研和教辅单位机构改革方案》，载中国政法大学新闻网 2002 年 7 月 1 日，https://news.cupl.edu.cn/info/1012/19422.htm。

要有利于法大新建立的学院和整个学校的长期、稳定地发展。

徐显明校长认为，根据法大目前的实际，学院不宜建得过多，但也不能太少，否则解决不了我们现存的各种矛盾，如一头重的问题、学科过于集中的问题等。通过科学的测算，学校目前建立10个左右学院比较合理。因此，建院的规程是：没有本科教学的单位不能建院；法学学科作为我们的特色学科，建院时以二级学科为标准，以二级学科中的学科群为标准，相近相连的二级学科组合在一起。比如，现在的经济法系，未来的民商经济法学院，就是以法学一级学科下的二级学科民商法为主体冠名的。未来的学院中不仅要保留现有的经济法类的教学研究机构，还要整合法律系中的民法、商法和民事诉讼法等教研室，而形成一个相关的学科群。其他学科与法学学科在学科上并列，在发展上相互支撑，并按一级学科或相关一级学科的组合来建院，如经济学院等就是这个方略的最好说明。

对于各院、系、部、所、中心的教师流动，我们将本着"人跟学科走，学科课程跟专业走"的原则进行，法学科研人员按其所在学科分流，凡二级学科可以涵盖的研究领域及研究人员转至有关院系，凡二级学科不能涵盖的研究领域以及已形成特色的优势学科保留或组建研究所，归学校直属。我们要在保证教师科研活动的同时，对教师实行科研和教学双重考核标准，允许教师根据研究或教学的需要，各有侧重，以研促教，教、研相长。

根据教育科学发展的规律，任何一个学科调整的检验周期至少在四年，因此这就要求以为未来负责、为大局负责的精神来指导我们的一言一行。这次经过全校师生员工群策群力、认真负责的院系调整工作，一定要经得起历史的考验，而使我们无愧于之前、现在和未来的所有法大人。①

6月21日，学校隆重举行"院部专业调整和院部行政领导竞聘上岗动员大会"，党委书记石亚军、校长徐显明等校领导，各校部机关、工会、团委副处级以上干部，各院系党政负责人、教授、教研室主任、党支部书记，教辅和后勤集团

---

① 《做好院系部调整工作　促进学校更快更好发展》，载《中国政法大学校报》2002年5月30日，第1版。

主要负责人等200余人参加了大会。

会上,朱勇副校长宣布了学校党委常委会2002年第17次会议关于学校院系专业调整的决定。他说,经过近一个学期的积极酝酿,在充分发扬民主和科学论证的基础上,经过校党委常委会的集体研究,决定对法大的专业院系作如下调整:一是设立法学院、民商经济法学院、国际法学院、刑事司法学院、政治与公共管理学院、商学院、人文学院(含挂靠单位:马克思主义理论教研中心)、外国语学院、继续教育学院、国际教育学院、科学技术教学部、体育教学部12个院部的教学单位。二是设立图书馆、出版社、学报、现代教育技术中心4个教辅单位。

学校党委副书记兼副校长马抗美教授对学校本次院系专业调整中新的院部处级行政领导竞聘上岗的相关工作做了说明。

徐显明校长就本次院部专业调整和干部竞聘上岗工作做了动员讲话。他说,这次院部专业调整的主要目的是优化法大的学科资源,理顺各学科之间的关系,突出特色学科,发展相关学科,建设支撑学科,构建符合法大发展定位和办学目标的学科体系。在这一体系中,法学学科和非法学学科之间的关系是平等和并列的关系,二者之间要互相支持、平等竞争、共同发展。

这次的院系调整工作依然要坚持“金、银、铜、铁”原则,即院部新格局的构建,首先,要有利于人才的培养,这是“黄金”原则。其次,学科建设是学校的龙头工作,院系调整,必须有利于学科的形成和学科群的建设,这是“白银”原则,也是学校特色的本质所在。这一点,在此次院系调整中,特别是在法学的二级学科中已凸显出来。再次,还要坚持“青铜”原则,也就是要有利于构建校部两级管理体制。最后,还要坚持“黑铁”的原则,也就是通过调整,为各学院搭建一个可持续发展的平台和主要的学科支撑点。

对于这次院部专业调整中行政负责人的配备,我们一定要坚持高标准。各院部行政第一负责人原则上应具备博士学位,或者应该是博士生导师,或者应该是该学科的学科带头人。院长的工作主要就是抓学科建设,只有这样,才能把专业建设变成学科建设,才能为各院系、为法大延揽更多更高层次的人才,才能建设一流的师资队伍和一流的学科,才能实现用20年左右的时间把中国政法大学建成“多科性、研究型、开放性、特色鲜明的国际知名高水平大学”,使法学学科跻身于世界前列,实现党中央、国务院把“中国政法大学办成中国的法学教育、科研、信息资料及立法与决策咨询中心”的办学目标。

石亚军书记作总结讲话,他说本次院系专业调整工作是新领导班子就职以来进行学校办学结构调整的一部分,是上学期校部机关机构改革的延续,通过此次改革,学校学术事业结构和学术要素将得到重组,学术资源将纳入新的办学框架中进行发展。

学校在酝酿制定本次改革方案时,通过采取民主和集中相结合,历史、现实和未来相结合的方式,实现了改革方案的科学性和适用性。在酝酿方案的过程中,学校发扬了民主,共组织了30多次大型意见征求会,有700多人直接提出了意见,基本做到了全校师生员工的共同参与;同时,校党委在制订方案时充分考虑了法大的历史、现实和未来,在立足现状的基础上积极体现了学校的办学目标和发展理想。

这次院部专业调整不是简单的数字调整,我们要通过本次调整合理配置法大的学术资源,形成法大的核心竞争力,为学校学科建设、人才培养提供一个创造性发展的平台和机制,实现学校的整体效益和学科建设、人才培养的跨越式发展,全面提高法大的办学质量和科研水平。

本次调整中的人事变动和安排要讲“五湖四海”,要讲团结,所有人都要从学校建设和发展的大局出发对待本次改革中的利益调整问题,各院系部工作人员要在改革中坚持做好日常工作,改革与日常工作不能脱节,全校师生员工要以实际行动保证本次改革的有序进行,为学校的建设发展贡献力量。①

随后,新设学院的领导干部竞聘工作相继展开。

我还记得当年为了领略各位竞聘者的风采,而在下课后赶到设在学校图书馆学术报告厅竞聘大会现场时的情景。

---

① 《我校院部专业调整方案出台 行政领导竞聘上岗工作正在进行》,载《中国政法大学校报》2002年6月30日,第1版。

当时，正值民商经济法学院院长竞聘演说的尾声，台上原经济法系主任王卫国教授正在慷慨陈词。彼时的王卫国教授正面带笑容地对台下的评委和观众作总结发言，依稀记得他说："刚才阐明的就是本人如果竞聘成功后的一些想法、打算。因为我这个系主任马上就要卸任了，所以最后我再说一句，假如过去本人的工作还有那么些微点儿的成绩的话，那是我的本分，倘若在以往工作中有什么不妥，得罪了各位的话，我在这里真诚地向诸位说一句'抱歉'。

滚滚长江东逝水，浪花淘尽英雄。是非成败转头空，青山依旧在，几度夕阳红。白发渔樵江渚上，惯看秋月春风。一壶浊酒喜相逢，古今多少事，都付笑谈中。谢谢各位！"

随着台上王卫国教授语带金石地朗诵《三国演义》开篇引用的明代杨慎的《临江仙》诗词，台下众人忍不住发出了赞许的善意笑声，随后整个竞聘演说现场响起了长时间热烈的掌声……

7 月 2 日，经过了公开报名、资格审查、竞聘演说、民意测验及组织考察等相关竞聘程序，并经校党委常委会研究决定，马怀德等 38 名同志走上了法学院等 16 个院部和教辅单位的处级领导岗位。

新获任命的各主要学院及教辅单位领导分别是：法学院院长马怀德教授、民商经济法学院院长王卫国教授、国际法学院院长王传丽教授、刑事司法学院院长王牧教授、政治与公共管理学院院长朱维究教授、继续教育学院院长李树忠教授、国际教育学院院长夏吟兰教授、图书馆馆长曾尔恕教授……①

至此，学校院部和教辅单位处级行政领导竞聘上岗工作圆满结束。②

2002 年 7 月 9 日上午，党委书记石亚军、校长徐显明教授对新上岗的各院部和教辅单位的行政主要领导进行集体谈话。

徐显明校长说：本次院系专业调整及院部处级干部竞聘活动，坚持了有利于形成我校人才培养特色，有利于形成学科核心竞争力，有利于形成校——院

---

① 《我校院部和教辅单位处级领导干部正式上岗》，载《中国政法大学校报》2002 年 7 月 10 日，第 2 版。

② 张之峰：《院部和教辅单位处级行政领导竞聘上岗工作圆满结束》，载《中国政法大学校报》2002 年 7 月 10 日，第 1 版。

（部）两级科学管理体制，有利于院（部）今后可持续发展的“金、银、铜、铁”四项原则，充分体现了我校理论与实践相结合的特色，适应了中国高等教育改革的主潮流，为学校的学科建设和人才培养搭建了一个平台。

在此基础上，我校下学期将展开实施教学改革、科研改革、后勤社会化改革、学科建设、内部管理体制改革等各项工作。调整后的院部一定要在这些后续改革中规范管理、大力发展，在教学改革、科研体制改革、学科建设上承担起重要责任。

徐显明校长对新任各位院（部）长提出四项履职要求：一是在学科建设方面，要努力吸引一批学术水平高的学者来院任教；二是要在资源配置上向教师和学生倾斜；三是要注意职位的“公利性”，由职位带来的利益必须配置于教学与科研；四是要建章立制，“依法管理”，一定要注意区分和处理好学术管理和公共管理的关系。最后，徐显明校长要求各院部在10月之前制定出自己本单位的事业发展规划。

石亚军书记强调：这次院系调整不是一般的调整，而是一次大规模和深层次的调整，是学校学术资源的重新整合，是上学期校部机关改革的继续，通过这两次调整，学校形成了两大机构框架，为我校今后的教学改革、科研改革，为提高我校的核心竞争力和综合竞争力构建了一个宽阔的平台。

如果说建校50周年庆典充分向国内外同行展示了我校的辉煌历史和办学实力，那么这次院系调整则进一步证明了我校进行创造性发展的能力。为此，院部的各位领导同志要从学校整个事业发展的角度思考两个问题，一是这次院系调整对自己意味着什么，二是自己通过竞聘担任了重要职务对学校的发展意味着什么，要把这些问题想清楚，才能迈开上岗后的新步伐。

一个单位事业的发展取决于“朝气”“人气”“正气”。“朝气”出自思路，院部的思路关键在院长，各位院长要努力成为教育教学改革的行家里手，要善于立足实际制定工作思路，并把思路化为群众的自觉行动。各院部要把队伍建设放在重要位置，要通过任务目标管理建设好高水平的学术队伍，通过队伍建设推动院部的学科建设和教学改革。各院部作为相对独立的单位，要注意创造品牌，要努力扩大社会声誉，为各级政府、企业、社会各界的决策提供咨议。党总支书记和院长，都应该明确自己的主业是什么，院系当然要抓创收，但是，党总支书记和院长不能把自己的主要精力和时间投入具体的创收事务中，创收可以由副院长负责，党总支书记主要要抓好党的建设和思想政治工作，院长主要要抓好学科建设、教学改革和科研发展，在这个问题上，决不能主副倒置。

"人气"关键在团结，搞好团结要处理好要素、系统和环境之间的关系。一个单位就是一个系统，单位中的每一个人都是系统中的一个要素，在一个单位中要形成好的"人气"，必须协调好各个要素，搞好团结，并形成良好的人际环境。

而"正气"说的是各单位的主要领导应该树立良好的思想作风、工作作风、领导作风和生活作风，在工作中坚持原则，勤政廉政，为群众做出表率。其中，院长应对树立"正气"发挥重要作用。我们学校是以学法和教法著称的，但时常有教法不守法的现象存在，工作不讲规则和规范，有制度不按制度办事，这种状况必须引起重视并加以改变。在院系，实行院长负责制，但是，重要的是处理好体制和机制的关系，党政领导班组要团结协作，形成分工负责，通力合作的工作机制。

最后，石亚军书记代表校党委向各位新上岗的领导同志表示祝贺。他说，经过严格选拔，一批愿意干事、事实也将证明你们是可以干成事的同志走上了领导岗位，希望大家抓住这次机会，努力工作，为实现学校的办学目标和发展理想努力奋斗。①

此后，因为教学结构的进一步调整，学校又在法学院、民商经济法学院、国际法学院、刑事司法学院、政治与公共管理学院、商学院、人文学院、外国语学院 8 个具有本科教学管理职能的学院之外，调整组建了社会学院、马克思主义学院和新闻与传播学院 3 个新的能招收本科生的学院。

另外，为了加强重点或优势学科的建设，以及考虑到高层次人才培养，营

① 《岗前寄语　凝聚人心　规范履职　开拓前进》，载《中国政法大学校报》2002 年 7 月 10 日，第 1 版。

造更为厚重的人文氛围,加强国际型人才的培养等需要,学校又先后根据实际情况设立了中国政法大学诉讼法学研究院、中国政法大学法律史学研究院、中国政法大学证据科学研究院、中国政法大学法治政府研究院、法律硕士学院、中德法学院、中美法学院、国际儒学院和中欧法学院等20余个(此外如司法考试学院、继续教育学院、国际教育学院等)具有专属师资、学生和研究机构的二级学院。

三、隐形翅膀

法大21世纪之初的这次院系调整无疑是及时的,也是成功的。这次大规模的办学结构调整,为此后法大的诸项改革奠定了良好的组织基础和人事基础,新成立的院部使得法大"多科性"的架构更加明晰。同时,校院两级的管理体制、机制使得更多的人开始认真思考如何通过自身的努力,以使得自己安身立命的这所大学能够日新又新。

当然,这次院系调整的最大作用,就是在各院之间悄无声息地播下了"竞争"的种子——既然调整后各院所辖的教研机构数量、所具有的管理结构,甚至于四大法学院所辖的学生人数都大体相同,那么有什么理由院与院之间形成过大的差距呢?倘若真有那么大的差距,恐怕就要从学院自身寻找原因了。

所以调整后各院之间展开了各种有形、无形的竞争,而这种良性的竞争无疑使校一级的领导可以抽出更多的精力去经营过问更高一层的事务,而不必再为各学院自身的发展"劳神苦思、代百司之职役"了。具体到法大的学生,更是在各院你追我逐的不断竞争中,得到了更多他们根本没有意识到的"好处"。

比如组建后的法学院就先后推出了"华一公法论坛""致知讲坛""法学沙龙""燕山大讲堂"等诸多校内外知名的讲坛,而国际法学院的"国际法论坛"、刑事司法学院的"刑事司法论坛"、政治与公共管理学院的"政管论坛"、商学院的"商经论坛"、人文学院的"百家讲坛"、国际儒学院的"儒学大讲坛"等也日益形成了自己的系列和品牌。经统计,民商经济法学院的"高峰对话"至今已举办达70余场,由法学院主办、腾讯网承办"燕山大讲堂"也已达200余期,成了社会公众公认的著名大型公益讲坛。

自此以后，国内诸如北京大学、清华大学、浙江大学、复旦大学、中国社会科学院、武汉大学、北京师范大学、南开大学、吉林大学、上海交通大学、中山大学、中国人民大学、对外经贸大学等国内诸多著名高校和科研院所的吴敬琏、楼宇烈、周汝昌、林毅夫、吴国盛、江怡、华民、秦晖、周孝正、姜明安、金灿荣、王逸舟、赵存生、吴思、翟振武、丁学良等诸多著名专家学者，国外美洲、欧洲、大洋洲、东南亚等地区的哈佛大学、耶鲁大学、牛津大学、剑桥大学、罗马大学、巴黎大学、东京大学中的德沃金等众多各领域国际著名专家学者常常到访法大，做客上述的各种论坛、讲座，使得众多法大学子常有应接不暇、顾此失彼之慨叹。

对于各院究竟新营造了一种什么样的学术氛围，以下仅举民商经济法学院所主办的“民法典论坛”一例来予说明。各位法学人士大抵听说过世纪之交时，李鹏委员长曾经动议制定一部《中华人民共和国民法典》。这个消息一从中南海传出，几乎整个中国民法学界皆为之心动，毕竟这种可以留名于后世的大好时机不是天天都有的，所以众多学者便纷纷加入对制定一部什么样的《民法典》的讨论中来。当其时，“人文”“物文”“三编制”“五编制”“潘德克顿”“绿色民法典”等但凡学过民法的人都知道，或者原本不太知道而被逼得最后不得不知道的各路名词、术语便接踵而至、纷至沓来了。

于是上任后一心想把民商经济法学院打造成为全国最好法学院的王卫国院长，便想顺应这一历史潮流，顺便利用这一大好时机，以使中国政法大学的民商经济法学院在中国民法研究史上留下浓墨重彩的一笔。所以其便精心准备、认真策划了一个以“集国人智慧，成伟大法典”为主题的“中国民法典论坛”活动。该活动自2002年始至2005年止，[①]前后长达四年，共十余场，所请学者遍及世界各地，真可谓盛况空前。

以下列举该系列论坛前十场的主题及参加学者名录以资佐证：第一

---

① 参见王卫国主编：《中国民法典论坛（2002—2005）》，中国政法大学出版社2006年版。

场——“中国民法典的立法思路和立法体例”，主讲人：江平教授（中国政法大学终身教授、前校长，第七届全国人大法律委员会副主任，民法起草小组成员）、梁慧星教授（中国社科院法学研究所研究员，山东大学法学院院长，民法起草小组成员）、王利明教授（中国人民大学法学院副院长，第九届全国人大财经委委员，民法起草小组成员）；第二场——“中国民法典制定中的重大问题”，主讲人：王胜明教授（全国人大常委会法工委民法室主任）、魏耀荣教授（全国人大常委会法工委前经济法室主任、民法起草小组成员）、杨振山教授（中国政法大学罗马法研究中心主任）；第三场——“物权法、知识产权法与中国民法典”，主讲人：王家福教授（中国社会科学院研究所研究员，第九届全国人大法律委员会委员，中国法学会副会长，民法起草小组成员）、费宗祎教授（原最高人民法院经济庭副庭长，国家法官学院教授，民法起草小组成员）、郑成思教授（中国社会科学院法学研究所研究员，第九届全国人大法律委员会委员，民法起草小组成员）；第四场——“中国亲属法的现在与未来”，主讲人：巫昌祯教授（全国政协委员、中国政法大学教授）、杨大文教授（中国人民大学教授）、陈明侠教授（中国社会科学院法学研究所研究员）；第五场——“中国民法典五十年回首”，主讲人：江平教授（中国政法大学终身教授，第三、第四次民法典起草工作的参加者）、金平教授（西南政法大学教授，前三次民法典起草工作的参加者）、魏振瀛教授（北京大学教授，第二、第三次民法典起草工作的参加者，民法起草小组成员）、佘能斌教授（武汉大学教授，第三次民法典起草工作的参加者）。

第六场——“中国传统文化与中国民法典”，主讲人：蒋庆教授（著名的民间儒法学者），梁治平教授（上海法律经济研究所所长，著名的法律文化研究者）、王卫国教授（民商法专家，中国政法大学民商经济法学院院长）；第七场——“民法典的人文精神”，主讲人：徐国栋教授（厦门大学教授）、尹田教授（北京大学教授）、李永军教授（中国政法大学教授）；第八场——“民法典的私法传统”，主讲人：曾世雄教授（台湾政治大学法律学系法学研究所教授，著名民法学者）、江平教授（中国政法大学终身教授），孙宪忠教授（中国社会科学院研究生院教授);第九场——“荷兰民法典及其对中国民法的启示”,主讲人:荷兰著名民法专家亚科布·希玛(Jacob Hijma)教授(荷兰莱顿大学民法学教授,荷兰民法学界排位第一的权威教授,是《荷兰民法典》的起草人之一)、陈建福教授(澳大利亚墨尔本大学教授,澳大利亚最杰出的华人法学家,华人在澳大利亚被授予正教授头衔的其时仅有两人,一位是经济学家杨小凯教授,另一位便是法学家陈建福教授);第十场——“民法法典化的历史经验”,主讲人:奥克·伯伦兹教授(德国哥廷根大学教授、欧洲权威罗马法和民法法典化研究者)、葛博·哈穆扎教授(匈牙利布达佩斯大学罗马法比较法、民法、国际比较法知名教授)、杜克·海尔鲍特教授(比利时根特大学罗马法和民法教授、比利时法律协会主席)、阿雷西奥·扎卡利亚教授(意大利维罗纳大学民法学教授、该校欧洲法研究中心主任、意大利著名法学家)。

除上述所列十场讲座以外,尚有:理财法学——民商法的新视角(主讲嘉宾:曾世雄);当代合同法的发展趋势(主讲嘉宾:亚科布·海玛);法典化与法学家——比利时民法典的历史经验及其与德国的比较(主讲嘉宾:杜克—海尔鲍特、奥克·伯伦兹);意大利民法法典化的历史经验和现存问题(主讲嘉宾:阿雷西奥·扎卡利亚、斯迪伐诺·特洛亚诺)等诸多相关讲座,在此不一一赘述。①

犹记当年,每逢“中国民法典论坛”举办之时,整个校礼堂便灯火通明,民商经济法学院学委会、学生会两套学生组织百余人衣履光鲜、打扮齐整,楼上楼下、厅里厅外迎接来宾、维持秩序、查验票券、收集问题忙忙碌碌,好不热闹。门口守门执事偶尔与没票而擅闯会场的同学发生小小口角、些微争执,现在想来恍然如昨,令人莞尔。

往往6点半左右,海淀区清华大学、北京大学、中国社会科学院、中国人民大学、北京航空航天大学、北京工商大学、北京化工大学等学生包租的四五辆大客车便会先后而至,毕竟各校的法学本科生、硕士生和博士生谁也不想错失

① 详见《“中国民法典论坛”第一场——中国民法典的立法思路和立法体例》等新闻资料,载中国政法大学新闻网2002年12月11日,https://news.cupl.edu.cn/info/1012/5925.htm。

一睹各路名家风采的难得良机。有的学校的学生为听讲座,不得不 4 点左右就从学校动身以防迟到。

除了各校的学生以外,各大高校学者如北京大学刘凯湘教授,清华大学崔建远教授、马俊驹教授、王保树教授,中国人民大学法学院杨立新教授、龙翼飞教授,国家检察官学院副院长石少侠教授,北京工商大学李仁玉教授,对外经济贸易大学法学院苏号朋教授,首都师范大学夏利民教授,对外经济贸易大学法学院副院长王军教授,中华女子学院法律系主任李明舜教授等,国家机关或社会团体中的各位人士如最高人民法院行政庭副庭长孔祥俊先生,全国人大常委会法工委委员、民法室副主任姚红女士,国家版权局版权司副司长许超先生,全国妇联权益部邓丽副部长,《法制日报》理论部部长国恒中先生,新华社记者王永胜先生,北京三友知识产权代理有限公司总经理崔晓光先生,美国韦特凯斯律师事务所驻北京首席代表张力宾先生,美国微软中国公司法律部经理吴海涛先生,IBM 中国公司资深知识产权顾问张艳女士等也多次亲临现场,以闻佳音。

诸如魏耀荣教授、费宗祎教授、梁慧星教授、尹田教授等更是这场做嘉宾那场当听众忙得不亦乐乎,而中央民族大学原法律系主任、北京市法学会民法学会副会长、著名的民法学家崔洪夫教授更是几乎参加了所有场次的民法典论坛。

校内如中国政法大学副校长张桂琳教授、巫昌祯教授、杨振山教授、王传丽教授、王牧教授、曾尔恕教授、李树忠教授、夏吟兰教授、郭成伟教授、高浣月教授、焦洪昌教授、马呈元教授、庞本教授、王成栋教授等也是常来捧场。

犹记得当年国内新儒学代表人蒋庆先生身着对襟华服,脚蹬圆口布鞋,不慌不忙迈着方步登场后向大家拳手作揖而引得全场掌声一片;也记得要制定一部“新人文主义民法典”的倡导者,厦门大学徐国栋教授,在这样一种一些人视为严肃的场合却穿着时髦的背带裤上场后,引起众人的一片惊呼;还记得方流芳教授、米健教授、赵旭东教授、费安玲教授、李显东教授、夏吟兰教授等现场主持人幽默、睿智地穿针引线,使得现场笑声连连、掌声不断。

新华社国内部、《人民法院报》、《检察日报》、《法制日报》、《北京日报》、《人民政协报》、《北京晨报》、《北京青年报》、《北京晚报》、《京华时报》、《北京法制报》等国内各大媒体记者更是每场必到。中央电视台的记者和摄影组，对于每场论坛尽皆从现场的左中右三个方位架起摄影机进行全程录像，以备将来《民法典》通过后在中央电视台播放之用。一个学院发起的活动，其影响早已飞越法大、冲出首都，进而影响神州了！

除了上述所言的各种学术活动以外，各学院还常常举办各种文体活动。比如外国语学院英语文化活动月暨英语话剧表演比赛等，不但吸引了校内广大学生的眼球，后来还把近邻中国石油大学、北京化工大学外语系和文法学院的学生吸引了过来，使得白雪公主、灰姑娘、睡美人、罗密欧与朱丽叶等经典故事常常在法大上演。

因为英文电影节等一系列活动，也使众多法大学子渐渐领悟到了《罗马假日》《廊桥遗梦》《人鬼情未了》《兵临城下》《这个杀手不太冷》《肖申克的救赎》《爱国者》《勇敢的心》等众多经典影片中所传达出来的异域精神与文明。

除此，各院相继举办的交响乐音乐会、电影文化节、京剧、话剧表演、相声小品大会等更是使整个法大的校园生活异彩纷呈。比如，原本对话剧并不太感兴趣的我，当看到校礼堂上演的《茶馆》中那漫天的纸钱从空中飘落的一幕时，心中瞬间涌起的那种震撼和忧伤至今难忘，甚至竟然令此时写作之我又一次无语凝噎；①民商经济法学院邀请中国京剧院三团到校表演的《赵氏孤儿》又使我彻底地爱上了京剧，并从此渐渐懂得了如何欣赏戏剧；《八扇屏》中侯耀文和石富宽在镁光灯下豆粒大的汗珠顺颊而下的卖力表演情景，也使得我再一次重新审视曲艺，而再也不敢轻言相声无非就是一件动动嘴皮子的轻巧事了。②

总之，院系调整后的整个学校，因为各新建学院之间竞争、比拼等原因，这

① 《观看曲剧〈茶馆〉感受名著魅力》，载《中国政法大学校报》2002 年 4 月 30 日，第 3 版。

② 参见周春林：《中国政法大学校园相声小品大赛折服评委侯耀文》，载新华网，http://news.xinhuanet.com/school/2003－04/18/content_838607.htm。

个原本不大的校园中,无论是学术还是人文气息都日益厚重起来,整个学校处处都有一种不易察觉的生机和活力。我想,任何一个未曾虚度四年宝贵法大光阴的学子,也一定都能够像我一样切切实实地感受到个中意味。其实,世间每天那看似平常的生活又何尝不是呢?只不过作为这个娑婆世界匆匆过客的我们尚需认真体察,方可从中品出别样深广意蕴吧![①]

▲校园内景之玉兰花开(摄影:艾群)

① 更多校园生活内容请参见拙著《遥想当年花满径》等系列作品,作家出版社 2024 年版。

第六章　科研革故

教育的竞争主要是科研和人才的竞争。要实现学校的办学目标、提高核心竞争力,科研必须走在各项工作的前列。科研水平是学校办学实力的核心指标,是学校社会地位的重要标志,是学校教学质量的关键支撑,是任何学校、任何时候都不能降低要求,反而必须要不断提高标准的教育本钱。

不过,当年法大的科研家底并不富裕。当时学校仅拥有 2 个国家级重点学科,1 个国家级重点研究基地,5 个部级重点学科;5 个博士点,13 个硕士点。共有专职教学科研人员 600 余人,博士生导师 52 人,硕士生导师 124 人。这些教师中有 45 人享受政府特殊津贴,3 人获全国优秀教师称号,12 人获霍英东教育基金会青年教师基金资助或奖励,3 人入选教育部跨世纪人才培养计划,35 位教授在 45 个全国性学术团体中担任重要职务。

当然,经过多年的发展和众多甘受清贫、酷爱学术的学者的共同努力,学校也取得了一系列骄人的科研成果,对于这些成绩,大家以及学界有目共睹,这里不再多说。不过,正如当年张桂琳副校长在学校科研工作报告中指出的那样,学校的科研工作,还存在着一些突出的问题:一是全校缺乏一种科研优先发展的理念,对科研在学科发展中基础性地位和支柱性作用的认识十分不足,同时对于科研工作的重视程度更是远远不够;二是学校科研管理的体制、机制亟待改善,科研管理制度、评价机制严重缺位,科研平台和机构的建设力度也需要进一步地加强;三是学校缺乏年度或者特定时期的具体科研规划,一种有利于科研发展的校园文化有待形成。①

好在,全校师生在认识到上述问题之后的不久,一种“法大要发展,科研要先行”的科研工作共识便很快形成。学校科研事业的建设工作,也因此而轰轰烈烈、如火如荼地全面展开……

---

① 张桂琳副校长在中国政法大学科研发展论坛上作的题为《慎独格物　卓越创新　开创中国政法大学科研工作新局面》的科研工作主题报告,载《中国政法大学校报》2002 年 10 月 10 日,第 2 版。

一、营造校园科研氛围

(一)领导身先士卒

2002年9月28日上午,以“求上乘精品,问大道学术”为主题的中国政法大学科研发展论坛胜利召开。[①] 全国哲学社科规划办主任董京生教授,教育部社政司司长黄百炼教授、北京市哲学社科规划办主任王新华教授、北京市教委科研处处长孙善学出席会议。副校长张桂琳教授主持开幕式,石亚军教授致开幕词。各位校级领导,院、系、部、所及校部机关各部门的负责人,教授及部分中青年教学科研骨干共180余人出席论坛。

会上,中国政法大学副校长张桂琳做了题为《慎独格物　卓越创新　开创中国政法大学科研工作新局面》的专题报告,法学院院长马怀德教授、民商经济法学院院长王卫国教授、人文学院副院长刘斌教授、继续教育学院院长李树忠教授就各自的学院科研情况做了总结,并对今后的科研建设和设想进行了展望。接着由孙选中、龙卫球、何兵老师分别代表三个分会组,向大会做议题研讨汇报。

此外,与会人员对中国政法大学未来的科研发展战略,体制改革走向,学术规章制度,科研评价体系,考核奖励机制等与科研发展有关的各项议题展开了热烈的讨论,并提出了各自的建议。最后,校长徐显明教授在会上讲话。他强调了科研作为学校中心工作的重要性,并就科研指导思想、科研管理体系、科研成果等问题做了深入的论述。

这次会议的召开,标志着法大科研工作从此开启了新的一页。此后学校的科研发展建设工作中,无论是校院一级的领导层,还是各位从事科研工作的一线教师,甚至于全校本科生、硕士生和博士生等各层次的学生,全部都投入这项事关学校核心竞争力的建设工作中来。

以下先从校、院两级领导如何带领全校开展这项工作说起。

---

① 杜学亮、满学会、郭瑞卿:《求上乘精品　问大道学术——中国政法大学科研发展论坛综述》,载《政法论坛》2002年第5期。

令人欣慰的是，此次科研论坛召开后，校、院两级领导并非仅把“科研立校”四个字挂在嘴边，只去督促他人全力以赴、奋力向前，自己却置身事外优哉游哉地袖手旁观，或者像某些行政官员那样，召开一次会议无非是为了宣传造势，事过境迁后也就渐渐地忘却了。相反，各位领导真是身体力行、实心以对、身先士卒、一马当先地带头加入了深化法大科研建设的具体工作中来。

比如说，2003 年，经过组织教育部专家评审，以校党委书记石亚军教授为首席专家的《中国公民人文素质现状调查及对策研究》项目竞标成功；同年，以陈光中教授为首席专家的《中国司法制度的基础理论问题研究》项目，以江平教授为首席专家申报的项目，后与中国人民大学主持的《中国民法典体系和重大疑难问题研究》攻关项目合作开展研究。

2004 年，经过组织教育部组织的招标会及专家的严格评审，以校长徐显明教授为首席专家的《中国法制现代化的理论与实践》项目竞标成功。

2005 年，在教育部“经济学类、管理学类和法学专业人才培养教学改革”课题申报中，徐显明校长主持的《法学精英人才培养模式的理论与实践研究》人才培养教学改革项目获得批准，获得教育部资金支持；党委副书记兼副校长马抗美教授为首席专家的《新时期维护高校稳定工作体系及机制研究》，获得教育部哲学社会科学研究重大课题委托项目立项，获得教育部资金支持；经全国哲学社会科学规划领导小组评审，以民商经济法学院副院长赵旭东教授为首席专家的《和谐社会建设中的利益冲突及其法律调整研究》被立为年度国家社会科学基金重大项目，获得教育部资金支持。

2006 年，以校党委书记石亚军教授为首席专家的《中国行政管理体制现状调查与改革研究》和副校长马怀德教授为首席专家的《法治背景下的社会预警机制和应急管理体系研究》，获得年度国家社科基金重大项目立项；以副校长张保生教授为课题组首席专家的《证据科学的理论体系与应用研究》，获教育部哲学社会科学重大课题攻关项目；以研究生院副院长、国有资产法起草小组成员李曙光教授为首席专家的《国有资产法律保护机制研究》项目；以证据科学研究学院副院长常林教授为课题组首席专家的《医疗纠纷解决机制的法律问题研究》,获得教育部哲学社会科学重大课题攻关项目。

2007年,副校长朱勇教授和副校长张桂琳教授分别投标的《社会转型与法律变革研究》与《我国公共文化服务体系构建》,分别获得教育部哲学社会科学研究重大课题攻关项目;以知识产权研究中心张楚教授为首席专家的《贯彻落实科学发展观与知识产权战略实施机制研究》,作为国家社科基金重点研究项目,获批项目经费;以法学院院长薛刚凌教授为首席专家的《法治视野下的政府权力结构与运行机制研究——决策权、执行权与监督权的制约与协调》,获批为国家社会科学基金重大课题。

2008年,以中国政法大学诉讼法学研究院副院长顾永忠为首席专家的《刑事和解与程序分流研究》,作为教育部人文社会科学重点研究基地重大项目;以知识产权研究中心理事长张楚教授为首席专家的《知识产权行政与司法保护绩效研究》,获批教育部哲学社会科学研究重大课题攻关项目。[①]

除上述校党委书记、党委副书记,校长、副校长,院长、副院长和研究中心主任等各位校院两级领导作为项目首席专家,亲自挂帅为学校争取各种科研项目以外,各位与教学科研有关的校领导还经常深入各学院调研科研工作的进展情况。为防工作日久,产生轻慢、怠惰之心,法大分管科研工作的副校长经常轮岗,张桂琳、张保生等几位副校长几乎无一例外。

除此以外,学校每年还要召开有校级领导参加的与科研工作有关的年度论坛或者研讨会,即便2003年“非典”最炽之时,校长徐显明、副校长张桂琳与各教学科研单位第一负责人及各教学单位主管科研的副院长仍于当年的5月30日召开了主题为“分析学术研究现状,唤醒危机意识,共商对策,振兴法大学术现状”的科研工作会议,领导对于学校科研工作的重视程度由此可见一斑。

(二)机构组织有力

除了校院两级领导大力关注学校的科研工作外,作为学校科研工作主管

---

① 以上内容请参见《我校项目立项又获重大突破——两项教育部重大课题攻关项目中标》等新闻稿件,载中国政法大学新闻网2003年12月29日,https://news.cupl.edu.cn/info/1012/19241.htm。

部门的科研处更是积极发挥自身作用，全力组织各个学院及全体老师投入各种纵向科研课题的申报和争取中来。

比如说，科研论坛召开后不久的2002年12月，校园新闻网上一篇题为《我校申报2002年度教育部科研项目取得突破性进展》的新闻报道：

“11月25日，由科研处组织的教育部人文社会科学研究项目申报工作圆满结束。

根据教育部《关于组织申报2002年度教育部人文社会科学研究项目的通知》，2002年度教育部科研项目，申报范围仅限于马克思主义、哲学、经济学、政治学、教育学、法学和社会学7个学科。此次申报，较之往年，具有以下特点：(1)申报时间短，从下发文件到上报时间只有20日左右；(2)申报项目类别多。本次申报的项目，既有重大项目，又有重点项目，还有一般项目；(3)申报人数多，分布范围广。本次申报，共有37名教师申报，比2001年申报教育部规划项目增加2倍多，各院教师踊跃申报是前所未有的。

……

根据教育部反馈的信息，法大已获得了2个重点项目，3个一般项目，与以往相比，取得了突破性进展。

通过这次申报教育部项目及其取得的成果，充分反映了法大院系调整以后科研改革深入所产生的效应以及广大教师对科研的重视，同时说明以科研为中心的理念已经在学校教师中得到广泛的认同。”

随后的2003年3月，科研处又以《我校申报2003年国家社科基金项目结束》为题，向全校报告本年度国家哲学社会科学基金项目申报的情况：

“经过近半个月的紧张工作，我校2003年度国家社科基金项目的申报工作于近日圆满结束。科研处已将审查合格的项目申请书共计47份报送了教育部社政司。

……

国家社会科学基金项目，属于国家级科研项目，历年都为全国各地的教学科研人员所重视，竞争十分激烈。随着我校的教学科研体制改革，全校教学科研人员从2002年起十分重视各类科研项目的申报。继2002年学校申报教育部项目创下申报数量纪录之后,2003年度申报国家社会科学基金项目再次取得突破。

……

根据全国哲学社会科学规划办公室的工作安排,国家社科基金项目的评审结果将于5月中旬揭晓。”

几个月后科研处发布的新闻称:“根据全国哲学社会科学规划办公室《关于下达2003年度国家哲学社会科学基金项目立项的通知》(社科规划办通字〔2003〕10号),2003年度国家社科基金项目评审工作近日结束。我校共获得7项,共获得资助基金44.50万元。”①

从上述三则新闻中,既可以看出法大既往科研底子之薄弱,又可看出“科研立校”的办学理念甫一确定之后,该项工作起步之艰难。不客气地说,2002年和2003年的科研工作,几乎是在自我安慰和自我鼓励中迤逦而行的,毕竟全年5项、7项的立项水平,对于一个号称“中国法学教育最高学府”的重点大学来讲,实在有些说不过去。

好在,正如老话所讲的“万事开头难”,任何事情只要走上了正轨,那么就不愁其冲风破浪、一往无前了。此后,学校的科研申报和科研立项工作可谓是捷报频传,无论教育部国家哲学社会科学重大课题攻关项目、重点研究项目和一般基金项目,还是国家部委、国际科研项目(如中国政府与联合国开发计划署、澳大利亚政府等的合作研究项目)、北京市科研项目、最高人民法院司法理论研究项目、最高人民检察院检察理论研究项目、司法部科研项目的立项工作都取得了一次又一次的突破,真可谓是突飞猛进、一日千里。

比如说2006年,学校仅国家社科基金重点项目就斩获了5个,共获得科研资金200余万元,为全国所有高校中人文社科类重点项目获得立项之头名状元。无怪乎在2007年学校部署党政工作会议上,徐显明校长自豪地说,前

① 《2003年度国家哲学社会科学基金项目评审结束——我校共有7个项目被批准立项》,载中国政法大学新闻网2003年9月9日,https://news.cupl.edu.cn/info/1012/19258.htm。

几天在教育部年度颁奖大会上，当中国人民大学的校长听到法大竟然是全国第一的时候，几乎有些坐不住了，要知道中国人民大学有多少国家人文社科基地和多少一级学科！

资料显示："十五"期间法大共获得各级各类科研项目 1086 项，其中，省部级以上科研项目 154 项，经费 1370. 10 万元；横向科研项目 932 项，经费 1800 万元。在纵向科研项目中，国家级项目 43 项，经费 297. 60 万元；教育部科研项目 58 项，经费 875 万元；司法部科研项目 43 项，经费 157 万元；北京市规划项目 10 项，经费 40. 50 万元。获得国家社科基金重点项目 1 项，教育部重大课题攻关项目 4 项，经费共 280 万元。①

值得一提的是，在这些立项的科研项目之中，除了法大具有传统优势的法学学科而外，诸如历史学、体育学、应用经济、国际问题、经济理论、政治学、社会学、文学、艺术、语言学、党史党建、哲学等非法学类学科的立项数量也在逐年攀升。

更为可喜的是，除人文社科类科研项目以外，自 2003 年 9 月 28 日商学院杨帆教授申获的学校首个国家自然科学基金项目《人民币汇率趋势及其对国内外经济的影响》（资助经费 6 万元）以来，②又于 2007 年由商学院李景华博士再次获得国家自然科学基金项目《随机投入产出技术及其应用》（资助经费 17 万元）；而在 2008 年国家自然科学基金项目的申报中，更是获得 4 个项目立项的佳绩，其中面上项目 1 项、青年科学基金项目 3 项，资助总金额 83 万元。这些都充分说明了法大在多科性、研究型大学建设方面取得了长足的进步。

正因如此，才有了校园新闻网上那篇篇以"新进展""历史性突破""再创佳绩""突破性进展""创历史新高""成绩可喜""再获丰收"为题的科研稿件。

然而，科研处面对上述成绩，并未沾沾自喜。诸如"本次项目申报，虽然从

---

① 《我校科研处被评为教育部社科研究管理先进单位》，载中国政法大学新闻网 2007 年 4 月 26 日，https://news. cupl. edu. cn/info/1012/7793. htm。

② 《我校首次获得国家自然科学基金资助项目》，载中国政法大学新闻网 2003 年 10 月 9 日，https://news. cupl. edu. cn/info/1012/19269. htm。

申报类别、数量、范围都超过往年，是值得庆贺的大事，但也反映出一些问题。首先，个别教师拖期申报现象仍很严重，从而影响了学校的整体申报工作；其次，申报质量参差不齐”，[①]“虽然立项比例较高，但在自然科学领域，我校没有传统优势，目前状况与我校多科性高水平大学的建设还有一定差距。科研处正在认真总结经验教训，力争使明年的项目申报与论证工作登上一个新台阶”[②]等总结、反省和自励之语，时常见诸各篇稿件之中，其所保持的时时忧患、刻刻自警的内省精神实在不能不让人赞叹。

除了每学期例行组织项目的申报与中期检查工作以外，为进一步规范与推动学校教师进行各种科研项目与成果的评奖申报，科研处还时常举办科研项目与成果评奖申报指导等类的讲座，以期切实推进法大的科研工作向纵深发展。同时，其专门抽出人力、物力制定的《中国政法大学科研管理典》，也成了我国高校规范科研管理的制度范例，并为多所国内名校先后借鉴。正是因为在哲学社会科学科研管理中取得的上述种种显著成绩，法大科研处最终于2007年被评为教育部社科研究管理先进单位。[③]

（三）学院配合得宜

除上述所谈的校部机关两方面的努力而外，各新成立的学院也在这场科研建设的工作中争先恐后、不遑多让。每个学院除专门配置专管科研教学的副院长以外，还积极利用所辖研究所、教研室等机构大力推进本院科研工作。以民商经济法学院主办的“秋季论坛”为例予以说明。

2003年10月16日上午，民商经济法学院主办的“秋季论坛”在中国地质大学学术交流中心隆重开幕。这是民商经济法学院继2002年成功举办“中国民法典论坛”之后举办的又一系列大型学术论坛。

---

① 《新学年我校项目申报工作取得新进展》，载中国政法大学新闻网2004年3月10日，https://news.cupl.edu.cn/info/1012/19204.htm。

② 《我校2008年度国家自然科学基金4个项目获得立项》，载中国政法大学新闻网2008年10月15日，https://news.cupl.edu.cn/info/1012/7496.htm。

③ 《我校科研处被评为教育部社科研究管理先进单位》，载中国政法大学新闻网2007年4月26日，https://news.cupl.edu.cn/info/1012/7793.htm。

该论坛的举办引起了学术界、司法界的极大关注,来自中央政法委的张耕副秘书长,中国法学会的孙在雍副会长、王家福副会长,中国法学会商法研究会的王保树会长出席论坛开幕式。

张桂琳副校长代表学校对这次论坛作了致辞。她表示民商经济法学院有很多让其很高兴的地方:一是这次举行的大型秋季论坛,有利于繁荣我校、院的学术交流和科研活动,树立浓厚的校园学术氛围,开拓学术前进的脚步,展现法大法学大师的风采;二是民商经济法学院是法大院系调整时成立的一个非常有特色的大学院,聚集了法大400多位教授的三分之一,科研内功深厚,实力强大。她希望并祝愿法大中青年法学家能继续保持积极创新的精神,争取创出更大的法学学术成果;学科的领头人要继续举起前进的大旗,繁荣我国的法学事业。

民商经济法学院院长王卫国代表学院向论坛开幕式致辞。他说,民商经济法学院是中国规模最大的民法、商法、经济法学术群体,有全国著名的权威教授和专家;作为法大规模最大、师资力量最为雄厚、拥有一大批国内外著名专家学者的学院,建院以来一直以打造精品学术平台、整合各方学术资源为己任,并已享有良好的学术声誉。此次为繁荣学院科研活动和学术交流,树立我院的学术形象,展示广大教学科研人员的最新科研成果,根据学校科研工作发展战略的要求和我院科研工作发展的基本构想,特举办这次论坛。

中国法学会王家福副会长认为此次秋季论坛的题目“砥砺学术、辩研精要”富有创新性,使人感受到中国民法学者的使命和责任是为我国的经济繁荣和社会稳定作出努力和贡献。而中国政法大学由原来以培养政法干部为主的高校发展到现在的学术科研性大学是时代的进步,体现中国政法大学不断的努力和奋斗。杨振山教授介绍了学院论文大赛评奖的具体情况,并宣布了刘丹、郑尚元等17名教师的获奖名单。接下来论坛分民法学、商法学、经济法学、财税金融法学、知识产权法学、劳动学与环境法学、民事诉讼法学7个专题分别进行。

闭幕式上,王卫国教授用对联的形式对整个论坛进行了总结,各学科的对联分别是:民法,“深入概念辨析,弘扬民法精神”,横批“正本清源”;商法,“致力制度梳理,回应现实需要”,横批“苦练内功”;经济法,“挑战传统观念,寻求理论支点”,横批“锐意进取”;知识产权法,“点击发展走向,弹出新鲜画面”,横批“拓展空间”;财税金融法、环境法、劳动法、民事诉讼法,“开发制度资源,演示实用方案”,横批“勤劳致‘富’”;社会法,“开辟第三法域,构建创新体系”,横批“异军突起”。挺有意思吧!

最后,王卫国教授指着帷幕上写有“秋”字的圆形图案说:我看着它像一轮红日,象征着心系民众、服务社会的满腔热情;它又像一轮明月,象征着冷静思考、科学探索的科学精神;它还像一个大苹果,象征着一种期盼,那就是,明年秋天的这个时候,我们能够结出更丰硕的成果。

此后,每年秋季民商经济法学院总要举办一次秋季论坛以为该院“练兵”之用。正如校园新闻网评论的那样:论坛采用聘请校外专家教授对我校专家学者的论文进行点评的学术交流模式,有助于各位科研人员认清学校自身的科研现状,增强法大学者的学术科研热情和紧迫感,从而有利于促进学校整体科研水平的提升,同时也有助于校际的学术交流,扩大法大的对外影响力。

除了上述所谈的三大方面以外,学校还通过举办各种讲座的形式进一步强化学校的科研氛围。比如,科研处的一则题为“我校2008年名家论坛好戏连台,精彩不断”的科研通讯中这样写道:“2008年,校科研处分别于3月19日、4月9日、4月15日、4月17日、4月22日、4月28日、5月8日、5月13日、5月22日、5月28日、5月29日、6月2日、6月4日、6月18日邀请武汉大学赵廷光教授、中国人民大学社会与人口学院院长翟振武教授、烟台大学前任校长郭瑞明教授、复旦大学国际问题研究院常务副院长沈丁立教授、武汉大学国际问题研究院常务副院长周茂荣教授、武汉大学经济发展中心主任郭熙保教授、北京大学邓小平理论研究中心主任赵存生教授、中国社会科学院博士生导师王逸舟教授、中国人民大学新闻与社会发展研究中心主任郑保卫教授、中国人民大学经济学院院长黄卫平教授、中国人民大学郑杭生教授、南开大学商学院院长李维安教授、吉林大学行政学院院长周光辉教授、对外经贸大学国际经贸学院张汉林教授莅临名家论坛，为法大学子带来了一场又一场精彩的学术大餐。”①

资料显示，2004 年 1 月至 2007 年 6 月，法大仅学术讲座就举办了 422 场，除去节假日外，几乎平均每天一场。可以说，整个学校的科研氛围正在法大所有人的努力之下，日益厚重起来。

二、加强重点科研机构建设

进入 21 世纪以来，人文社会科学新的发展趋向对科研组织、科研管理提出了新的要求——要求科研组织更新观念，提高创新能力，增强服务意识，加强综合研究；要求科研管理根据形势的变化创新手段和方式等。

具体到当时的法大，旧有科研机构设置层次结构不合理，缺乏整体布局，功能定位不明确，科研机构自身存在着开放性不够、创新能力不强、研究人员流动不起来等问题。所以学校决定从改变原有科研机构着手，对学校的原有科研布局进行大力调整。

调整后的全校科研机构分三个层次：第一层次是教育部、北京市的重点研究基地和重点实验室，按“国家队”进行建设，追求世界知名、全国第一。第二层次是体现学校办学理念和特色以及基础研究、综合研究优势的一些领域，按“校队”进行建设，追求人无我有、人有我优，代表学校水平。第三层次是体现学院特色和优势以及研究群体甚至教师个人研究兴趣的一些非在编科研机构。对于调整后的各层次科研机构，学校还实行了诸多不同于既往的新政策。②

按照学校有关文件要求，对于那些处于第一层次的各教育部、北京市重点研究基地及教育部重点实验室等科研机构，将不再作为子科研机构挂靠于各学院，而正式从各个学院中分离出来，并作为与各学院平行的单位独立建设。

① 《学校 2008 年名家论坛好戏连台，精彩不断》，载《中国政法大学科研通讯》2008 年第 3 期。

② 曹伟峰：《中国政法大学着力构建科研创新体系和科研平台体系》，载中国高校人文社会科学信息网，http://www.sinoss.net/2006/0524/5831.html。

调整后的此类科研机构共有四个，分别是：中国政法大学诉讼法学研究院、中国政法大学法律史学研究院、中国政法大学法治政府研究院、中国政法大学证据科学研究院。此节，将以“中国政法大学证据科学研究院”为例对该层次科研机构进行介绍。

为使司法鉴定工作最大限度地摆脱行政命令干扰和原有体制的制约，以增强鉴定结果的中立性和公信力，2005 年始，我国开始推进司法鉴定体制改革。同年 2 月 28 日，全国人民代表大会常务委员会通过了《全国人大常委会关于司法鉴定管理问题的决定》，规定“人民法院和司法行政部门不得设立鉴定机构”。①

2006 年 5 月 26 日，中国政法大学副校长张保生教授与北京市高级人民法院法医技术室主任、法大法庭科学技术鉴定研究所常林所长就双方合作事宜进行会谈。6 月 30 日，中共中国政法大学委员会向中共北京市委政法委报送了《关于将北京市法庭科学技术鉴定研究所整体转入中国政法大学管理的请示》。

随后，中国政法大学和北京市高级人民法院通过协商，将原属北京市高级人民法院的北京市法庭科学技术鉴定研究所的人员和设备，整体并入中国政法大学，与原来的中国政法大学司法鉴定中心合并组建了一个新的集教学、科研和对外服务为一体的综合性司法鉴定机构，定名为“法大法庭科学技术鉴定研究所”。

8 月 26 日，时任教育部科技司谢焕忠司长、基础处李渝红处长、综合处张建华副处长一行 3 人，来校指导证据科学教育部重点实验室申报工作；10 月 9 日，中国政法大学正式向教育部提交《证据科学教育部重点实验室建设申请报告》；12 月 28 日，中国政法大学 2005 年第 21 次校长办公会议，对张保生副校长提交的关于组建中国政法大学证据科学研究院的请示进行了讨论、研究。会议决定，组建中国政法大学证据科学研究院。

---

① 王亦君：《司法鉴定混乱局面终结》，载新华网，http://news.xinhuanet.com/legal/2005－09/30/content_3566878.htm。

2006 年 4 月，中国政法大学徐显明校长和北京市高级人民法院秦正安院长在《中国政法大学与北京市高级人民法院达成的合作协议》上签字。5 月，中国政法大学证据科学研究院正式成立。

5 月 20 日，学校在学院路校区召开中国政法大学证据科学研究院成立大会。时任最高人民检察院常务副检察长张耕，教育部副部长赵沁平，司法部副部长郝赤勇，中国法医学会会长，中科院院士刘耀，北京市高级人民法院院长秦正安，北京市人民检察院副检察长甄贞，中国政法大学校长徐显明，终身教授陈光中，副校长张桂琳、张保生、高浣月，校长助理王卫国以及教育部科技司、社科司，司法部司法鉴定体制改革办公室，北京市中级人民法院，北京市教委，北京市鉴定机构代表，北京市律师协会代表，兄弟高校代表，法大各职能部门负责人等近百人出席会议。

会上，赵沁平、郝赤勇为"中国政法大学证据科学研究院"揭牌。时任最高人民法院院长肖扬，北京市委副书记强卫以及司法部、中国人民大学等领导和单位向大会发来贺信，对研究院的成立表示热烈祝贺。

徐显明校长代表学校在大会上致辞，他概述了证据科学研究院成立的三个意义：第一，以证据科学研究院为平台申报的重点实验室于 2005 年 12 月获教育部立项建设。这是在我国文科院校第一批立项建设的两个教育部重点实验室之一，也是全国法学院校中唯一的教育部重点实验室，它的立项建设标志着学校已跻身国家科技创新体系，这对推动证据法学和法庭科学技术的交叉融合与跨学科研以及加快学校建设成为世界知名高水平大学的步伐，具有十分重要的意义。

第二，研究院的成立是学校与北京市高级人民法院积极贯彻落实《全国人大常委会关于司法鉴定管理问题的决定》，推进司法体制改革的重要举措，对提升学校的整体科研水平特别是实证研究能力、弥补法学教育试验环节的不足以及促进科研成果的社会转化、提升为首都政法工作服务的水平和能力具有重要意义。

第三，中国政法大学作为我国法学教育的最高学府，在全国法学学科发展和专业建设中始终起着引领作用。在法学几乎所有的二级学科中，法大都担当了奠基或开创者的角色，特别是法律史专业、民商法专业、经济法专业、诉讼法专业、比较法专业的设立都是法大开辟我国法学教育的先河。以证据科学研究院为平台的证据科学教育部重点实验室的建设，再次回应了这一开创性传统。

徐显明校长表示，中国政法大学证据科学研究院是我国第一所专门的证据科学研究机构，学校将结合"211 工程"建设，努力把研究院建设成为高水平的科技创新、高层次人才培养和学术交流基地，力争在 5—10 年内将其建成国内第一、世界知名的证据科学研究机构。①

《人民日报》、《中国教育报》、《法制日报》和《检察日报》等国内重要媒体，纷纷以《我国第一所证据科学研究机构成立》②《国内首家证据科学研究院落户中国政法大学》③为题进行了专门的报道。

可以说，证据科学研究院的成立，为学校建设多科性大学和实现全面建设法科强校的目标奠定了坚实的基础，学校也首次具备了文理交叉、理工渗透、综合集成、研用一体，同时跨越医学、工学、理学和法学四个学科，并集教学、科研、检案为一体的新的科研体系布局。它的成立标志着学校已跻身国家科技创新体系，对推动证据法学和法庭科学技术的交叉融合和跨学科研究，解决我国司法实践中面临的重大科技问题、培养理论与实践相结合的司法鉴定创新人才，以及加快学校建设世界知名高水平大学的步伐，均具有十分重要的意义。

正是因为证据科学研究院所具备的上述优势，才使得其在成立不久之后，就获得了《人民法院统一证据规定〈司法解释建议稿及其论证〉》的独家重大委托攻关项目。

---

① 李里：《辨证据真伪，铸法律基石——我校召开证据科学研究院成立大会》，载中国政法大学新闻网 2006 年 5 月 20 日，https://news.cupl.edu.cn/info/1012/18824.htm。

② 董洪亮：《我国第一所证据科学研究机构成立》，载《人民日报》2006 年 5 月 28 日，第 2 版。

③ 柴葳：《国内首家证据科学研究院落户中国政法大学》，载《中国教育报》2006 年 5 月 22 日，第 1 版。

立项后,课题组为了坚持从中国审判实践中总结和概括证据规则,专门设计并请最高人民法院研究室向全国法院系统发放了《人民法院适用证据规则情况调查问卷》,并委托北京市零点咨询研究集团对回收的问卷进行数据分析,形成了《人民法院证据适用问题问卷调查报告》。在最高人民法院的协调和支持下,课题组用三个月时间深入河北、河南、北京、江苏四省市的6所人民法院进行调研,并多次对建议稿进行修改。为使研究成果能够经得起历史考验,课题组还先后组织召开了"证据理论与科学"国际研讨会1次,国内学术研讨会5次,课题组研讨会40多次,最终成功地完成了这一重要研究任务。

2007年10月,最高人民法院复函中国政法大学,称赞建议稿"立足人民法院审判实践,充分借鉴国内外有益经验,努力做到科学、严谨,为我国建立统一的证据制度做了有益探索,为人民法院制定并实施统一证据规范提供了基础性的、有重要参考价值的范本"。

2008年4月11日,最高人民法院向北京市、云南、山东、吉林、广东省高级人民法院下发通知,选择四个中级人民法院和三个基层人民法院开展《人民法院统一证据规定〈司法解释建议稿〉》试点工作。

5月20日,在建议稿的首发式上最高人民法院常务副院长称赞说:"《〈人民法院统一证据规定〉司法解释建议稿及论证》一书,对完善我国的证据规则进行了一次有益的探索和尝试,为证据理论的发展和证据制度的改革作出了积极的贡献。"①

鉴于该学院在国家司法工作中的独特作用,2008年2月1日教育部下发《教育部关于部分立项建设教育部重点实验室通过验收的通知》,中国政法大学证据科学研究院正式通过教育部重点实验室——证据科学实验室验收。4月30日,法大法庭科学技术鉴定研究所通过中国合格评定国家认可委员会(China National Accreditation Service for Conformity Assessment, CNAS)实验室认可和实验室资质认定二合一评审,并获得认可证书,成为国内首家通过国

① 《教育部哲学社会科学研究重大课题攻关项目——"证据科学的理论体系与应用研究"重大研究成果被最高人民法院采纳并开展试点》,载《中国政法大学科研通讯》2008年第3期。

家实验室认可的高校司法鉴定机构。[①] 从此，法大法庭技术鉴定研究所出具的鉴定报告，将能够被国际上60多个国家和地区所承认和使用。

三、社会服务带动科研发展

1994年国家教委出台《关于加强和改进高等学校人文社会科学研究工作的若干意见》，文件指出："管理体制的改革是推动高校人文社会科学研究繁荣发展的关键性的一环。管理体制改革的重点是，打破自我封闭的格局，引进竞争机制、建立激励机制……"

2005年，时任教育部副部长袁贵仁进一步强调："当前繁荣发展高校哲学社会科学的关键是制度创新、管理创新，难点也是制度创新、管理创新……制度创新、管理创新是具有根本性、全局性、战略性和长远性的问题。"

如果说作为学校科研工作制度创新、管理创新后，三个层次的科研机构体系中第一个层次教育部、北京市的重点研究基地和重点实验室，及第二个层次的在编科研机构大可在国家和学校的庇佑之下尽情发展；那么，作为学校科研创新平台体系中的重要组成部分，也是法大科研发展的重要创新机制之一，并以"无编制、无经费、无场所"而著称的"三无"非在编科研机构，在学校科研革命中又是如何利用自身特点，而成为法大科研平台体系中重要一环的呢？

2005年5月25日下午，学校非在编科研机构工作会议在学院路校区212会议室召开，全校40多个非在编科研机构负责人参加了会议。会议由科研处处长崔永东主持，副校长张保生作《更新观念　增强科研机构的社会服务能力》的主题报告，以期通过是次会议的召开及各相关人员的总结研讨，进一步明确非在编科研机构在学校科研工作中的角色，以便于在此后的工作中发挥更大的作用。

张保生副校长在报告中说："我们现在面临的一个新问题是，如何在大学与政府、企业之间建起一座互利互惠的联系桥梁。在美国，大学的一个重要任

---

① 《中国政法大学法庭科学技术鉴定研究所》，载中国普法网，http://www.legalinfo.gov.cn/moj/zgsfjd/2008-07/16/content_901967.htm。

务就是为政府制定政策服务，政府也需要大学的研究成果。据我所知，美国政府并没有无偿地使用高校的科研成果，而是直接和（大学洽谈具体的科研项目）或间接地（通过各种政府背景的基金会）资助许多应用对策问题研究……所以，我认为，政府拨款的科研体制早晚要改革。同样，政府无偿使用科研成果的情况早晚也要转变。科学研究民间发动的力量源泉在于，人文社会科学的研究能力和成果作为一种'综合国力'在促进经济社会发展方面所起的作用越来越大，特别是政府要科学决策，企业要开发市场、预测投资风险等都需要大学提供研究咨询服务。我们高校的科研机构要抓住机遇，树立科研服务于社会的理念，发挥'思想库'和'智囊团'的作用，'以服务求支持，以贡献求发展'。

……

我们的非在编科研机构，过去是小帆船，今后我们要引导它们面向社会，成为能够在市场经济的大海中自由驰骋的导弹快艇。所以，学校新的管理办法提出非在编机构的任务包括：积极争取各种科研项目和经费，特别是横向科研项目和经费；面向各级政府及社会各界开展咨询服务；为社会各界提供以知识更新为主要内容的短期培训。"①

此次会议之后，各个非在编科研机构可谓"八仙过海，各显神通"，纷纷以"如何将科研成果很好地进行社会转化和服务社会"为课题苦练内功，且最终都打出了一片属于自己的天地，而彻底地将"死路"变成了"生路"——当学校"狠下心来"将它们"踢下水中"后，这些机构不但没有被波涛汹涌的社会洪水淹死，反而一个个练就了一身"弄潮儿向涛头立，手把红旗旗不湿"的非凡本领。

对于这些"三无"机构是如何在现实生活中一步步作出诸多傲人业绩，并且最终形成了持久而广泛影响力的？以下，我们以获评为学校优秀非在编科研机构的"环境资源法研究和服务中心"为例予以说明。

---

① 张保生：《更新观念　增强科研机构的社会服务能力——在学校非在编科研机构工作会议上的讲话》，载中国政法大学新闻网 2005 年 5 月 30 日，https://news.cupl.edu.cn/info/1013/1298.htm。

我国自20世纪70年代末建立环境法律制度以来，环境法已经在中国有二十多年的发展历史，但是中国环境污染问题越来越严重，环境纠纷也越来越多。究其原因，最突出的是环境法没有能够很好地得到落实，所以为使已颁布的各环境法律条文能够真正地服务民众，以王灿发为中心主任的中国政法大学环境资源法研究和服务中心专门向社会开通“污染受害者法律帮助热线电话”，并通过接待来访和回复来信等形式，为全国的污染受害者提供免费的法律帮助。

这些法律咨询内容遍及大气污染、水污染、噪声污染等几乎所有种类的污染问题，同时还有部分生态破坏的案件。中心在提供上述各种免费咨询的同时，还帮助70起环境污染受害者向法院提起诉讼，以维护污染受害者的环境权益，帮助的对象超过2万人。

中心在对社会扶危济困的同时，还特别注重科研工作，比如其承担着教育部人文社会科学研究重点研究基地项目“环境法实施机制比较研究”、司法部重大课题“环境纠纷处理机制研究”、北京市重点研究课题“北京市环保法治研究”等多项国家或部委研究课题，并发表了一系列阶段性研究成果。从立法、执法、司法、社会发展、社会公平与正义等不同角度探讨了环境侵权的性质、特点和救济的途径、方法、策略以及相应的立法对策。

中心的各位老师参与了许多国家或地方环境立法、环境保护行政主管部门的规章或规范性文件的起草与专家论证工作，成了我国环境立法的重要“智囊团”。诸多立法建议已被立法部门或行政机关采纳，如《清洁生产促进法》《大气污染防治法》《放射性污染防治法》等。中心成员还积极与国家立法部门、环境保护行政执法部门等机构合作，对在代理诉讼案件中发现的诸多问题，通过召开学术会议或课题立项进行研究，均取得了良好效果。

同时，中心还广泛地开展对外合作交流，促进和推动科研的发展。其独立及共同主办的“环境纠纷处理中日国际研讨会”“中国西部环境诉讼疑难案件研讨会”“环境损害赔偿立法国际研讨会”等会议，对推动我国环境法的实施、推动我国环境法治建设、完善环境立法都起到了重要的作用。

在国内，报刊几乎每周都有关于该中心的报道。在国外，美国的《纽约时报》和《华盛顿邮报》、法国的《解放报》、日本的《朝日新闻》、英国的《经济学人》和 BBC 广播、荷兰和韩国的电视台和广播电台等都曾对中心给予过报道。①

2005 年 11 月 27 日，得到联合国环境规划署特别支持，并由国家环保总局发起的我国首个环保人物奖项——“绿色中国年度人物”评选揭晓，作为第一个向污染受害者提供法律援助的学者，环境资源法研究和服务中心主任王灿发教授获此殊荣。

2007 年 10 月 21 日，据美国《星岛日报》报道，最新一期美国《时代》杂志选出全球 45 位环保英雄，包括绿色活跃分子、政治家、发明家、企业大亨等，杂志称这些杰出人士为地球的未来带来希望，全球仅 3 名华人榜上有名，分别是我国的陆恭蕙、王灿发和施正荣。

2008 年，王灿发教授获改革开放 30 年十大环保贡献人物奖；②同年 5 月 21 日晚，第 13 届“日经亚洲奖”颁奖典礼在东京举行。王灿发教授作为经济发展奖的获奖人第一个登上领奖台，接受奖杯、获奖证书和 300 万日元的奖金。③

资料显示，环境资源法研究和服务中心在 2006—2008 年的三年时间里，通过 9 个服务社会的项目共获得 290.5772 万元，而成为横向科研项目经费“较多”的机构之一。

正因各非在编科研机构能够凭借自身所具备的强大实力，而获得各种巨大的经济、科研和社会效益，使得学校将此类机构完全推向社会以后，其总量不降反增，2006—2008 年三年间，此类机构新增 27 所，覆盖了 13 个院级单位，使全校各类非在编科研机构达到了前所未有的 82 所。

---

① 《服务社会 促进科研 带动教学——学校环境资源法研究和服务中心纪实》，载《中国政法大学科研通讯》2005 年第 3 期。

② 吴志姣：《王灿发教授获改革开放 30 年十大环保贡献人物奖》，载中国政法大学新闻网 2008 年 12 月 20 日，https://news.cupl.edu.cn/info/1011/14400.htm。

③ 孙辉：《“日经亚洲奖”华人折桂 三百万日元奖金捐灾区》，载中国新闻网，https://chinanews.com/hr/yzhrxw/news/2008/05-29/1266592.shtml。

2006 年至 2008 年,法大非在编科研机构共争取横向科研项目备案的有 119 项,协议经费 2197.3359 万元,到账经费 1769.52157 万元,分别占三年来横向项目数、协议经费数和到账经费数的 42.2%、52.85% 和 53.98%;争取纵向科研项目 19 项,经费 303 万元,分别占三年来学校纵向科研项目数和经费数的 10.8% 和 15.55%。

各非在编科研机构共出版著作 306 部,发表论文 847 篇,撰写研究报告 39 篇,提出立法建议 10 篇,共举办学术会议 199 场,参加学术交流活动 568 次,举办学术讲座 318 场。各非在编科研机构还进行了各种形式的咨询服务,其中有 40 所机构的研究人员参与了包括《物权法》《律师法》《反垄断法》《国有资产法》《国家赔偿法》等在内的多个重要法律、法规等规范性文件的起草、论证、草拟等工作。各机构还采取接待来访、送法下乡、提供专题咨询等方式广泛为社会各界提供法律支持和服务。

19 个非在编机构举办了 93 场层次规模不等的短期培训班,内容涉及国际法、空间法、环境法、青少年犯罪与少年司法、监狱法、文明监狱建设、监狱干警素质、刑事审判、中国罪犯心理评估系统、社会主义法治理念、知识产权、特许经营、职业经理人资格认证、旅游法与世界遗产法、大学英语等。

在 2006—2008 年学校非在编科研机构发展总结工作会议上,作为非在编科研机构代表的特许经营研究中心主任孙选中教授介绍道:"我中心积极建立并推广自己的网站。特许经营第一网目前是本中心的对外网站,由李维华博士创立,于 2005 年 5 月开通。中国国内的汉语版特许经营类网站目前超过 80 家,我们中心的网站即中国特许经营第一网在百度、谷歌等诸多搜索引擎中排名不是第一,就是第二。

……

几年来,中心已经成功举办多届特许经营 EMBA 班、高级经理人研修班/特训班、店长班、公开课等,为中国特许经营界培养和输送了数千名高级经营管理人才。

……

中心多次接受杂志、报刊、电视台、电台、网络等媒体采访，包括《中国经济瞭望》、《新经济导刊》、《中国商报》、《参考消息》、中央电视台新闻频道、中央电视台经济半小时等。

……

中心已写作、翻译、主编特许经营书籍数十本，总字数超过1000万字，包括《特许经营理论与实务》《企业全面资源运营论》《特许经营在中国》《特许经营宝典》《特许经营法律精要》等。这些图书在国家图书馆和各省市、高校图书馆均有收藏。

在国内各类专业期刊杂志上发表文章数十篇，包括《中国商报》《国际贸易》《华夏时报》《财经日报》《中国经营报》《中国消费者报》《中国联合商报》等。”①

总结大会上，作为非在编科研机构的典型代表传媒与文化产业研究中心、知识产权研究中心、危机管理研究中心，甚至于以基础理论研究而著称的罗马法与意大利法研究中心的负责人宋建武教授、张楚教授、李程伟教授和费安玲教授也纷纷向学校“报功”，并向其他机构畅谈各自所负责的非在编科研机构是如何在短时间内获得长足发展的各种成功经验。

最后，科研处处长柳经纬总结三年来非在编科研机构工作的成功经验为：一是非在编机构体制灵活，为教师开展学术研究、学术交流和社会服务提供了一个好的平台，为调动广大教师的科研积极性提供了一种好的机制；二是学校对非在编机构实行了较为灵活的管理方式和积极的激励政策，促进了非在编机构的发展。②

整个总结大会真可谓其乐融融、笑语欢声，当年各机构负责人甫一听到要将自身推向市场而任其“自生自灭”时的愁眉不展、忧心忡忡，究竟还有几人记得？

---

① 《2009年非在编科研机构工作会议》，载《中国政法大学科研通讯》2009年第3期。

② 《2009年非在编科研机构工作会议》，载《中国政法大学科研通讯》2009年第3期。

四、科研平台建设成果喜人

当今时代，学科建设早已被视为检验各高校实力的核心指标，成为众多学校工作的重中之重。学科建设作为高校的龙头工作，其内涵极为深广，主要包括学科发展的战略与管理，科研平台建设的数量和质量，学术人才队伍的总体实力，高层次学术“奖项”及科研成果建设，高层次人才培养机制和模式等诸多方面，而且诸如一所学校内部学科与学科之间，学科内部之间，各种体制、机制之间的错综复杂关系等也是其中应有之义，可以说学科建设是一项极为复杂的系统性工程。以下，仅以科研平台建设为例说明学校近年来的学科建设工作。

一所高校学科建设成功与否的一个关键性衡量指标就是学校在科研平台建设方面是否实现了大的突破。因为科研平台的获得既反映了外界对一所学校学科建设水平的整体评价，也反映了该高校是否具备了一种承担培养高层次创新人才和从事更高水平科学研究的科研实力。

可以说科研平台的取得，不仅关系到一所大学的对外形象，而且也关系到其学科建设水平和科研成果为社会公众所认可的程度。此外，科研平台的取得对于一所大学的学科建设工作也具有一种导向性的作用。因此，各个学校尽皆把科研平台建设方面的突破，作为学校学科建设和发展的标志性成果。

新领导班子上任之初，学校仅有博士点 5 个，硕士点 13 个，本科专业 8 个，国家级重点学科 2 个，国家级重点研究基地 1 个，部级重点学科 5 个，没有博士后流动站。

20 世纪 90 年代以来，当其他学校动用各种资源、关系，对各种高层次科研平台建设工作大干快上、争抢拼夺激战正酣之时，法大竟然可以无忧无虑、旁若无人、置身事外、与世无争地沉睡十年，如此之能力、如此之定力、如此之功力，现在想来都不得不让人心悦诚服地说一句“佩服”。

正因为此前学校长期以来在科研平台建设工作方面的乏善可陈，才使得新一届领导班子在上任之初，就明确表示要紧紧抓住学科建设这个事关全局的关键性工作，以使学校的硕士和博士学位授权点以及各种研究基地和各重点学科等科研平台建设工作实现重大突破。

2003年5月20日，以向教育部申请建立法律史学重点研究基地为标志，学校的高层次学位授权点、研究基地和重点学科的建设工作，终于在先期申报全国第九次博士、硕士学位授予点评审工作之后，又一次进入了一个崭新的阶段。

当时的新闻称："5月20日，国家重点学科的依托单位——法律史学研究中心在科研处的协助下将申报重点研究基地建设的材料正式报送教育部，这是法大继诉讼法学科被教育部确定为重点研究基地后，又一次向教育部提出建立重点研究基地的申请。

……

本次法律史学重点研究基地申报，如获批准，对于法大法律史学科的建设与发展，将起到巨大的推动作用"。①

在此后能否获得法律史重点研究基地批准的漫长等待中，先期学科建设平台申获成功的喜讯不断传来：

2003年8月，国务院学位委员会和北京市学位委员会办公室传来消息，经过各大学申请、相关部门的形式审查、专家通讯评审、学科评议组评审、国务院学位委员会和北京市学位委员会批准并公示等严格程序后，学校最终在全国第九次博士、硕士学位授予点评审工作中，取得了各类学位授予点的重大突破。其中，新增一级学科博士点1个：法学；新增二级学科博士点1个：政治学理论；新增硕士点7个：中外政治制度（政治学）、国际关系（政治学）、应用心理学（教育学）、企业管理（管理学）、行政管理（管理学）、马克思主义哲学（哲学）、马克思主义理论与思想政治教育（政治学）。至此，学校共有博士点10个，硕士点20个，终于在自20世纪90年代学位授予点争取工作沉寂、无为了

① 《我校法律史学研究中心完成教育部重点研究基地的申报工作》，载中国政法大学新闻网2003年5月30日，https://news.cupl.edu.cn/info/1012/19291.htm。

十余年后，首次通过自己的努力和争取实现了该项工作的重大突破。①

同时，在各学院的积极配合下并经过校人事处的努力，教育部职称改革工作办公室于 2003 年 7 月 24 日批准授予法大政治学、社会学、哲学、工商管理、公共管理、理论经济学、中国语言文学、英语语言文学 8 个学科教授评审权；计算机科学与技术、心理学 2 个学科副教授评审权。至此，学校共有法学等 8 个学科门类一级学科教授审定权，分别是法学、政治学、社会学、哲学、工商管理、公共管理、理论经济学、中国语言文学；1 个学科门类二级学科教授审定权，为英语语言文学；2 个学科门类一级学科副教授审定权，分别是计算机科学与技术和心理学。

从此以后，学校法学博士点授予权申请工作长期受制于人的历史一去不复返。而且以政治学二级学科博士点的获得为标志，学校终于在法学以外的其他学科获得重大突破，并将对非法学的其他学科博士点的争取工作产生巨大的示范和带动作用。同时，学校众多学科教授审定权的获批，也历史性地终结了过去只能审定法学和思想政治教育这两个学科教授的历史。这对于一所力图实现跨越式发展高校的师资队伍建设来说，不啻一个“大牛市”的利好消息。

12 月 27 日，继申获法学一级学科博士点和政治学理论博士点授予权之后，学校学科建设又获重大突破——法学博士后流动站终于挂牌。

对此，学校新闻评论称：“我校建校五十年来，虽然在学科建设方面取得重大成就，但由于种种原因一直没有取得建立博士后流动站的资格，这与我校在法学界的声誉和地位极不相称。2001 年，新任领导班子上任后便把博士后流动站的建立作为我校学科建设的一项重头工作，积极努力多方争取，终于在今年实现了我校博士后流动站零的突破。”②

是次挂牌仪式在学校学院路校区举行，党委书记石亚军教授，校长徐显明

① 《我校学科建设工作获得重大突破》，载《中国政法大学校报》2003 年 8 月 20 日，第 1 版。

② 艾群：《我校学科建设又获重大突破——我校博士后流动站挂牌》，载中国政法大学新闻网 2003 年 12 月 29 日，https://news.cupl.edu.cn/info/1012/19242.htm。

教授，副书记兼副校长马抗美教授，副校长兼研究生院院长朱勇教授，三位终身教授江平、陈光中、张晋藩和学校学位评定委员会的委员们参加了挂牌仪式。

徐显明校长在仪式上致辞，他认为这次博士后流动站的建立是学校教学改革的一个重大突破，是学校进行高层次人才培养、师资力量建立的新平台。这次流动站的建立对学校有更为重大的意义，一改学校学科相对单一的状况，扩大了教学交流的领域；与此同时学校也欢迎其他学科的加入，更期待着与其他院校的博士后流动站进行广泛的学术交流和学科间的交叉研究。

2004 年 7 月 8 日，由中国青年报与中国科学评价研究中心联合开展的“中国大学评价”系列研究成果之一《中国高校科研竞争力评价报告》揭晓，中国政法大学人文社会科学研究竞争力跻身全国第 26 位，居全国政法类院校之首。①

9 月 20 日，教育部专家组通过对学校法律史学研究中心的实地考察，最终通过了法律史学研究中心入选教育部人文社会科学重点研究基地的决议。② 11 月 2 日，学校首届博士后入站仪式在学院路研究生院举行，首批 13 名来自北大、人大等名校的博士后研究人员入站工作。③

2005 年 9 月 8 日，学校正式被国家批准进入“211 工程”重点建设大学的行列。

12 月 20 日，北京市社科“十一五”规划工作暨第二批研究基地授牌大会在首都师范大学国际文化学院召开。法学院院长马怀德教授担任主任兼首席专家的“法治政府研究基地”作为七个新基地之一被授牌；2005 年底，以证据科学研究院为平台申报的重点实验室获教育部立项建设，成为我国文科院校第一批立项建设的两个教育部重点实验室之一，也是全国法学院校中唯一的

---

① 马明洁：《中国高校科研竞争力评价报告揭晓》，载中国网 2003 年 12 月 29 日，http://www.china.com.cn/chinese/2004/Jul/604769.htm。

② 《教育部专家组考察通过我校法律史学研究中心入选教育部人文社会科学重点研究基地》，载《中国政法大学校报》2004 年 9 月 30 日，第 1 版。

③ 《我校首批博士后正式入站》，载《中国政法大学校报》2004 年 11 月 10 日，第 1 版。

教育部重点实验室;同时,学校新增人权法学、证据法学、法律语言学3个博士学位授权点。

在2006年1月召开的国务院学位委员会第22次会议上,学校一批新的博士、硕士学位授权学科、专业经审核获得通过。其中包括博士学位授权学科、专业3个:世界经济、中外政治制度、马克思主义中国化研究;硕士学位授权一级学科2个:政治学、马克思主义理论;硕士学位授权学科、专业10个:中国哲学、外国哲学、经济史、世界经济、产业经济学、社会学、英语语言文学、新闻学、中国近现代史、会计学。

至此,学校学位点设置已涉及7大学科门类,涵盖人文社会科学的全部学科门类领域,[①]包括哲学、经济学、法学、教育学、文学、历史学、管理学。学校共拥有博士学位授权一级学科1个;硕士学位授权一级学科3个,博士学位授权学科、专业18个,硕士学位授权学科、专业45个(包括2个专业学位),实现了法大学科发展的跨越式新突破。

2007年8月,教育部公布国家重点学科名单,中国政法大学法学一级学科被确定为"国家重点学科"。国家重点学科是国家根据长期发展战略与重大社会需求、择优确定并重点建设的培养创新人才、开展科学研究的重要基地,在高等教育学科体系中居于骨干和引领地位。简要地说,就是此后法大在法学一级学科的领域内,无论学科学术研究、人才培养还是对外交流、社会服务等方面,均代表了该领域国家现有的最高水平。[②]

除此之外,因法学一级学科被确定为"国家重点学科",学校长期以来仅有法律史学、诉讼法学2个二级国家重点学科(其实,当年学校民商法专业已先期获批为新的二级国家重点学科,只是因为时隔不久法学一级学科整个被确定为"国家重点学科",而使得这个刚刚诞生的新二级"国重"没能引起学界应

① 徐显明:《徐显明校长54周年校庆致辞》,载中国政法大学新闻网2006年5月16日,https://news.cupl.edu.cn/info/1013/1314.htm。

② 《教育部公布国家重点学科名单 中国政法等获批》,载法治网,http://www.legaldaily.com.cn/fxy/content/2007-08/31/content_691902.htm。

有的重视罢了)的历史也得到彻底改写,此后学校10个二级学科(同时获批为一级"国重"的北大和人大,因为没有军事法学这一博士点而分别只有9个二级重点学科)均升格为国家重点学科。

9月,人事部、全国博士后管委会公布批准新设立博士后科研流动站名单,学校政治学一级学科被批准设立博士后科研流动站,开展博士后工作。本次政治学博士后科研流动站的设立,改变了自2003年以来学校仅有法学博士后科研流动站的局面。学校新闻称,"这既是我校政治学一级学科科研实力、师资力量等构成的综合实力的成果体现,也是我校近两年来积极落实'将学校建设成为多科性、研究型、开放性、特色鲜明的世界知名法科强校'办学理念的成果体现,将对增强我校政治学科研力量、优化学校学科体系、培养和吸收年轻高层次学术人才起到重要作用。"①

2008年2月1日,教育部下发通知:教育部重点实验室——证据科学实验室建设期满,正式通过教育部验收。4月23日,北京市教育委员会下发了《关于公布北京市重点学科建设项目验收结果的通知》和《关于公布北京市重点学科名单的通知》,学校民商法学和国际法学两个北京市重点学科顺利通过验收,并获得优秀等级;同时,批准法大法律与经济成为交叉学科北京市重点学科;政治学理论、马克思主义中国化研究、世界经济成为二级学科北京市重点学科。这是继学校法学一级学科被确定为国家重点学科以后,在学科建设上取得的又一重大突破,标志着学校学科建设进入了新的发展阶段。同年,中国政法大学作为国家"985工程"优势学科创新平台接收单位,开始了有关项目的申报工作。

此外,经过几年来的经营建设,学校的本科专业也由2000年涉及4个学科门类的法学、侦查学、工商管理等8个,变为2008年遍及所有人文社科7个学科门类的经济学、哲学、社会学、新闻学等17个,同时学校还于2003年成为具有"本科专业自主设置权"的全国七所高校之一。

---

① 郑永吉:《我校政治学一级学科被批准设立博士后科研流动站》,载中国政法大学新闻网2007年9月4日,https://news.cupl.edu.cn/info/1012/7713.htm。

截至2008年底，学校共有博士点19个，硕士点46个，本科专业17个，国家级重点学科10个，国家级重点研究基地2个，教育部重点实验室1个，北京市哲学社会科学研究基地1个，部级重点学科11个，博士后流动站2个。其中，法学为博士学位授权一级学科、硕士学位授权一级学科和一级学科国家重点学科；政治学、马克思主义理论为硕士学位授权一级学科。

倘以此时如此厚重的这份名单对比当初那份名单，说一句“法大科研平台建设工作真可谓突飞猛进、日新月异、一日千里、翻天覆地”应该不算过分吧！

五、首个法学类“部级奖项”落户法大

可以说，对于如何加强科研工作，学校是有一个宏伟蓝图和远期愿景的，其不但采取各种措施以加强自身的科研建设工作，而且也积极创造条件以期繁荣我国的法学研究事业。2005年，为纪念我国著名法学家、政治家、教育家钱端升先生对法学事业的卓越贡献，促进我国法学研究的繁荣发展，鼓励法学和法律工作者积极探索、勇于创新、多出精品，学校动议以钱端升先生的名义，在全国范围内设立“钱端升法学研究成果奖”。

5月11日，中国政法大学2005年第9次校长办公会议在昌平校区第一会议室举行，校长徐显明教授主持会议。会议第5项的内容是对张保生副校长提交的关于设立“钱端升法学研究成果奖”的有关事宜进行讨论、研究。

经会议研究最终决定，学校设立“钱端升法学研究成果奖”。该奖面向全国每两年评审一次，并设立奖励基金，基金来源主要向校友和社会各界募集；会议同意成立第一届评奖委员会和基金理事会，并原则通过了钱端升法学研究成果奖励办法。①

随后，学校向教育部提出了设立该奖的请示。经研究，教育部社政司发文批复了《中国政法大学关于设立钱端升法学研究成果奖的请示报告》，同意中国政法大学设立“钱端升法学研究成果奖”。

---

① 《校长徐显明教授主持召开中国政法大学2005年第9次校长办公会议》，载中国政法大学新闻网2005年5月11日，https://news.cupl.edu.cn/info/1011/17093.htm。

5 月 15 日，校友周国平、王秀红夫妇在校友会第二次常务理事会上为“钱端升法学研究成果奖”捐资人民币 1500 元，是为钱端升法学研究成果奖接受的首笔捐赠；次年 3 月，山东磐古工具有限公司董事长张万钧先生得闻“钱瑞升法学研究成果奖”设立的情况后，慷慨捐助 80 万元襄助本奖评选，使得该奖的颁发具备了更为雄厚的经济基础。① 2008 年 2 月 28 日，钱端升先生的夫人陈公蕙女士又将其多年积蓄的 70 万元人民币慷慨捐赠给钱端升法学研究成果奖励基金。②

经过近一年的准备后，2006 年 3 月 14 日，钱端升法学研究成果奖励基金理事会第一次会议在学院路校区图书馆贵宾室举行。是次会议的召开，标志着以我国当代著名法学家钱端升教授名义设立的“钱端升法学研究成果奖”评选工作正式启动。会上，因理事长徐显明教授正参加全国人民代表大会，故由副校长张保生教授代其向与会的各位理事颁发聘书，会议一致讨论通过了《钱端升法学研究成果奖励基金理事会章程》《钱端升法学研究成果奖奖励办法》《第一届钱端升法学研究成果奖奖励委员会名单》《第一届钱端升法学研究成果奖奖项设置和奖金数额的建议》等一系列文件。③

3 月 18 日，钱端升法学研究成果奖第一届奖励委员会第一次会议在北京友谊宾馆召开。校党委书记石亚军代表学校在开幕式上致辞，并代表校长徐显明向各位奖励委员会委员颁发聘书。

石亚军书记在致辞中说，中国政法大学的发展与各位法学家的关心支持是分不开的，学校十分珍视这种深厚的友谊。学校倡议创立“钱端升法学研究成果奖”，是贯彻中央关于进一步繁荣发展哲学社会科学的意见、推进法治国家建设的具体措施。设立“钱端升法学研究成果奖”，虽是学校提议，但它不只

---

① 《钱端升法学研究成果奖励基金理事会召开第一次会议》，载中国政法大学新闻网 2006 年 3 月 15 日，https://news. cupl. edu. cn/info/1012/18877. htm。

② 《钱端升法学研究成果奖励基金理事会召开第二次会议》，载中国政法大学新闻网 2008 年 2 月 29 日，https://news. cupl. edu. cn/info/1012/7628. htm。

③ 《钱端升法学研究成果奖励基金理事会召开第一次会议》，载中国政法大学新闻网 2006 年 3 月 15 日，https://news. cupl. edu. cn/info/1012/18877. htm。

属于中国政法大学,而是属于全国法学界,希望全国法学学者和法律工作者都来关心支持这项工作,共同为促进法学研究的繁荣作出贡献。

全体委员认真听取了奖励委员会秘书长张保生所作的《关于钱端升法学研究成果奖奖励办法起草工作的报告》和《关于钱端升法学研究成果奖第一届评奖工作安排的报告》,并对报告进行了深入讨论。与会委员高度评价了设立“钱端升法学研究成果奖”的重要意义,审议并通过了《钱端升法学研究成果奖奖励办法》和《钱端升法学研究成果奖第一届评奖工作安排》。

2006年3月30日,第一届钱端升法学研究成果奖申报公告正式向全国发布,各高校科研处或法学院均在校内对此公告予以转发。

《光明日报》《法制日报》《人民法院报》《社会科学报》等对该奖进行了报道,并发布了申报公告。北京市哲学社会科学规划网、教育部人文社会科学网、司法部中国科研网、中国律师网、正义网、全国人民代表大会网、中国法院网等网络媒体也同时发布了申报公告,中国政法大学校园网还开设了“钱奖”申报专题栏目。

4月20日起,奖励办公室正式受理申报。7月下旬,评价中心收到经奖励委员会办公室资格审查后,参加第一届钱端升法学研究成果奖通讯评审的成果共267项。这些成果来自普通高等学校、司法机关、科研机构、行政机构和法律服务部门等96个不同单位。其中普通高等学校申报228项、司法机构21项、科研机构8项、行政机关6项、法律服务部门4项。涉及部门法学168项、理论法学38项、国际法学35项、法律史学26项(按照国标法学中的二级学科划分)。

9月30日上午,钱端升法学研究成果奖第一届奖励委员会第二次会议在北京友谊宾馆召开。钱端升法学研究成果奖第一届奖励委员会第二次会议由主任王家福教授主持,来自全国有关高校和中国社会科学院的15位委员出席了会议。

徐显明校长首先致辞,他对于各位委员能够在国庆节前学校工作最繁忙的一天里,尤其许多委员是各大高校的书记、校长、院长和外地代表的情况下,特意为此奖不辞劳苦地专程赶来参加会议表示了衷心的感谢;而后他指出,

"钱端升法学研究成果奖"是国内第一个以法学家名字命名的民间法学奖项。虽然在此之前中国社会科学院设立过"法鼎奖",但只面向青年学者,而"钱端升法学研究成果奖"是第一个全国性奖项。该奖设立的首要目的就是纪念钱端升先生,其次该奖的设立也可以激励学者勇于创新,促进中国法学研究的繁荣发展,推进国家法治进程。相信通过大家的共同努力,"钱端升法学研究成果奖"一定能得到大家的公认,成为法学领域内最具权威的法学奖项。

随后,"钱端升法学研究成果奖"基金理事会副秘书长、奖励办公室主任崔永东教授作了《关于钱端升法学研究成果奖申报情况的说明》,高校社科评价中心李建平副主任作了《关于钱端升法学研究成果奖通讯评审情况的说明》,钱端升法学研究成果奖励基金理事会秘书长张保生教授作了《关于钱端升法学研究成果奖评审原则与程序的说明》。

经过认真讨论和紧张有序的三轮投票,中南财经政法大学范忠信教授的《中国法律传统的基本精神》等 26 部作品,分获一等奖、二等奖、三等奖;吉林大学邓正来教授的《哈耶克法律哲学的研究》等 6 部作品获得荣誉奖。①

2007 年 1 月 19 日上午,由中国政法大学主办的首届中国法治论坛暨首届钱端升法学研究成果奖颁奖大会在北京人民大会堂召开。时任全国人大常委会副委员长顾秀莲,教育部副部长吴启迪,全国人大常委会法工委副主任信春鹰,司法部副部长张苏军,中国法学会党组书记、常务副会长刘飏,以及来自中央和国务院有关部门、高等学校、中国社会科学院、法院和检察院系统等国内百余家单位的代表,首届钱端升法学研究成果奖励委员会委员、获奖者等二百余人出席了会议。

会议由中国政法大学石亚军书记主持。徐显明校长首先致辞,对于该奖命名的由来,他说:"为什么用钱端升先生的名字来命名这个成果奖呢？我们经过慎重地思考。第一个原因是,钱先生是公认的中国法学界上一个世纪的代表性人物,他为法学和政治学所作的贡献是这两个学术领域所公认的。他

① 《首届钱端升法学研究成果奖评选揭晓》,载《中国政法大学科研通讯》2006 年第 4 期。

对法学教育提出的目的和目标，是推动政治进步，推动法治昌明。这也正是许许多多政治学和法学学术人所要追求的。

此外，钱端升先生还是一位重要的社会活动家。在20世纪中叶，即20世纪40年代中期，他在西南联大执教时，有一个至今仍然让我们很感怀的事情。当时，西南联大的老师们决定进行一次聚会，但是得到当地的通知，这次聚会被取消。当时聚会的场所是在云南大学的一个塔里。但是那些教授和老师仍然觉得应该举行聚会，于是临时决定在草坪上进行聚会。聚会上，当钱端升先生在发表演讲的时候，机关枪响了，但是钱先生没有走下台去，而是继续发表他的演讲。这是西南联大记录的一段非常有意义的历史事件。

他作为著名的社会活动家，在1949年后，担任了中央政治局文教委员会委员，北京市政协副主席。钱先生在'文革'结束以后，也致力于中国法治建设，担任了第六届全国人大常委会委员以及第六届全国人大法律委员会副主任。50年代，法学是被当作典型的社会科学。中国派出的第一个社会科学代表团的副团长就是钱端升先生。

钱先生所作的贡献，我们所有的学界后辈们都会记得的。他有一部不朽的著作，就是他与王世杰先生合著的《比较宪法》，是法学界要反复诵读的。能够留下不朽的作品，是法学家们所追求的。所以基于以上这些考虑，我们决定以钱端升先生的名字来命名法学界研究成果最高奖，向全国向世界推广，来推动法学研究的进一步繁荣。这个命名我们也征求了法学界各方的意见。"

而后，时任全国人大常委会副委员长顾秀莲、教育部副部长吴启迪分别代表全国人民代表大会常务委员会和教育部向大会致辞。中国社会科学院王家福教授、吉林大学张文显教授，司法部副部长张苏军分别围绕"法治与和谐社会"做大会主题发言，首届"钱端升法学研究成果奖"一等奖获得者、北京大学法学院院长朱苏力教授代表获奖作者，作题为《既然当了和尚，那就撞好自己的钟》的代表感言。

此后的两天时间里，与会学者围绕"法治与和谐社会"的主题进行了深入的研讨。中国人民大学法学院院长王利明等教授分别以《物权法对构建和谐社会的重要意义》等为题，从不同方面论述了和谐与法治的关系。在分组会上，来自高等院校、法院、检察院、律师事务所、地方政府的众多专家学者在论坛上进行了热烈研讨。1 月 21 日下午，首届中国法治论坛暨首届钱端升法学研究成果奖颁奖大会胜利闭幕。①

同年，教育部办公厅下发《关于 2007 年全国普通高等学校人文、社会科学研究统计年报工作的通知》和《全国普通高等学校人文社科研究管理系统》的说明，明确将"钱端升法学研究成果奖"列入全国普通高等学校人文、社会科学研究统计范围，使得其从一个"民间奖项"一跃而成了与霍英东奖、安子介奖、孙冶方奖、吴玉章奖、陶行知奖并列的"部级奖"。②

除了以上所说的五大方面以外，法大的其他科研及配套工作也都取得了各种骄人战绩，如法大的科研成果展示平台建设工作。2005 年 6 月，学校新一届院、部、中心处级领导干部聘任工作结束，根据聘任结果王人博教授荣任学校学报——《政法论坛》新一任主编之职。

王人博教授上任以后，对学报的办刊理念、版块设置、选稿要求、用文原则，甚至于刊物的外观设计等都作出了大幅度的调整。其所带领的论坛编辑部，始终把"将《政法论坛》打造成理论和思想并重的经典刊物"作为办刊的基本理念，违背这一理念的事情坚决抵制。比如 2008 年 5 月 4 日，温家宝总理视察中国政法大学后，有人建议王教授是否考虑在《政法论坛》的封二封三刊登温总理视察政法大学的简讯和照片时，王人博教授断然予以拒绝，他给出的理由是"这不是学术活动"。

正是因为整个编辑部对此办刊信念的常年持守，才使得《政法论坛》继此前第一、二届全国社科学报评选活动荣获"全国百强社科学报"后，又于 2006 年第三届全国社科学报评选活动中晋级为"全国三十佳学报"。除此而外，

---

① 《"首届中国法治论坛暨首届钱端升法学研究成果奖颁奖大会"专题》，载《中国政法大学科研通讯》2007 年第 1 期。

② 《钱端升法学研究成果奖正式列入部级奖统计序列》，载法治网，http://www.legaldaily.com.cn/fxy/content/2007-12/21/content_784279.htm?node=6065。

《政法论坛》因高水平的办刊质量，而为世界顶尖法学院所特重，最终成为美国哈佛大学法学院特别收录的中国三家法学期刊之一。[①]

此外，法大主编的以研究国外法律为主的期刊《比较法研究》，以研究部门法著称的《行政法学研究》《证据科学》等刊物也驰名学术及实务界。犹记北京某十佳律师在一次讲座上畅言，“即使本人再忙，别的什么期刊都不看的话，你们学校的《比较法研究》我也是不会落下的，这是我十多年来养成的习惯。”

除上述法学期刊外，为繁荣学校非法学专业的科研发展，学校又于 2007 年 9 月创办了《中国政法大学学报》。该学报系教育部主管、中国政法大学主办的人文社科类综合性学术期刊，期刊主编由中国政法大学终身教授、著名哲学家、中国价值哲学研究会会长李德顺教授担任。[②]

2008 年 5 月 16 日，时值学校 56 周年校庆之际，校领导决定以召开科研工作会议的形式予以庆祝，教育部社科司副司长张东刚应邀出席会议，校长徐显明、党委副书记冯世勇、副书记李书灵、副校长张保生、副校长高浣月以及各部门负责人、教师代表和学生代表等百余人参加会议。

副校长张保生教授代表学校在会上做了《中国政法大学科研工作报告》。报告回顾了 2005—2008 年三年来法大科研工作所取得的成绩和经验，分析了当前学校科研工作面临的形势和存在的问题，并对未来三年科研工作提出了进一步的设想。

该报告称：“三年来，我校教师共获得各类科研项目 350 项，项目经费 5535. 4 万元。

……

我校承担国家社科基金重大项目 5 项（全国共立项 131 项），在全国高校和研究机构中排名第 6 位；教育部哲学社会科学重大攻关项目 9 项（全国共立

---

① 王人博：《中国法学期刊的现状与走向》，载道客巴巴网 2013 年 6 月 1 日，http://www. doc88. com/p－2837307878300. html。

② 《学术造假拷问着现代学人的良知——访〈中国政法大学学报〉主编李德顺》，载凤凰网，http://news. ifeng. com/opinion/society/200907/0723_6439_1265569. shtml。

201 项),在全国高校中排名第 7 位。

……

三年来,我校教师共发表论文 2985 篇,出版著作(含教材)640 部,获得各类科研成果省部级奖 29 项。其中,年人均著作数均超过 0.2 部,接近国内文科强校的水平。

……

三年来,我校共举办国际和国内学术会议 104 次,其中,国际学术会议 36 次。我校教师参加国内外学术会议 1706 人次,提交会议学术论文 851 篇,其中,参加国际学术会议 621 人次,提交论文 287 篇。

……

三年来,我校教师参加了《反分裂国家法》《物权法》《公司法(修订)》《破产法(修订)》《刑事诉讼法(修订)》《民事诉讼法(修订)》《反垄断法》《反洗钱法》《国有资产法》《律师法(修订)》《循环经济法(草案)》《就业促进法(草案)》等多部法律的立法咨询、论证以及起草工作。据不完全统计,我校教师参加立法咨询论证共计 453 人次,其中以中国政法大学名义提交的法律草案修改意见稿共计 39 份。

在法治宣传教育方面,据不完全统计,我校教师先后为中共中央政治局、全国人大常委会、国务院相关部委及各级地方党政机关、企事业单位举办各种类型讲座 127 场,多名教授在中央电视台等媒体做客,收到了良好的社会效果。

2007 年,我校与中关村科技园管委会共建'中关村法大科技园'。成为全国首家以法律服务为主的大学科技园。

……

根据中国人民大学高教研究中心最新发布的'2008 年中国大学 50 强'排行榜,我校综合实力排在第 31 位。该评价体系中'核心竞争力'权重占 60%,'高考招生'权重占为 30%,'网络知名度'权重占 10%。其中,'核心竞争力'由'一级学科''重点学科'和'学术论文'三项指标构成,权重分别为 10%、30% 和 20%。在这三项指标中,我校分值分别为 60.47、61.45 和 66.61,综合排在五十强的第45位。

……

1.在科研项目方面,国家社科基金项目数:2005—2007年,人民大学110项,北京大学88项,武汉大学74项;我校35项,在16所高校中排第13位。教育部社科一般项目数:2005—2007年,复旦大学71项,人民大学59项,北京大学53项;我校37项,在16所高校中排第13位。

……

3.在研究成果获奖方面,省部级以上社科成果奖:最近三个评奖年度(2002年度、2004年度、2006年度)的获奖总数,北京大学168项,人民大学118项,北京师范大学91项,我校38项,在16所高校中排第12位。

4.在论文发表数量和质量方面

(1)CSSCI论文数:2004—2006年,北京大学5911篇,人民大学6362篇,北京师范大学5497篇,我校998篇。如果按照年人均篇数计算,北京大学1.2—1.3篇,人民大学1.03—1.45篇,北京师范大学1.98—2.2篇,我校0.3—0.39篇,在16所高校中排第15位。……在法学学科CSSCI论文排名中,我校居第二位(187篇)……

(2)在国内重要学术刊物发文数:在15种国内文科'权威刊物'(不含新华文摘)上,2005—2007年发表论文数:北京大学349篇,人民大学234篇,北京师范大学242篇,我校66篇,在16所高校中排13位……

(3)在学术论文的国际影响力方面,国外期刊论文数:根据教育部社科统计,2004—2006年国外期刊上发表论文数,北京大学409篇,人民大学390篇,复旦大学351篇,浙江大学250篇,我校86篇,在16所高校中排第11位。

(4)在学术论文的国内影响力方面,CSSCI引文次数:教育部哲学社会科学发展研究报告列出1998—2005年CSSCI论文被引次数前21所高校……在法学学科排名中,我校列第三位……"①

---

① 张保生:《中国政法大学科研工作报告》,载《中国政法大学科研通讯》2008年第2期。

《周易·革卦·彖传》曰:“天地革而四时成,汤武革命,顺乎天而应乎人”,《诗经·大雅·文王》曰:“周虽旧邦,其命维新。”倘以公元 2002 年为限,对比法大科研工作此前、此后冰火两重天之迥然不同情境,试问诸君一句,“其命新乎?”其必答曰:“新也!”

▲校园内景之钱端升校长铜像(摄影:艾群)

第七章　教学鼎新

2010 年 2 月 3 日，国内外知名的凤凰网教育频道曾对我国十年间的高校扩招情况做过一次详细的盘点。

资料显示，我国高校 1998 年录取考生 108 万人；1999 年始全国高校大规模扩招，按当年统计，全国普通高校招生 160 万人，比 1998 年增加了 52 万人，增幅高达 48%；2000 年高校录取人数上升为 180 万人，扩招幅度为 38%；2001 年录取考生增至 260 万人，录取率首次突破 50%，扩招幅度达到 22%；而 2008 年，高考招生人数创新高，计划录取 599 万人，考生 1050 万人，录取比例更是高达 57%。①

按照国家的有关计划，法大也在这个过程中扩招了一些学生，且不说扩招带给学校基础建设方面的巨大压力，单说新招进来这些学生带来的教学压力，也是学校难以承受的。学校究竟应当如何开展好教学工作，才能对得起"中国政法大学"这块金字招牌，才能对得起社会对于学校的希望，才能对得起报考法大的考生及其家长之于学校的厚望，才能让广大的考生在选择了法大以后，终生无悔于他们最初的选择？要知道，法大在全国很多省份的生源质量都排在前十五名，除了清华、北大等几个高校"掐尖"录取的那一批以外，其余的考生几乎可以任由法大随便挑选。

而且，按照教育部的安排，学校将会在 2007 年接受教育部本科教学评估工作检查。这项工作是各大高校公认为事关学校兴衰荣辱的一件大事。为因应这次评估，学校不论是教学观念的变革方面、培养模式的重新打造方面，还是管理体制的创新方面，都需要进行一次新的根本性变革。不如此，则不足以使学校的教学工作出现较大的起色；不如此，则对不起这么多已经跨进或者即将跨进这个大门的学生以及整个社会对学校的期待；不如此，学校很难在未来评估工作中取得优异的成绩……

---

① 《扩招大规模发生在 1999 年　高校招生 160 万人同比增长 48%》，载凤凰网，http://edu.ifeng.com/zhuanti/jin30nianlaidaxue/doclist/201002/0203_9450_1536225.shtml。

一、“迎评促建”工作序幕

2002年10月，学校针对本科教学水平工作评估的“迎评促建”工作正式启动，学校还专门成立了教学评估工作领导小组及办公机构。

11月1日上午，由教务处组织召开的有关“征求教学改革文件修改意见”的专家座谈会在学院路校区212会议室举行，学校教学指导委员会委员、各院部部分教师代表和教务处有关领导及工作人员近20人参加了座谈会。

与会人员从学校与各院、部教学管理权限的具体划分、教学管理具体内容的完善等方面，就会上提交的《中国政法大学校——院部教学二级管理体制实施办法（讨论稿）》等15份文件中存在的问题和不足提出相关意见，并对课表编排、任课教师办理临时调停课、教室调配使用、教学改革项目规划和立项、教材的编写、本科生实习工作等教学管理的各个环节提出建议。会后，教务处有关领导及工作人员就各份文件进行针对性的修改，以为即将召开的教学改革会议进行前期文件准备。①

12月14日，中国政法大学教学改革会议在昌平校区图书馆学术报告厅召开。石亚军书记致开幕词，朱勇副校长作题为《开拓创新　实事求是　全面推进我校教学改革》的主题报告，徐显明校长致闭幕词。

会上，石亚军书记对于如何培养具有法大特色的“三类、四跨型人才”发表了自己的看法，朱勇副校长对于如何开展此后的教改工作进行了布置。对于学校本科教学工作还存在的一些问题和困难，朱勇副校长作了坦率而全面的总结：

第一，学科专业不完整，专业之间轻重失衡。法学学科在学校一家独大，拥有全校半数以上的资源。这既是学校的特色、优势，同时在一定程度上也是影响学校全面发展的困难和不足。它不仅影响学科之间的渗透和交叉发展，也影响了培养对象综合素质的形成。

---

① 《教务处组织召开专家座谈会　征求教学改革文件修改意见》，载中国政法大学新闻网2002年11月7日，https://news.cupl.edu.cn/info/1012/19353.htm。

第二,人才培养模式单一,不利于因材施教。学校在人才培养模式方面,基本上只有4年读完后毕业的培养模式。与兄弟院校所采取的主辅修、第二学士、本本连读和本硕连读的丰富多样的培养模式相比,现有的本科培养模式比较单一,不利于学生的个性化成长。

第三,课程体系需调整,课程门数偏少。学校现有12个本科专业,其中有7个新专业。目前,学校总课程门数为454门。其中没有讲授过或没有老师讲授的课程竟有170多门,因而,实际开设的课程仅280多门。在如此少的课程中要想培养出高素质、复合型的创新人才,不能不说是相当困难的。

第四,教学组织形式单一。近年来,虽然部分教师尝试着采用兄弟院校以及国际上较为先进的教学组织形式,取得了显著的效果。但整体看来,多数教师仍采用传统的口头讲授形式,仅有课堂讲授或者说课堂讲授占的比例过大,不符合现代人才的培养要求。

第五,学校建设滞后。由于历史的原因,学校建设方面尚存在较大缺口。据2001年教育部71所直属高校基本数据统计,学校的生均校舍面积比为15.8,而部属高校平均值是28.0,法大在71所学校中排名第70位,倒数第二;学校生均占地面积比为28.5,部属高校平均值是57.3,法大在71所学校中排名为第63位。

教职员工与学生比例失衡。如部属高校的专任教师与学生平均比例是1∶18.18,而法大却是1∶37.21,也就是说,其他学校一名教师只需辅导18名左右的学生即可达到相应的工作要求,但是我们学校一名教师却要辅导37名左右的学生,教师负担太重。

除此,法大教师占全校教职工总数的比例失衡。如部属高校专任教师占教职工的平均比例是48.80%,法大是34.03%;部属高校行政人员占教职工的平均比例是17.55%,法大却是39.81%。教师在整个教职工队伍中不到半数,而非教师人数比我们的教师人数还要多,这是极端不合理的。这些不合理因素有些已经通过前面的改革改掉了一些,但有些问题还没引起我们的重视,而这些恰恰是我们必须要面对的下一步改革难点。①

闭幕式上，徐显明校长针对学校现有问题，并对如何开展好后续教学改革工作，提出了自己的全面看法。

是次会议之后，法大的教学改革和“迎评促建”工作全面铺开。

二、重构培养体系

古籍经典《礼记·经解篇》言道：“温柔敦厚，诗之教也；疏通知远，书之教也；洁净精微，易之教也；恭俭庄敬，礼之教也；广博易良，乐之教也；属辞比事，春秋教也”，言简意赅地概括了“诗、书、礼、易、乐、春秋”等不同专业之于学生成长、成才的重大作用。

古代“简朴”之“经书专业体系”尚可收此育人之奇效，那么现代社会一套层次合理的专业体系之于一个道德高尚、人格完备、修养良好、知识全面的学生具有何种意义，当为不言而喻之事。

前已述及，世纪之初的法大，经过近 50 年的发展一共才具备 6 个本科专业，搁置教学质量不论，如此简陋的专业设置，教育界人士常提的“宽口径、复合型”人才培养之于法大，肯定是一句唬人或者自我安慰的空话！

好在知不足而后勇的学校，以“道器一体、专能两翼”为人才培养目标，紧紧围绕“特色兴校”之经营战略，做起了新世纪专业体系建设的大文章——学校一方面加强、改造既有专业，另一方面根据现实需要，及时增设所需专业。

当然在新专业的设置上，学校一再强调其必须符合学校“建设特色鲜明的世界知名法科强校”的办学目标，必须与“名牌”法学专业钩挂连环、相合相契，必须与法学及已有优势专业达至知识互补、师资共享。

所以遵循上述原则，学校在稳定法学专业的同时，将社会工作专业改造为社会学专业，又相继增设了国际政治、公共事业管理、经济学、哲学、新闻学、国际商务、汉语言文学、德语、应用心理学共 9 个专业。

① 朱勇副校长在中国政法大学教学改革会议上所作《开拓创新　实事求是　全面推进我校教学改革》的主题报告，载《中国政法大学校报》2002 年 12 月 20 日，第 2 版。

对于新专业的建设及其质量保障工作,学校予以高度重视,如 9 个新办专业都有相关的博士学位点或硕士学位点作为依托;每个新专业的启动都有不低于 40 万元的建设经费;对于需要专业实验室的专业,学校不吝投入,先后斥资 3000 余万元建设成了应用心理学、新闻学、侦查学、国际商务等 9 个实验室,且相应实验设备皆已达到国内一流水准;而对新专业的师资队伍建设,在大力引进学科带头人的前提下,采取同等条件优先引进、优先调入、优先培训等倾斜政策,以为新专业的发展打造更好的人才基础。

至此,学校的专业总数达到 17 个,共涵盖 6 个学科门类,其中法学门类专业 6 个,管理学门类专业 3 个,经济学门类专业 2 个,文学门类专业 4 个,哲学门类专业 1 个,理学门类专业 1 个。这 17 个专业构成了一个主体突出、特色鲜明、相互关联、彼此支撑、有机融通的"具有法大特色"的新专业体系。

上述"一特(法学为特色)、三级(国家级、省部级、校级)、多点(多个学位点)"的专业体系,既巩固了法学在学校中的既有优势地位,又很好地兼顾了"多科性"的新时代发展愿景。可以说一种专业关联度高、知识互补性强、素质拓展平台宽、专业延伸融通广的主次分明、相互支撑的新本科专业结构布局,正在校方的有力引领下逐步形成。①

记得当年本人入校时,学校无论从课程设置、师资配备还是教学方法等各方面都不尽如人意。教学改革工作会议上,朱勇副校长在中国政法大学教学改革会议上所作《开拓创新　实事求是　全面推进我校教学改革》的主题报告中说,"目前,我校总课程门数为 454 门。其中没有讲授过或没有老师讲授有 170 多门,因而,实际已经开设的课程一共只有 280 多门。"②

试想以"全校有教师讲授的课程门数一共 280 多门"为总数计算,那么学校平均一学期仅能开出 35 门课程,而按法大一届 2000 人的招生规模计算,这

① 《中国政法大学本科教学工作水平评估自评报告》,载道客巴巴网 2009 年 4 月 8 日,https://www.doc88.com/p-5520160324.html。

② 朱勇副校长在中国政法大学教学改革会议上所作《开拓创新　实事求是　全面推进我校教学改革》的主题报告,载《中国政法大学校报》2002 年 12 月 20 日,第 2 版。

么多的学生一起去抢几十门的课程，那将会是一种什么概念？

当然，绝对数字虽然可怕，但行之于现实也不是没有解决的办法：比如一门《刑事诉讼法学》课程可以同时由多名教师讲授；比如《书法与美术欣赏》课程可以由一名老师在不同时间多讲几遍，那么一门课就可成为“几门课”或者“十几门课”，如此拓展，一个学期的课程总数基本能与学生的需求持平。

还比如将《邓小平理论》《军事思想概论》等课程放到全校最大的教室——“礼堂”去上，一个老师同时给两千人讲课，也可以有效解决老师与学生的配比问题，而且这样上课虽然有接受效果不好的问题，但也有因教室没有课桌，而让学生多听、少睡的优点，何况酷暑时节，礼堂场大地宽、阴凉通畅，也让学生享福不少。

不过学校当年这种“苦中作乐”的旧有课程设置体系，早已成为了人人不满、亟须改变的问题之地。以全校设置最为完备的法学课程体系为例，可以发现本科四年的教育课程设置思路极为简单，无非“必修课”加“选修课”而已。

而必修课仅是几个重要部门法法理、法条的阐释。大一的宪法，大二的民法、刑法及其诉讼法、知识产权法，大三的商法、行政法及其诉讼法、经济法、三国法，加之本应上过各种部门法后方可明晓但却被生生塞到大一就开设的法理学，另外再加上法制史，就是著名的“法学十四大主干课”。

此外，大一、大二穿插上完教育部规定必须开设的公共理论课、计算机课、英语课和体育课，如果觉得哪个学期课程数量有些单薄，再适当填补点“法律逻辑”“法律职业伦理道德”等课程，必修课就算“齐活”了。

必修课尚且如此，选修课更不待言，学生除书法、美学概论、传统文化、音乐欣赏、高等数学、社会学概论、公共关系学等有数几门“非法课程”可供选择外，如果你还想最终毕业，那么就只能在诸如刑法实务、西方法律思想史、中国法律思想史、税法、消费者权益保护法等各类“涉法课程”中抉择了。

至于你是否能在这些课上将法条、法理都全部弄懂、析通，就得看你师从何人了。比如某刑法老师对法条感兴趣，那么其就会从该法正文第一条起一直讲到补充规定、司法解释为止，至于该部门法有哪些前沿理论课题，那估计因为一压再压的有限课时所限，你肯定是听不到了。那是得到硕士甚至博士研究生阶段才能有幸与闻的高深东西。

如果某民法老师对法理感兴趣，那么其就会无论大陆法系还是英美法系，从古至今、从东到西，从哲学、社会学到法学给你阐释个遍，保你一学期课程下来似懂非懂、回味无穷。只是在你觉得理论满满的时候，一个外行人问你"三金"如何适用之时，你得委婉地跟他说，这个问题最近出了新的司法解释，我得回去查查，而仓皇遁走。

不过，虽然这两类老师各有所重，但至少在法大一门课程数人同开的敞亮局面下，只要你不怕辛苦，换着听呗！迟早有你条理兼收、理律皆备的那一天。

自 2002 年始，学校以培养"兼具人文素养、科学风范、法律精神、公共品质，视野开阔、兴趣广泛、思维灵慧、基础厚重、知识充盈、技能扎实，具有浓郁法治文化气息的高素质复合型杰出人才"为目标三次修订本科生培养方案，以优化旧有课程体系。①

改造后的课程体系分为"课堂教学"和"实践教学"两大块，其中课堂教学部分又分为"学校通识课""学院通识课""专业课"三大层次；实践教学则分为"社会实践""专业实习""志愿服务"等内容。以下择要介绍"课堂教学"中的"通识课"与"实践教学"中的"法律诊所"教育。

1."有灵魂的通识课"

现代中等教育由于人为斩断、分科过早等原因，使得大部分学生的知识结构极不完整，可能你问大学生一个"古希腊和古罗马谁先谁后"的"低级隐话题"，也会有一大部分学生张口结舌、无法答对，个中甚至有许多文科生。

这可真不是茶余饭后的说笑，至少我在教室自习时无意间发现过一些大一学生在笔记本上把"陈寅恪"写作"陈银雀"，或者听人把"陈寅恪"读作"陈演格"。

为解决上述问题，1995 年，国家教委召开第一次"加强高校文化素质教育

---

① 《本科教学工作水平评估自评报告》，载中国政法大学新闻网，http://news.cupl.edu.cn/pingjian/uploadfile/200709/20070930172342579.pdf。

试点工作会”,通识教育首次提上我国高校教改议程;1999 年,《中共中央、国务院关于深化教育改革全面推进素质教育的决定》发布,通识教育在大学教育中的地位进一步得到确立。

按照中央有关精神要求,兼且落实学校“学生全面自由发展,对学生进行全人教育”的治校理念,新领导班子经过几次修订培养方案,决定在全校范围内力推以“学校大通、院内小通、重点建设、以点带面”为原则的通识课改革。改革目标是要将人文精神和科学理性熔于一炉,而后加之各门专业课的陶冶,而将此前层次各异的学生熔铸成具有法大特色的“优秀产品”。

为实现上述目标,学校除专门成立了由副校长张桂琳教授牵头的校级通识教育委员会外,为保证课程质量,还将作为通识课招牌的“中华文明通论”和“西方文明通论”两门核心课程,分别让在近现代历史学和西方政治思想史方面学养深湛的郭世佑教授和丛日云教授领衔负责。

他们除可按照中西两套文明体系自由设置课程外,学校还专门配套拨付“车马费”,让二人放手召集校内外各领域名师,以合力打造具有法大特色的通识精品课程。

校方称:整合通识教育,是我校深化教学改革、提高人才培养质量的几点有益尝试之一。① 对于大学本科学生来说,通识教育起着开发智慧、贯通教育、锤炼思维的重要作用。这种以打造文明熔炉为指向、高质量、体系化、共同必修、中西兼通的通识课就是学校整个通识教育的“灵魂”所在。

“中华文明通论”和“西方文明通论”两大通识课的设置,不同于传统按“课”设置的教学模式,而是由若干专题组成,但各专题相互间又具有深层次的内在逻辑关系,并分别涵盖了中华文明或西方文明最重要的实质内容。

因课程内容涵括广泛,师资来源众多,为保证其成为系统且具有统领性的核心课程,学校通识教育委员会对这两门课提出要求:“原典而非教条;思想而非知识;系统而非拼凑;通识而非专业。”也就是说,这些课程内容应该站在深

---

① 参见骆铖萌、王鹤霏:《贯通教育　启迪智慧——通识教育之西方文明大系讲座开讲》等新闻稿件,载中国政法大学新闻网 2007 年 4 月 29 日,https://news.cupl.edu.cn/info/1011/15615.htm。

刻把握中华文明及西方文明的高度,以历史学为“经”,以政治学、经济学、法学、社会学、自然科学为“纬”,将人文训练和社会训练结合起来,引领学生系统阅读中国和西方人文科学和社会科学的经典著作,把握中华文明和西方文明的历史演变和永恒的精神价值。

为保证“有灵魂的通识教育课”改革成功,学校领导班子决心三管齐下,尽量选配出一支优秀的通识必修课师资队伍:其一,加大人才引进力度,尤其是加大非法学学科人才的引进工作。学校按照“少、精、聚、尖”的原则重点抓好非法学人才的引进工作,积极引进非法学学科带头人。

其中相当一批引进人才成了通识必修课的骨干教师。除前文介绍的引进人才、浙江大学郭世佑教授成为“中华文明通论”课程的负责人,引进人才、北京市教学名师丛日云教授成为“西方文明通论”课程的负责人外,引进人才社会科学院单纯教授、南京大学张中秋教授、中国青年政治学院方尔加教授、山东大学李晓教授、西南政法大学王人博教授等都成为两大通选课的主讲教师。

其二,集中全校优秀师资。据说学校提出建设“有灵魂的通识教育课”理念后,便得到了全校教师的热烈回应。“中华文明通论”与“西方文明通论”这两门课几乎汇聚了中国政法大学各个学科最优秀的师资。如徐世虹教授、舒国滢教授、林存光教授、南玉泉教授、刘家安教授等校内名师,都纷纷出现在这两门课的讲台上。因此,“在法大,能够登上两门通识必修课的讲坛,已经成了教师的一种荣誉”①的说法并非空穴来风。

其三,将名校名师请进法大。学校为把两门通识必修课建设成为全国瞩目的精品课,不仅调集了全校的优秀师资,而且还尽可能地延请国内各领域名师加盟这两门课的建设。如社会科学院、清华大学、北京大学、北京师范大学、中国人民大学、上海交通大学等名校的孟建伟教授、秦晖教授、赵白生教授、丁宁教授、吴国盛教授、江怡教授、毕明辉教授、蔡乐苏教授、廖可斌教授等几乎

---

① 《有灵魂的通识教育:为思想插上翅膀》,载《人民日报》2007 年 10 月 11 日,第 11 版。

每学期都会出现在这两门课的讲台上，他们分别以中西方的哲学、政治、经济、文化等为题，各自在相应的课堂上或引经据典、激浊扬清，或抒发己见、臧否得失，好不热闹！

为弥补课堂教学的不足，学校还采取种种措施，将有灵魂的通识教育引向第二课堂，如由受聘任课教师集体编写分量较重的“中华文明通论”与“西方文明通论”教材（2011年，由丛日云教授主编的《西方文明讲演录》已由北京大学出版社正式出版，该书被出版社列为“全国高等院校通识课教材”）；如课外时间开设“西方文明系列讲座”与“中华文明系列讲座”，补充课堂内容之不足，以进一步加深同学们对中西方文明的理解；还如建立“中西文明”在线网站，以增加学生课外阅读材料，并进一步拓宽学生学术视野。

除以上介绍的“校内大通”外，各院还根据自身特点进一步贯彻“院内小通”的教学体系，2006年始，学校在政治学与行政学、国际政治、经济学、工商管理、国际商务、行政管理、公共事业管理7个专业中实行按类招生、院内通识培养的模式。当年的《中国教育报》还以《中国政法大学七专业按类招生通识培养》[①]为题对院内通识培养方案予以重点介绍。

“通识教育课改”以其丰富学生知见内容、拓展学生知识结构、培育学生人文素养等优点，正日渐受到同学们的欢迎。

学校对2006级本科生进行的抽样问卷调查显示，有90%以上的学生认为开设校级通识课很有必要，有80%以上的学生对这两门校级通识课的讲课效果总体上感到满意。

2011年始，“中华文明通论”“西方文明通论”两门课程更是走出了法大，而成了中国政法大学和中国石油大学两所高校的共同通选课程。据说，往届修过这两门课程的学生为重温知识、弥补不足，常常要回到下届学弟学妹的课堂上再上一遍，而使得正选生不得不采用划定地盘的方式维护自己的权利，要知道这种办法以前只有在最火爆的法学课堂上才有过……

---

① 柴葳：《中国政法大学七专业按类招生通识培养》，载《中国教育报》2006年4月19日，第10版。

2.“法律诊所教育”效果好

“纸上得来终觉浅,绝知此事要躬行”,一个学校的教育如果只把注意力集中于耳提面命的讲授课,而忽视了能让同学更深刻理解所学为何的实践课,那不得不说是件相当令人遗憾的事。

面对新时期本科教育所面临的新挑战,学校领导班子秉持“专业人才培养方案中创新精神和实践能力相结合”的精神,不断加大课程改革和教学方式改进的力度,通过开设研讨课程、模拟法庭、案例课程、法律诊所等新形式的实践性课程,使学生在科研能力和理论素质提高的同时,进一步开启、挖掘其自身本有的实践能力,进而让学生较早地进入研究性学习阶段。这一系列“实践教学”中最引人注目的当属“法律诊所教育”。

“法律诊所教育”又称“临床法学教育”,主要是通过有经验的教师指导学生参与法律实践过程来培养学生的法律思维能力和法律实践能力,缩小法律理论教育与法律职业技能掌握的距离。同时通过为社会弱势群体提供法律帮助,以培养学生的社会责任心,并提高其应有的职业道德水准。① 作为中国法律教育改革的一项重要内容和法学教育的一种相对较新的形式,法大开设的“法律诊所教育”课已成为我国该领域实践成果的重要代表。

2004 年,中国政法大学在对学校原有法学教育模式进行改革、补充和完善,正式开设了相关课程,进而创立了一套完整的法律诊所教学体系。

法律诊所课堂由集中授课和分组办案两个部分组成:在第一课堂上,以律师职业为培养方向,注重学生在律师职业技能和专业素质方面的培养。课堂学习的内容包括会见当事人、展开事实调查、撰写法律文书、进行谈判与调解、准备开庭审理等。

第二课堂,也是法律诊所最重要的部分,即将同学们分为若干小组,每个小组通过独立对法律案件的亲自接触,能够了解并掌握案件办理的全过程,包括一些细节部分,如与同事们进行案件讨论、办理司法手续、向相关行政机关

---

① 陈靖:《“法律诊所教育”助学子为民打官司——中国政法大学探索教学模式的改革》,载中国政法大学新闻网 2005 年 12 月 21 日,https://news.cupl.edu.cn/info/1015/9468.htm。

咨询、确定对当事人有利的诉讼请求等。

指导教师从接到的投诉案件中选择一些案情比较清楚、简单，法律关系比较明确的案件交给学生办理，并向当事人介绍法律诊所课程以及学生可以提供的法律援助的范围。在与当事人就代理事项、委托权限达成一致的情况下，案件交由学生自主完成。

2005 年，《科技日报》对学校法律诊所教育的实施情况进行了详细报道："刑事司法学院三年级的乐少琪，是选修'知识产权法律诊所'课程的一名学生。自从选了这门课程以来，他的生活就开始忙碌了起来。

他每周至少有一天到律师事务所上班，平时一旦有任务，也是随叫随到。在律师事务所，他能接触到一些知识产权案件的卷宗，并在律师的指导下学习相关细节和技巧，甚至有时能在信息保密和当事人同意的基础上，参加律师事务所的案件讨论会议，学习从接手案件到当庭代理的全部过程。

乐少琪说，能在大学读书期间，接触到这些专业性和技术性很高的知识产权案件，并亲身参与办案的全过程，对我们学生来说无疑是十分珍贵的学习机会。

……

在王小南的工作记录里，记载了她和同学们无数个日日夜夜的辛劳，可以说那是大家汗水和智慧的结晶。她说：'每当重新阅读着自己从实践中获得的收获，我都会感到很欣喜，因为我感受到了自己的力量，我能够运用知识去学习更多的知识，并认识到它们的巨大价值。'的确，同学们通过法律诊所的课堂，了解到的不仅仅是实务技巧，更多的是看到了理论与实践结合而产生的巨大火花，这已经远远超出了实务技能培训本身的意义。

对于诊所式教育的优点张桂琳副校长如是说：学生从被动接受型学习到主动参与型学习的转变；教师从灌输式到交流式的转变；课堂从封闭式到案情各异的开放式转变；教学方法从注释法学向实践法学的转变。诊所法律教育不仅对传统法律教育起到了很好的补充作用，也使传统法律教育能透过诊所法律教育这面镜子反思其缺陷或不足。"

正是因为法大的“法律诊所教育”所取得的重大实践成就，2007 年 2 月，法大与美国太平洋大学正式签署了由美国国际开发署支持的“推进中国法律辩护与诊所教育”的国际合作项目，以进一步加强该课程的建设工作。[①]

除上述着重介绍的两大课改项目外，法大还先后成立三大教学指导委员会，以加强公共基础课程建设，如学校在全国率先开设了《中国化马克思主义》课程并率先出版了教材。该课程被《光明日报》等媒体称为“高校马克思主义理论课教师的理论创新”。学校不断加大新课程建设力度，制定了《中国政法大学新课程建设管理办法（试行）》等文件，以鼓励教师开设新课程，鼓励教师以科研为基础创设短课程。

教学改革后学校课程开设门数逐渐增加到 1211 门，涉及法学、政治学、国际商务、工商管理、应用心理学等 14 个专业。其中校级精品课 49 门，北京市级精品课程 7 门，国家级精品课程 6 门。学校鼓励广大教师自主开发教学课件和建设网络课程。

目前，有课件的各类课程已占全部开设课程的 70% 以上，有配套网络学习资源的课程达到了 260 门，有配套视频的课程达 188 门。同时教师还编制了大量的案例选和参考资料，为学生进行课前预习、课后复习、课外自习、结合教学阅读等提供了有力的保障，大大提高了学生自主学习的效果。[②]

教学改革后新开课程门数多、覆盖广、质量高、师资强，如以前的《民法学》课程，被细分为《民法总论》《物权法》《债与合同法》《侵权行为法》等课程，授课人员既有王卫国教授、李永军教授、柳经纬教授、米健教授、费安玲教授、李显东教授、刘心熙教授、刘心稳教授、隋彭教授、龙卫球教授等资深教师，又有于飞副教授、李建伟副教授、朱庆育副教授、刘家安副教授、易军副教授等法坛新秀，老师们的教学时间相较此前大大延长、讲授的细致程度进一步加深，而

---

① 《政法大启动“推进中国法律辩护与诊所教育”》，载法治网，http://www.legaldaily.com.cn/fxy/content/2007-05/23/content_622715.htm。

② 《中国政法大学本科教学工作水平评估自评报告》，载道客巴巴网 2009 年 4 月 8 日，http://www.doc88.com/p-5520160324.html。

同学们的学习效果也较以往得到了大幅提高。

针对学校既有培养模式之单一，学校革故鼎新、改造兼新制“跨学科、跨学历、跨学校、跨国家”四大培养模式，以适应当下高等教育之大势。如“跨专业、跨学位”的培养模式便是由“法学专业＋非法学专业”“非法学专业＋法学专业”“非法学专业＋非法学专业”三种方式构成，其也被称为“456”人才培养模式。

具体做法为：学校全部专业实行四年制本科教育，所有专业学生入学两年后有机会选择第二专业，从而在5年内完成双专业、双学位的教育，同时在部分专业中实施六年制本硕连读，在法学专业教育上探索六年制本硕连读的精英教育。[①] 自2003年全面实施该培养模式以来，已有数千人人取得了双专业双学位，使得那些学有余力的人成为“复合型”人才之梦极易实现。

此外，以2005年学校派本科生抵达山东大学报到学习为始点，本科生国内名校交换交流人才培养模式渐次实施。学校先后与浙江大学、中山大学、吉林大学、武汉大学、厦门大学和华东师范大学等多所国内名校实现了学生交换培养，目前互派学生人数已超过千人。除了进行国内名校互换培养计划外，学校还坚持教育面向世界的先进理念，将本科生的跨文化交流作为国际交流工作的重点。教学改革后学校正式派出学生访学世界五大洲众多著名大学，而自中欧法学院成立以后，学校按计划培养出的具备国际优势的学生更是成规模、上水平。更为可喜的是，学校在对外交流中不但积极创造机会让中国学生跨出国门一览异域风采，同样“一碗水端平”也让他国学生教师同样也可踏临华夏法学圣殿一窥中华律例真经。该模式的开展，不但提高了学生的综合素质和国际竞争力，也大大地提升了学校的境外知名度，使得学校因自身实力之飞升猛进，而成为欧美学生心仪向往之所在。

可以说学校实行的四大培养模式中，“跨学科、跨学历”的培养模式充分调

---

① 《构建全新育人模式　培养独具法大特质的杰出人才——中国政法大学建校55周年形成鲜明办学特色（上）》，载中国政法大学新闻网2007年5月21日，https://news.cupl.edu.cn/info/1015/9419.htm。

动了校内各路资源，而“跨学校、跨国家”的培养模式则进一步将教育资源的深度配比延伸到了国外。

随着视野的扩大，学生们的思维方式，确切地说是思考问题的角度也有了些改变。

周荣比喻道：“小时候以为零是最小的数，知道‘负数’这个概念之后才知道比零还小的数真的存在。同样，来到中欧法学院，接触了更多东西之后，在面对同样的案件，甚至是与法律无关的一些事情的时候，我就会自觉地问自己，这件事情有没有可能从另外的角度来分析？”

张莹则说：“在中欧，我们接触到了很多新的知识，也和很多与我们有不同文化背景的人进行了很多交流。这让我心态产生了一些变化，变得更加宽容。在遇到和自己观点不同的人时，我变得更容易接受，而且能思考他们为什么会跟我们想得不一样。”①

……

三、改革效果明显

法大教学改革最大的成绩就是厘清了自身的学府使命，使此前因管理思路不清而导致的工作主轨偏离问题得到了根本性的纠正——至少老师们不再“正大光明”地认为给学校办了多少班、挣了多少钱是件多么光荣，甚或可以拿到公众场合大肆炫耀的事情，而觉得“认真研究教学方法，切实提升教学效果，真正获得学生认可”才是自己安身立命的根本所在，才是己身为这所容留承载了自身的学府所做的最大贡献。

至于就读于此偏郊僻壤的众多法大学子们，当然也在这一波接续一波的教学改革浪潮中或被迫或自觉地获益匪浅，至少那些真正勇于持守、不曾放弃往昔理想的人确确实实地提升了自身素质，而令自己在四年之后离开此地奔赴四方之时，终于体会到那个甫一入校就反复听闻师兄师姐唠叨不休的“大一

---

① 《自强、勤勉、谦虚：中欧法学院学生纪实》，载中国政法大学中欧法学院网 2010 年 3 月 27 日，http://cesl1.cupl.edu.cn/info/1054/1436.htm。

时不知道自己不知道，大二时知道自己不知道，大三时不知道自己知道，大四时知道自己知道”的“绕口令”究竟含义为何了。

（一）教学相长

教学改革使学校的奖励评价体系发生根本性的变化后，教师们的关注点也随之一再调整，如何在说长也短的教学生涯中尽快提升自身技能，怎样改变讲授方法、言传手段，而使同学们更好地接受其应得而必备的诸种知识技能，成了大多数教师认真思考和改进的重点内容。

以下是教育部重点实验室所在地，法大证据科学研究院建院一周年之际某老师的教学感言：“时光荏苒，一转眼到政法大学已有一年的时间，这一年无疑是我们一个关键的转折点，将这一段时间内若干点滴稍加整理，一是为了清理自己的思绪，再者也为了多年以后再想起时，仍能历历在目。以下按几个方面整理。

困难。离开法院，走进政法大学，先要学会适应，不仅是适应没有了‘法院’这个权威的、令人羡慕的头衔，更是要适应在大学工作中那些必备的而对我们来说属于弱项的东西……初跨入政法大学，虽然这里有和蔼可亲的领导，处处体现着人文关怀，虽然这里是宽松的校园环境，大家可以抒发自己所想，但我们仍深深体会到压力来自四面八方。首先，我们没有顶呱呱的学历，而同一批新入校的教师唯有博士学位才能任教，在起点上我们处于劣势。以前在法院有硕士就行，来到这儿却差得远了！不进则退，唯有想办法补上这一课。其次，科研能力问题。我的水平发一发小文章没什么大问题，可现在不能止步于此，得上一上档次，需要更多的磨砺，可我是一块真金吗？我忍不住问自己，没有答案。最后，作一名教师，天职就是讲好课，我能行吗？口才差、逻辑思维不强，能当好老师吗？这些困难摆在我的面前，让我内心倍感沉重。

与往年相比，这一年来所里参观、交流的团体多了，参观的有自己学校的领导，有司法鉴定的同行，也有其他大学的教授，甚至我们也接待了几批外宾。在我介绍实验室时，开始有些紧张，说话时自己能感觉到声音发抖，渐渐地，没什么，毕竟在自己的一亩三分地里，怕啥！当看到来访客人被我讲解吸引时，被同事夸赞有好口才时，我心里居然有了几分窃喜，回家也跟老公吹嘘起来。

证据科学院的秋季论坛让同事们登上讲台，同时也让我们有机会聆听了众多名家之言，精彩之处，令人豁然，充分体会到学校文化交流魅力所在。这些改变让我们视野更宽、所处平台更高……

挑战。2006 年末，院里有很多好事，如申请下来了课题，常院长和鲁老师的课题都批下来了，挺令人兴奋的……

另一挑战就是给本科生上课。虽然有了一点讲解经验，在青年教师基本功大赛本院选拔赛上初试了牛刀，有了一点良好的开端，但要给本科生讲好课是那么简单的事吗？我的本科生第一堂课，就感觉不理想，学生反应不是那么热烈，配合也不默契，同承担一门课的王旭老师能吸引学生到现在，我能留住几人继续在这儿听我讲完《法医学》呢？深刻自省后，关键还在于自己。第二次上课时，我改变坐着讲的方式，站在讲台一侧，气势出来了，声音响亮多了，加上很好的备课学生们上课聚精会神多了。这次改善，让我压抑的心情有了少许的轻松。我感叹，当好老师不容易，要能像刘革新和张小宁教授那样精彩的讲课，将知识点讲解得既深又透，不仅要有扎实的功底，平时还要多加积累相关知识……”

除了老师们的自身努力外，学校、学院或主动设置或积极提供各种平台以给老师们提供各种展示、交流教学经验技巧的机会。诸如《青年教师切磋教学技巧尽显风采》《商学院举办第三届青年教师教学基本功竞赛》等报道时常便可以见诸校园新闻网络平台。除了校内的各种切磋比拼外，学校还积极推荐本校教师参加北京市及国家举办的各种教学交流及评奖活动，所以近年来诸如青年教师获得霍英东教育基金会“青年教师基金”和“青年教师奖”等，在校内也只属于一种司空见惯的消息而非新闻了。

而对于那些教学成绩突出而又深获学生好评的教师，徐显明校长更是亲自宴请，以彰其功。2007 年校园新闻网在《徐显明校长与我校今年评出的“我最喜爱的十位教师”聚餐交流》中如是报道：“1 月 24 日晚，徐显明校长在学院路校区食堂与今年评出的‘我最喜爱的十位教师’聚餐，并进行了交流。新当选的我校 2006 年度我最喜爱的十位教师龙卫球、田宏杰、马皑、李建伟、刘家安、时建中、方尔加、姜振宇、于飞，以及副校长高浣月、人事处负责人出席。在轻松融洽的气氛中，教师们就学生成长、青年教师培养、学校发展等众多话题，畅所欲言，各抒己见，与校领导和人事处负责人进行了深入的沟通和交流。”

正是由于学校教学改革的大力促进，而使得法大教师因教学成绩突出而屡获殊荣，如 2002 年卫灵教授被确定为北京市第二批“两课”学科带头人培养人选；2003 年曲新久教授获北京市高等学校教学名师奖；2004 年马怀德教授入选首批新世纪百千万人才工程国家级人选；2005 年李永军教授、李曙光教授、许传玺教授入选教育部年度“新世纪优秀人才支持计划”；2006 年王灿发教授荣获第二届北京市高等学校教学名师奖，金仁淑、龙卫球、王万华、张生四位教授入选教育部 2006 年度新世纪优秀人才支持计划等。可以说，教学改革后，法大各层次先进教师及相关教学成果层出不穷、不胜枚举！

（二）硕果累累

可以说，通过教学改革，法大学生无论是在理论学习，还是在动手实践方面的能力都获得了极大的提升，而其思想、品质等无形素质方面的提高与固化，更使得大多数同学确实通过四年的学习、实践活动，真正实现了自己的华丽转身，而使自身无愧于国家高等教育体系之培养、锻造。

据说北大首任校长蔡元培先生在 1916 年就任其职后，欧洲同行对其评价：“在东方，我们没有看到一流的大学，但是我们看到中国有了世界一流的校长。”我想这句点明“潜质作用”的话语并不十分难解，实践证明，正是因为具备了“某种潜质”蔡元培先生的到来，北大才焕然一新，更在此后名噪中外。那么，以推动“法治昌明、社会进步、经济繁荣”为己任的法大，其培养出的学生身上是否也带有某种潜质，以助推其能够顺利完成其既有使命呢？

1. 思想萌芽

“大一时节”，正处于“应试教育”多年灌输后，能否使其自身智识、品行获得新生之关键阶段，此阶段经历之长短确实关乎其此后修为之浅深。所以，有些人开窍了，有些人还在“蛰伏”着、“龙潜”着、“待生”着，不知其能否破土，其期难期！而对于法大那些蒙泽雨露而终于伸展的嫩芽，似乎能够带给我们诸多的希望和期待。

如许多大一学生已经不再唯上是从、唯书是言，而是真正开始了属于自己的独立思考："我想，读书也好治学也罢，是需要得法的。思想家也好、思想也好，都是有脉络的。我个人希望能够系统地读一些关于西方政治思想方面或者政治哲学方面的书，而这样的书是需要精读的，可能一学期就只能读几本，但是我希望是能真正读懂，而不是像看小说那样或者仅获得一些知识而已……"

"我不太同意老师您课上讲的'您的课上要教给大家思考的方式'，也不同意您对于当今教育体制的批评，这两个问题其实是同一个问题，即'教的东西'永远只是'经验'而不是'思考'本身，您说到我们，就是高中生，在高中就是每天的重复的记忆，获取的只是'知识'，不会'思考'，而大学要教会怎么'思考'。您难道不觉得'教育'只能做到传授'知识'吗？或者即使教育想的是'思考'，一旦'说'出来就变成'经验'了吗？就像您今晚在台上试图教给大家的是'思考'，而我们听到的却永远是'经验'。"①

诸君在看到上述部分法大《西方文明通论》课下师生交流的内容后，是否会觉得一些同学已经开始脱离了"种子"状态而开始"发芽"了呢？

2. 德行巩固

记得司马温公对才德二者的关系曾做如是评论："无才无德是庸人，有才无德是小人，德才兼备是圣人。"对于那些曾在法大生活，且本身德行借此得以巩固甚或彰显、深化者，本人觉得也是一件可圈可点、值得褒扬的成绩，毕竟"积善之家必有余庆，积恶之家必有余殃"。以下略举校园中发生的众多善举中的几例以彰部分学生之德。

私德应扬者如：

"'抓小偷！'随着八号楼内一声高喊，两名同学奋力追赶一位神色慌张的男子。这是 10 月 12 日八号楼楼道内的一幕。

当天，住该公寓人文学院 2003 级的李勇敢同学在从水房回寝室时，在楼

---

① 详见"师生互动"栏目，载西方文明在线网 http://www.zfwmw.com。

道晾晒衣服处发现一名二十岁左右的青年正抓着一个包,往里塞晾在楼道里的衣服。该男子神色慌张。李勇敢同学感觉不对,正想上前盘问,该男子转身就跑,李勇敢同学忙叫上同寝室同学王正义追了上去,于是便出现文章开头的一幕。追至一楼时两位同学将该男子抓住。该男子开始时声称自己是法学院2004级新生。李勇敢对他表示怀疑,几经盘问,该男子终于露出马脚,承认自己是松园一名打工青年,混入法大打算顺手牵羊偷几样东西。李勇敢、王正义两位同学欲将其送至保卫科,该男子连忙请求放过他,并许诺他们好处。两位同学没有为其所动,打电话通知了学校保卫处。"①

"9月16日上午,我校自强社23名同学本着自强社'传递社会关爱,锻造自强之材'的宗旨来到了昌平区爱地敬老院慰问敬老院里的老人,并帮助他们采摘成熟的葫芦、木瓜等。

……

据记者了解,法大自强社和青年志愿者协会还有很多班级都经常来敬老院帮助老人采摘果实、打扫卫生和他们一起聊天、联欢。由于离学校比较近,加上敬老院领导支持,这个敬老院已经成为学校众多学子奉献爱心、敬老爱老的一个基地。据敬老院谷院长介绍,学校志愿者参加敬老爱老活动已经持续了六年多,而法大自强社从成立伊始就参加这些活动,并将会一直进行下去。希望这种爱心火炬能够继续传递下去,而广大同学也能够积极地参加到这项活动中来。"

3. 成绩突出

假使一些人觉得上述无形之物难以可感量化,那么以下就举出一些看得见奖杯,拿得出奖状的业绩以见"真章"。

诸如在题为《我校代表队勇夺第三届海峡两岸知识竞赛冠军》的新闻中,这样写道:"在10月15日结束的中央电视台第三届海峡两岸知识竞赛中,我校代表队以优异的表现力挫群雄,在战胜了包括北京大学、清华大学、台湾大

---

① 陈蕾:《小偷虽偷小　难逃明眼人》,载中国政法大学新闻网2004年10月20日,https://news.cupl.edu.cn/info/1011/17616.htm。

学、台湾政治大学、澳门大学、香港中文大学在内的21所名校,勇夺桂冠。

……

我校队员在本次海峡两岸知识竞赛中的优异表现,充分展现了法大学子较高的综合素质,让海峡两岸的大学生认识了法大,也记住了法大,为我校赢得了声誉。同时,通过本次比赛,我们也与台湾大学、台湾政治大学、台湾师范大学、澳门大学、澳门科技大学、香港中文大学、香港岭南大学,以及南京大学、浙江大学、中山大学等高校建立了很好的联系,促进了我校与这21所高校的联系与交流。”

题为《中国政法大学代表队在2006年外层空间法模拟法庭亚太地区竞赛中获得非英语国家代表队第一名》的新闻中,这样写道:“4月18日至22日,2006年度Manfred Lachs外层空间法模拟法庭亚太地区选拔赛在悉尼举行。由学校国际法教授凌岩带队的中国政法大学代表队克服了环境、语言等困难,在参赛的40支队伍中,获得非英语国家代表队的第一名的好成绩。

外层空间法模拟法庭比赛开始于1992年,由国际空间法学会举办,到目前为止已经成功举办过多次。该项赛事为法学学生提供了一个参与外空案件从准备书状到法庭辩论全过程的机会。现今,比赛由亚太、北美及欧洲三个赛区组成,每个赛区的冠军将代表该地区参加世界决赛。”

题为《我校藤球队实现全国藤球锦标赛三连冠》的新闻中,这样写道:“我校藤球队于2003年度和2004年度全国藤球锦标赛两次夺冠后,在刚刚落下帷幕的2005年全国藤球锦标赛中,又一次取得了单组赛和双人赛两项桂冠,实现了三连冠的梦想。”

题为《我校四位经济法专业硕士研究生荣获中国法学会经济法学研究会2006年年会中青年优秀论文奖励》的新闻中,这样写道:“中国法学会经济法学研究会2006年年会于2006年9月18日、19日在甘肃政法学院隆重举行。与往年一样,每年一度的中青年优秀论文获奖名单备受瞩目,这是我国经济法学界鼓励中青年学者学术创新的最高奖项,可以从一个侧面反映获奖人及其所在单位的科研水平。

在此次获奖名单中，法大经济法专业2004级硕士研究生王致远同学提交的论文《我国体育运动电视转播权的竞争法分析》获二等奖，经济法专业2004级硕士研究生魏艳同学提交的论文《我国石油价格的法学思考》、经济法专业2004级硕士研究生魏修文同学提交的论文《共享模式抑或专属模式：管辖权应该交给谁？——探析网络型公用事业领域反垄断主管机关与行业监管机关的关系》、经济法专业2005级硕士研究生狄嬛同学提交的论文《职工持股流转若干法律问题研究》获三等奖。

据了解，共有200多篇论文申请评奖，作者中有近三分之二拥有法学教授或副教授等高级职称或者法学博士学位，因此竞争非常激烈。经过严格的评审，共有28篇论文获奖，其中一等奖3篇，二等奖7篇，三等奖18篇。法大的四位硕士生脱颖而出，赢得了其中的七分之一奖项，为法大赢得了令人骄傲的学术荣誉。

值得提及的是，在此前的年会上，法大经济法专业2004级硕士研究生魏艳同学曾在2004年年会上赢得了中青年优秀论文优秀奖，经济法专业2004级硕士研究生张杰斌同学曾在2005年的年会上赢得了中青年优秀论文二等奖（该年度一等奖空缺）。”

据悉法大同学在第七、八、九届“挑战杯”全国大学生课外学术科技作品竞赛中，共获奖12项，其中特等奖2项，二等奖5项，三等奖5项，竞赛成绩在全国重点高校中位居前列。2005—2007年三年间，学校学生参加各类外语竞赛均取得优异成绩，共有120多人次在全国或北京市外语竞赛中获奖。除此，学生创新意识强烈，踊跃参与校内外各项学术创新活动。如科研创新一等奖学金获得者、民商经济法学院2003级怀宇同学在全国中文核心期刊《人民司法》上发表学术论文《市场份额责任理论议》，科研创新一等奖学金获得者、法学院2004级罗芳同学在《学术前沿》发表论文《作品独创性标准及其在实践中的运用》，刑事司法学院2004级杨书同学在《西南政法大学学报》发表论文《我国新型监狱体制改革的思考和探索》……

教学改革的诸多成绩，从以上各位同学斩获的各种奖项自可略见一斑。

四、优秀评估

根据相关工作安排,中国政法大学将于2007年接受教育部本科教学水平工作评估。21世纪之初始划归教育部的法大,其办学质量能否在建设多年以后经得起“国标”检验,其办学水平能否得到国内专家的认可,成败在此一举!

2007年10月28日,吉林大学党委书记张文显教授率领由山东大学副校长樊丽明教授、西南财经大学副校长刘灿教授等11名各路教育专家组成的教育部本科教学工作水平评估专家组抵达法大。专家组围绕本科教学工作,按照办学指导思想、师资队伍建设情况、教学条件与利用、专业建设与教学改革、教学管理、学风、教学效果和特色项目组成的评估指标体系对学校进行系统、全面的评估。

10月29日上午,教育部对法大的本科教学工作水平评估正式开始。8时30分,学校本科教学工作水平评估汇报会在昌平校区学生活动中心学术报告厅举行。评估工作专家组各位专家及各位校领导、学校各职能部处、各学院负责人,教学督导员代表和师生代表近400人参加了汇报会。

校党委书记石亚军首先代表全校师生员工向专家组全体成员表示热烈的欢迎和衷心的感谢。专家组组长张文显教授主持汇报会。他说,本科教学工作水平评估是教育部为监控和提高高校教学质量推出的重要举措,其目的是促使高校更重视本科教学工作,通过对高校本科教学工作各个环节的综合分析和诊断,反映学校的真实办学水平。评估的重要性不仅仅在于评估结论,更体现在过程和深远影响中,所以这是一项凝聚力工程和团结工程,对促进高校不断提升办学水平意义重大。

张文显代表专家组表示,评估期间,专家组成员将以认真负责的态度,严格考察,实事求是,客观全面反映法大的办学水平;并通过听课、走访、座谈会、查阅资料、评析试卷和论文、测试学生技能等方式对法大的本科教学工作水平进行深入了解,多方面多角度听取师生意见,肯定成绩,给出意见,以利于法大的进一步整改。

徐显明校长以《中国政法大学本科人才培养的价值追求与实践探索》为题代表学校,从办学思想、资源优势、教学改革、办学特色、评建工作、努力方向六个方面对本科教学工作情况作了全面汇报。①

徐显明校长表示,“此次教育部专家组莅临我校评估,是对我校各项工作特别是本科教学工作的极大推动”,学校“真诚地期盼各位专家帮助我们把脉会诊,查找问题与不足,提出意见和建议。我们将以此为契机,进一步贯彻评建工作方针,加大整改建设力度,争取我校本科教学工作不断创新,人才培养质量不断提高”。

汇报会结束后,专家组或集体或分散地对学校与本科教学相关的各种工作进行了全面细致的考察。

11 月 2 日上午 8:30,中国政法大学本科教学工作水平评估意见反馈会在昌平校区国际交流中心第一会议室隆重举行。

会上,教育部本科教学工作水平评估专家组组长、吉林大学党委书记张文显教授代表专家组宣读了对中国政法大学本科教学工作水平的评估考察意见。评估意见指出,在为期 5 天的实地考察评估中,专家组认真审阅了中国政法大学本科教学工作水平评估自评报告、支撑材料和原始档案,听取了徐显明校长关于中国政法大学本科教学工作情况的报告。

考察了昌平校区的侦查学实验中心、国家大学生文化素质教育基地等教学科研设施和学生食堂、学生公寓等生活设施;走访了法学院等 12 个教学单位和学校办公室等相关职能部门,参观了大学生素质教育成果展、第五届本科生学术十星颁奖典礼、校史展览,召开了学校领导座谈会、教师座谈会、学生座谈会等 8 个座谈会。

进行了三场基本技能测试,分别考察了 102 名学生的计算机基本操作技能,法律知识运用能力和基本技能以及英语基础知识及应用技能;旁听了 29 门次相关课程,抽查了 25 门课程的 1695 份试卷,调阅了 9 个专业的 1149 份毕业论

① 《徐显明:中国政法大学本科人才培养的价值追求与实践探索》,载中国政法大学新闻网 2007 年 10 月 29 日,https://news.cupl.edu.cn/info/1013/1272.htm。

文、设计,调阅了相关学院和专业教学改革建设和管理的有关文件和教材。

在全面考察调研的基础上,专家组以教育部普通高等学校本科教学工作评估方案及相关文件为依据,经过认真研究和讨论,形成了关于中国政法大学本科教学工作水平考察评估意见。评估意见认为,进入新时期以来,学校以划归教育部为契机,顺应高等教育改革和发展的趋势,实现了从面向行业办学向面向社会办学的转变,从单科性办学向多科性办学转变,从封闭式办学向开放式办学的转变,学校的办学和教育的体系、制度、要素和层次不断变革,不断更新。学校高度重视专业建设,全面深化教学改革,创新教育教学模式,不断提高人才培养质量,学校主动参与国家法治建设的重大任务,国家法学教育的重大改革,国家法学研究的重大课题,培养了十余万名高级法学人才,产出了一大批优秀法学成果,成为我国法学教育、法学研究、法律咨询服务的重镇……

评估意见还以高度的责任感,就办学条件的改善、校园规划和建设、新办专业建设、法学与非法专业间的融通等提出了宝贵的建议,并表示将向教育部和北京市政府相关部门反映学校办学过程中存在的实际问题,申请政策性支持。

徐显明校长代表学校对各位专家表达了衷心感谢,并表示专家组的肯定是对我们莫大的鞭策,得到肯定的部分法大要继续发扬,并将转变为长效机制,不足的部分,将作为学校努力的方向加以重点整改。①

2008 年教育部下发《教育部关于公布北京大学、清华大学等 198 所普通高等学校本科教学工作水平评估结论的通知》(教高函〔2008〕8 号),正式通知法大本科教学工作水平评估结论为“优秀”。②

学校教学评估办公室撰文称:“优秀结论的取得,是全体法大人以高度负责的主人翁态度、只争朝夕的精神状态和追求卓越的昂扬斗志扎实地投身本科教育的教学、管理和服务工作的结果。学校谨向广大师生员工致以诚挚的

---

① 《中国政法大学本科教学工作水平评估意见反馈会隆重举行》,载中国政法大学新闻网 2007 年 11 月 2 日,https://news.cupl.edu.cn/info/1011/15231.htm。

② 《教育部关于公布北京大学、清华大学等 198 所普通高等学校本科教学工作水平评估结论的通知》(教高函〔2008〕8 号),载中国教育新闻网,http://jyb.cn/zyk/jyzcfg/200805/t20080507_56569.html。

敬意,同时希望全校上下团结一心,继续以整改为契机,全面、认真、细致地实施整改方案,落实各项整改措施,不断提升人才培养质量,推进学校各项事业发展,向着'多科性、研究型、开放性、特色鲜明的世界知名法科强校'的办学目标努力奋进!"

▲校园内景之图书馆(摄影:艾群)

第八章　人才鏖兵

引子:2003年的春夏两季,“非典”病魔肆虐中华大地,全国人民同仇敌忾共抗“非典”。法大这个“中国法学教育的最高学府”既要按照国家和社会赋予她的使命,肩负好特殊时期的科研、社会服务等重要责任,同时又要安排好对广大在校同学的教学工作,可谓是任重道远!根据北京以及法大当时所处的具体情况,教学管理部门及时地制定了“停课不停学,停课不停教”的指导方针,随后与之相对应的教学方式纷纷出台,诸如“空中课堂”“网络课堂”“电话答疑”等不同以往的教学方式纷纷见诸法大校园。

在这种种特殊的教学方式中,令我至今记忆犹新的是“露天课堂”,因为这种教学形式不同于上述那几种师生远隔、断难谋面的知识传授,而仍然保留了传统的老师与学生之间近距离的接触,老师可以通过个人的言谈举止甚至于穿着打扮给受众一种全方位、多角度的刺激,进而使同学能够更为快速、深刻地记忆、理解和把握相关的知识。同时,由于时期特殊、环境允许,这种教与学的地点已经从过去狭窄的室内搬到了更为广阔的户外。于是,草坪上、树荫下、长廊里、台阶前,处处可见三五成群、七八不等的师生围坐一起,指点江山、激扬文字、粪土当年万户侯!

对于在上述“露天课堂”教学的老师,有两位令我记忆至今,一位是王人博老师,一位是杨帆老师。

对于前者,是因为他是如此的平易近人,加之身居昌平校区教师家属院的便利条件,以至于任何一位同学电邀他出来“坐坐”,他当时只要有暇必会慨然应允。在这类课堂上王老师讲课的主题常常无所拘泥,往往是情起则发、兴尽即止,听众可以随时打断老师的讲授而予以质疑,老师也就随时按下话头随问随答、答完再讲,同时讲课时间早已没了“四十五分钟的限制”,而是数十分钟也行、一两小时亦可。不以时间论上下却用次数比高低,其因非典时期开讲频数最多,从而独占众多开讲老师的“频次鳌头”。

对于后者,是因为他在整个京城家家关门、人人闭户,任何人都唯恐因为与他人接触而感染疾病的时候，他却甘冒风险、不辞劳苦，从家里赶来为昌平和海淀两个校区的同学讲课，而且一讲就是一天，要知道从早上不到9点到下午将近5点，“露天课堂”中听讲的学生来了又去、去了又来不知换了几拨，而杨老师除了午饭以外，却是一个人从清晨至傍晚仅凭几瓶矿泉水就支撑了一天，真可谓不以次数赌胜负却以时间论输赢，以至于其因在“非典”时期一次开讲时间持续最长，而雄踞众多开讲教师的“时长霸主”。

这两位令人印象深刻的老师在诸多方面都有着根本上的不同，假如实在非要在当年二人身上找出共性的话，那我们只能说他们都是刚刚转会到学校来服役的“外来户”。那么这些“外来户”是怎么来到法大的，而且他们为何要来法大呢？

一、人才战略

在20世纪90年代的争锋中，法大与各大院校间互有胜负，虽被人挖走了高鸿钧等知名学者，但也得到了方流芳、王牧、王卫国、郑永流等杰出人才，这里不多赘言。

以下，主要谈一下徐显明校长主政法大七年间，学校参与的21世纪初的社科人才鏖战中的点点滴滴，以说明法大在这七年的发展中究竟是进还是退。

回顾这场人才鏖战中法大战略战术的特点，我想将其概括为以下几点。

（一）百花齐放

自学校新领导班子修订了法大学科建设原则，首次提出建设“多科性”大学以来，我们就踏实笃定地开始了这方面的各种工作。2002年学校实行了建校以来最大规模的院系调整工作，以通过设立多种专门学院的方式来配合学校新制定的“以法学为主，兼顾其他学科”的发展原则。

为防这一学科建设新定位成为一种表里不一的“花架子”，学校通过大力引进非法学人才这一途径，切实对此治校理念进行人员师资上的充实。为此，价值哲学方面，引进了李德顺教授；儒学方面，引进了单纯教授；佛学方面，引进了俞学明教授；先秦诸子方面，引进了方尔加教授；金融学方面，引进了刘纪鹏教授；古典文学方面，引进了黄震云教授；苏俄、东欧史学方面，引进了金雁教授；国际政治学方面，引进了孙承教授；经济学方面，引进了杨帆教授；无形资产学方面，引进了蔡吉祥教授；国画艺术方面，引进了唐建教授。

这些各大人文社科学术领域高手的加盟，使得法大的学术生态呈现出了一种百花争妍的繁荣景象，也使得众法大学子在接受法律技术锻炼的同时，能够同时具备一种深厚的人文修养，进而使其综合素质得到全面的提升，斯功也盛矣！

（二）内外兼有

按照原清华大学，现复旦大学葛兆光教授的观点，正如地球板块相撞会形成新的山峰一样，人与人之间思想的相击相荡也会产生出新的思想，其称之为“思想造山运动”。

“防止学术近亲繁殖，提倡思想多元化”一直就是徐显明校长所坚持的学科建设观点。虽然多元思想、学术的相互撞击并不一定必然产生新的理念，但是这毕竟给我们提供了一种可能。所以徐显明校长在来到法大之后，一方面严格限制本校博士生毕业留校任教，而尽量接纳外校优秀博士执教于法大；另一方面又加大引进国外优秀留学人员入驻法大开坛设教。

为此，我们引进了美国耶鲁大学和哈佛大学双料博士许传玺教授；我们引进了日本早稻田大学张凌教授；我们引进了德国明斯特大学许浩明教授；我们引进了法国巴黎第一大学潘小娟教授；我们引进了德国柏林洪堡大学张学哲副教授；我们引进了德国明斯特大学丁强副教授；我们引进了美国耶鲁大学齐东祥副教授；我们引进了德国图宾根大学赵宏副教授；我们引进了美国夏威夷大学车虎副教授；我们引进了德国帕绍大学迟颖副教授；我们引进了美国明尼苏达大学王昶副教授；我们引进了美国哥伦比亚大学法学院高级访问学者刘承韪副教授。这些人才的引进，极大地开拓了我国法学学术研究的领域，极大地开阔了学生的学术视野，甚至更为我国对外友好交流起到了非常积极的作用。

（三）青壮有序

2003 年，时值“非典”，然而一场题为“分析学术研究现状，唤醒危机意识，共商对策，振兴法大学术现状”的科研工作会议，仍然在徐显明校长的倡议下于5月30日如期召开了。

时任科研处处长的郭成伟教授针对学校当时的学术困境，从数据角度对科研现状进行了简单的说明和分析，以此寻求改革出路。他以朱苏力的《从引证材料来看中国法学的发展》为例，说道：“该文中提到从1998年到2000年全国学者引证率最高的前40名中，北大占8名，人大占7名，社科院与法大各占5名并列第三。但法大70岁以上的学者就占了4名，50岁以下的只有1名。按照他的统计得出结论，政法大学即将或已经出现后继乏人的问题，学术影响很有可能在未来几年内继续下降。这给学校一个严重的警告，学校会出现严重的学术断层和青黄不接的局面。”①

针对此学术人才梯队出现断档的不利局面，在此后的人才引进工作中，法大有意识地对其进行补救，我们通过引进大量中青年学术精英，很快地改变了这种危机的局面。除了上述已经列举的各位教授以外，我们还引进了王人博教授、顾永忠教授、丛日云教授、张楚教授、金仁淑教授、席涛教授、冯晓青教授、王天华副教授、李凯林教授、应星教授、杨波教授、田宏杰教授、曹明德教授、刘鑫教授、常林教授。

除了上述这些教授级的人物以外，再简要介绍一下法大现有青年教师。何兵、洪道德、杨秀清、李建伟、汪海燕、房宝国、韩波、罗翔等。只要是考过国家司法考试的，对上述这些人，就不可能不熟悉，比如被称为“司考刑诉第一人”的洪道德教授，“司考民诉第一人”的杨秀清教授，“司考民法第一人”的李建伟教授。在法大只要平时上好这些老师的课，就能理论、法条知识和答题技巧兼收并取，司法考试基本不用报什么辅导班就能通过。即便报了某些辅导班，课上见到的老师还是上述这几位，至于诸公所花的那些培训费，就是入宝山而空回、在法大不好好读书的代价。

范立波副教授、陈景辉副教授，这两位与刘星教授一样，专治英美法理学

① 卢云开、顾林：《振兴法大学术现状——我校召开科研工作会议》，原载法大新闻网。

的学界后起之秀，学术功力正日益显现，不日必将在某种层面上有所成就。比如，陈景辉老师当年就受舒国滢教授之托为美国著名法学教授德沃金做翻译。以刘星、范立波、陈景辉为主的英美法理学学人，与以舒国滢、郑永流为代表的欧陆法理学学人，共同构成了法大法学理论的两朵奇葩，可任由对某一流派感兴趣的法大学生自由选择，也算法大法学“牛”于他校的一种表现吧！

田明副教授，考过注册会计师的同学很少不知道他的，地位一如上述司考类各位青年才俊；于飞、庞金友、邓文初、刘震，四员干将分别师从著名法学家梁慧星教授、政治学家丛日云教授、近代史学家郭世佑教授、易学专家刘大钧教授，皆兼具思想、文笔、口才三大文人学者所必备技能，且皆已得到广大法大学子的认可与追捧，前途不可量也。

诸如张辰龙、朱庆育、刘家安、许身健、吴宏耀、郑旭、谭秋桂、黄东、谢立斌、刘飞、解志勇、孟彦文、姜振宇、王霆等年纪轻轻、潜力无限、学生爱戴的少壮派老师，在法大又是数不胜数、车载斗量。

这些诸如许身健、于飞、李建伟、邓文初等胸藏锦绣、腹有良谋的青年新秀，加之王人博、马怀德、王卫国、赵旭东等年富力强、精力充沛的中年学科带头人，更仰年高德昭、技艺精湛如江平、陈光中、张晋藩、李德顺、潘汉典、巫昌祯、樊崇义等老一辈学人，共同构筑起了学校学术人才之铜墙铁壁。当年老幼难续、青黄不接的人才窘境，在当下之法大，早已不复存在矣！①

二、英杰贡献度简析

人才之于任何团体皆有着不可估量的作用，所以古语有云“千军易得，一将难求”。回首法大 90 年代引进的人才如王卫国、方流芳，因为其出众的人品、才华和组织办事能力，被法学界泰斗江平教授称为法大的“两方一国”。

这几个人在中国法学界的分量自不待言，其人之于法大建设如：方流芳先生善于谋划、不辞劳苦地带领法大团队，运筹帷幄、决胜千里，硬生生地将“中

① 上述人才具体情况，请见法大各院“师资力量”栏目。

欧法学院”这块“肥肉”夺回到法大的“碗里”，一篇《公司词义考》首开法学界精深细小、洁净精微的学术研究之先河；[①]王卫国先生领军的法大民商经济法学院，在人才的引进、资源的获取、学生的培养等各个方面，皆可称之为各大法学院建设之楷模、表率，而其人作为“京城法学四大卫”之一，在1999年北大法学院还特意为其从教的成就专门召开过庆祝酒会；其他人才当年在法大以一己之力亲手创办的《比较法研究》，已经与法大学报《政法论坛》成为代表学校学术实力的最为著名的两本国家核心法学期刊之一。

20世纪引进的人才之于法大发展所起的巨大作用，就简单略述如此。那么21世纪之初的8年内，法大所引进的贤达之于法大这几年跨越式发展都作出了哪些贡献？下面我们一一道来。

(一)得名

这些先后加入法大的精英人物，通过讲座、演讲、接受采访、撰写文章、出版著作、争取科研项目、参赞立法、襄助国是等多种方式，使得法大的知名度和美誉度逐年上升。在此仅以许传玺教授襄助国是事来说明这些优秀人才为法大扬名立万于华夏而作出的卓越贡献。

2007年《人民日报》一篇题为《“爱国”并不遥远——记中国政法大学教授许传玺》的文章，记述了许传玺教授作为我国代表团“智囊”，担当重任、维护国家民族利益的先进事迹：“回国不久，许传玺被国家有关部委聘为中国代表团法律专家。

这专家可当得不易：短时间内涉猎陌生领域，一着不慎、满盘皆输；没有报酬、不讲条件，一出差便是几个月。

许传玺欣然同意：我和国家的心贴得更近。

2003年8月，受国务院选派，许传玺作为首席法律专家飞赴韩国，随中国代表团出席世界大学生体育联合会第二十八次全会。在这次全会上，教育部副部长章新胜将竞选联合会副主席。许传玺逐条研究法律规定与各国代表团

---

① 张卫平教授：“对于方流芳知者不多，方流芳的论文特色是分析极其细密，在法学界堪称一流”，载张卫平：《知向谁边》，法律出版社2006年版，第164页。

情况,参与制定竞选方案并具体实施,全身心地投入。

116个成员国中的93票,联合会历史上的最高票。许传玺热泪盈眶:‘这是中国的骄傲!’

时隔两个月,许传玺又以中国代表团首席法律专家的身份,出席了在巴黎召开的世界遗产公约第十四届缔约国大会。在代表团里,他废寝忘食地操劳:起草中国需向大会提交的工作报告、处理各种法律文书和文件……时常,琢磨推敲得入了神,辗转难眠。从巴黎返京的飞机上,他吃惊地发现,两鬓平添了许多白发。

爱国,不仅是深切的责任,更是惊人的才学和智慧。

2005年1月,世界大学生体育联合会在奥地利召开执委会会议。会议将决定哈尔滨能否赢得2009年世界大学生冬季运动会举办权。一旦成功,我国未曾举办世界冬季综合体育赛事的历史将被改写。

代表团本以为胜券在握,到了奥地利却发现:某竞争国公关力度等远远超过我国。距离投票只有不到十几个小时了,形势严峻。

‘有些执委会成员国还没到会。’许传玺眼睛一亮,‘我曾对世界大体联章程做过细致研究,中国是否可以争取代理投票?’

这是一个大胆的设想,史无前例。许传玺迅速沟通世界大体联秘书长,得到许可。中国代表团立刻通过我国驻外使领馆联系相关执委会成员国,传去许传玺起草的授权书。

局面发生了戏剧性的变化。投票揭晓:中国胜出!

这一战,许传玺的‘智囊’美誉远扬。朋友时常替许传玺惋惜:国家距离个人实在太远,最实惠的还是享受富足无忧的生活。他置之一笑:‘爱国’其实并不遥远。能为国家和民族做些事情,是任何报酬都换不来的荣幸。”①

一如上述,这些为法大所引进的教授,常常通过此类襄助国是、参赞立法的种种惠行为国分忧、替民解困,从而使中国政法大学在许多重要场合得到了

---

① 孔艺菲:《“爱国”并不遥远——记中国政法大学教授许传玺》,载新华网,http://news.xinhuanet.com/politics/2007-07/06/content_6335061.htm。

社会各界的交口称赞，而学校也会不时收到全国人大常委会、国家各大部委、奥组委、大运会主席团等或官方或民间团体给法大发来的感谢信、表扬信，进而使我法大扬名天下。

（二）收益

法大副校长张保生教授曾在学校非在编科研机构工作会议上讲道：任何科学研究都需要经费，只要我们承认人文社会科学研究是一种劳动，那么这种劳动或精神生产就需要一定的生产条件。当今社会，科研不再是靠一支笔、一卷纸就能完成的，我们的研究工作需要收集资料，需要参加国内外学术会议，需要为解决经济社会发展中的理论和实践问题进行调研、问卷，需要计算机处理数据，有些学科也需要实验室做实验。这些工作都需要经费支持。应该承认，这些年来人文社会科学的研究经费确实比过去多了，但同时也必须承认科研经费还远远不能满足科研发展的需要。我举一些数据，高校人文社会科学讲师以上教师已达 19 万多人，而教育部社科研究规划经费每年只有 1000 万元，平均每人每年只有 52 元；高校人文社科博士学位点有 400 多个，而教育部社科博士点基金每年只有 360 万元，平均每年每个博士点只有 8000 元。特别是最近教育部领导提倡而且一些高校也实行了没有科研项目不能带研究生的规定，科研经费不足势必限制研究生的培养规模和培养质量。……科研经费不足，已成为高校人文社会科学发展和建设世界一流大学的“瓶颈”。因此，我们应该转变人文社会科学研究不需要经费的传统观念，转变科研经费可有可无、可多可少的传统观念。人文社会科学研究工作者不要安于贫困，不要耻于谈钱，因为贫困不能带来人文社会科学的繁荣，只能拖起向世界水平迈进的后腿。①

因此，如何争取横向课题和横向经费也成了法大快速发展所必须要面对的一项课题。根据有关资料，2003 年全校获得的项目经费是 788.8 万元，2004 年全校获得的项目经费 870 万元，而 2007 年全校获得的项目费已超过了 2000 万元，在这些年年递增、月月叠长的科研经费里面，学校引进人才可谓居功甚伟。

---

① 张保生：《更新观念　增强科研机构的社会服务能力——在学校非在编科研机构工作会议上的讲话》，载中国政法大学新闻网 2005 年 5 月 30 日，https://news.cupl.edu.cn/info/1013/1298.htm。

这里可以举出几个项目来看一下因为这些人才的加入，而给法大科研带来的巨大收益，如蔡定剑教授主持的《中国——荷兰反就业歧视法律合作》项目，获得荷兰大使馆200.99万元资助；丛日云教授主持的《西方现代政治文明的起源与形成》项目，获得教育部百篇优秀博士论文40万元资助；蔡定剑教授主持的《欧盟——中国决策中的公众参与》项目，获得欧盟委员会拨款、英国瑞慈中心26万欧元（约260万元人民币）的资助；华夏副教授主持的《日本的法律继受与法文化变迁》项目，获得日本国际交流基金15万元资助；王万华副教授主持的《外国行政程序法研究、中国行政程序法立法设想与论证》项目，获得教育部优秀博士论文基金项目45万元的资助；席涛教授主持的《监管理论与实践研究》项目，获得澳门商会16万元的资助；杨帆主持的国务院委托项目《人民币汇率研究》项目，获得国家自然科学基金6万元的资助（值得一提的是，此项金额虽小，但却是学校有史以来首次获得自然科学基金项目）。

相较上述提到"全国人文社科教师平均每人每年只有52元；教育部社科博士点基金平均每年每个博士点只有8000元"的数字，我们所获得的资助金额真不可以道里计。正所谓"有钱才能有闲"，这些科研资金的获得，充分地保证了法大众多高质量科研成果的产生。①

（三）弘业

徐显明校长曾在2004年行政工作布置会议上骄傲地说，"去年我们很自豪，有好几个类项的申报我们都处于全国第一。国家社科基金项目的申报我们和人民大学并列第一。重大项目的申报取得了重大的突破，北大等也对法大刮目相看。有一些老牌重点大学，一个重大课题都没申报到，他们对此感到不可思议，而我校排全国第三，所以，我们要再接再厉，在今年再跨上一个新的台阶。"②

对于"以学术为业"的高校教师们，最能体现他们能力与价值的物件，定非各种、各类的学术项目莫属。法大在新领导班子上任以来的各大项目争夺战

---

① 各项目情况请参见中国政法大学科研处主页"科研项目""科研成果"等相关内容。

② 《徐显明校长在2004年中层干部会议上的讲话》，载中国政法大学新闻网2004年2月19日，https://news.cupl.edu.cn/info/1013/1337.htm。

中可谓战果辉煌,而其中这些引进人才可谓功不可没。

无论教育部、司法部还是北京市教委的各大科研项目中,时刻都闪现着这些引进人才的身影。比如说,“教育部各类科研项目中有:2001 年《外国行政程序法研究、中国行政程序法立法设想及论证》王万华(优博资助);2002 年《新出简帛与中国古代法律史研究》崔永东(规划项目);2003 年《政治稳定的社会心理条件——改革措施与社会反映》田为民(优青资助);2005 年《中国传统法律文化理论研究》张中秋(基地重大);2005 年《人民币汇率变动趋势及其影响研究》杨帆(规划项目);2005 年《行政权力的再定位与监督法律制度的完善》刘飞(留学回国);2006 年《医疗纠纷解决机制的法律问题研究》常林(重大攻关);2006 年《知识产权法的利益平衡理论研究》冯晓青(留学回国)等。

司法部科研项目中有:2003 年《中国刑事法庭语言规范研究》廖美珍(重点项目);2003 年《法律人职业道德研究》崔永东(委托项目);2004 年《社会信用体制的完善与民事执行难的治理》谭秋桂(青年项目);2005 年《电子废弃物立法研究》孙佑海(一般项目);2006 年《传统中国法律意识传播体系及与当代普法之比较研究》张中秋(重点项目);2006 年《当代中国的利益集团和社会主义法治》杨帆(重点项目);2006 年《生命科技的最新发展与民法的制度变迁》易军(中青年项目)等。

北京市社科项目(以 2006 年为例)中有:《法务会计的诉讼支持研究——以北京司法实践为切入点》张苏彤(规划项目);《中国传统法律文化与和谐社会建设》崔永东(规划项目);《北京市进城务工人员的群体利益表达机制研究》应星(规划项目);《康德的想象力理论》宫睿(青年项目)等。”

这一个个科研项目的获得,也正体现了法大近年来学术科研事业的迅猛飞升。

(四)惠生

记得高考前背过这样的劝学诗:“少年易学老难成,一寸光阴不可轻。未觉塘前春草梦,不觉梧叶已秋声”,还如“少年辛苦终生事,莫向光阴惰寸功”等。大学四年,正值人生最为美好的青春年华,无论我们有何种理由,还是应该首重学业，虽然现在“终身学习”渐渐成了社会主流理念，然而除去此前读书识字、稍通世事的前大学时代，本科四年确乎是每个人知识储备、意识转变、思想融通的最根本阶段。

在这去之难再的大块时光里，授业于哪种层次的老师真是至关重要。正所谓“真传一句话，假传万卷书”，相信认真上过法大各位名师课的同学，对此必然深有体会。正因如此，老师的去留才成了各个大学论坛上最引人关注的话题。名师的离去，每每让学子们倍感忧伤；而才俊的到来，也常常令同学们深感欣慰。

那么上述提到的各位老师是否让法大的学子满意呢？我们从法大每两年一届的“本科生最喜欢的十大教师”评选活动中，或可得出答案。上述提到的各位老师如王人博、丛日云、郭世佑、田宏杰、李建伟、于飞、罗翔、刘家安、姜振宇等都先后榜上有名，而且有的老师连连上榜、届届不落，此后仍有连任的巨大可能。而像李晓教授等这样深具实力的猛将，[①]假以时日，只要为更大多数同学所知悉，荣登榜单那只是或迟或早的事情。

这些老师不但自己能够很好地完成教学任务，有的还凭借自身在学界深厚的人际关系或者巨大的影响力，而呼朋引伴、此类相迎，为法大学子引来更多其他名校的老师。比如有的教授为活跃法大学术气氛、营造人文氛围，在不花学校一分钱的情况下，曾陆续邀请了香港科技大学丁学良教授、哈佛大学冯胜利教授、原吉林大学邓正来教授、加州大学欧文分校陈勇教授、厦门大学周宁教授、中国社会科学院王逸舟研究员、华东师范大学许纪霖教授、首都博物馆馆长郭小凌教授、北京大学彭小瑜教授、清华大学张绪山教授、山东师范大学程汉大教授等，来法大(主要是在昌平校区)为学子们开设学术讲座。

在其主办的“首届美国政治与法律学术节”系列讲座中，有位教授还先后为地处昌平的本科学子请来了袁明教授、满运龙博士、王希教授、张保生教授、任东来教授、程乐其博士、陈幽泓教授、赵梅博士、焦洪昌教授、龙卫球教授、王

---

① 中国政法大学商学院李晓教授在央视录制的《商贾传奇》系列深受观众好评，感兴趣的朋友可到网上搜索观看。

人博教授等人。

在举办的"英美报刊阅读翻译研修班"中，有位教授除了为同学们邀请到了德高望重的著名美国史前辈和老翻译家、中国社会科学院美国研究所研究员曹德谦先生主讲以外，还自己出资承担了接送曹老的车马费、学生宴请曹老的用餐费等，并且还赠送了每位选修该课的学生一本英汉词典，以备不时之需。

至于主持法大两大通选课"西方文明通论"和"中华文明通论"的丛日云教授和郭世佑教授为同学们请来的众多校外著名教授，一如同学们所知的那样，这里就不再一一赘述了。

三、为有梧桐树，引得凤凰来

在2007年《中国政法大学面向海内外招聘引进优秀人才》的招贤榜文中，对于那些"在海外知名一流大学获得博士学位，取得副教授以上职称；曾经有过教学经历并且业绩优良者；或在著名国际组织、国际机构、学术团体和跨国公司任重要职务并做出突出业绩的归国人员"，法大在经济待遇方面给出了这样的条件："第一类引进人员，给予科研补贴10万元，学校为其配备教学、科研助手，并根据需要组建专门的研究中心或实验室；第一类引进人员，学校给予住房补贴35万元；第一类引进人员，学校给予15万元安家费"。

想想这些为取"真经"当年漂洋过海、远处异地、备受艰辛而又学业有成的学子们，纷纷放弃海外高薪，且在最高类人才科研加生活费方付60万元（法大在国内引进一位人才只有40万元，看看京城房价，就知道那不过是一处不算家具的中等住房的价格罢了，而某校法学院引进一位人才却要支付五倍于法大的200万元才行）的情况下加盟学校，并同前面提到的国内各教授纷纷放弃院长、副院长、处长、主任、中心负责人等大大小小官职，而纷纷加入法大建设发展的行列，究竟是为什么？

（一）领导爱才

记得徐显明校长在多个场合都反复说过这样的一段话："各个院、所的领导都应有爱才如命的渴求,要懂得'千军易得,一帅难求'的道理。尤其对高层次人才,要对其高度尊重,创造最大的便利。什么样的人,才是一流的?我认为能够吸引水平比自己更高的人,才是一流的。校长、院长、所长要有博大的胸怀和识才、爱才、用才的能力。要具备一种基本功,就是团结水平比自己高的人才,使他和自己一起心情愉快地工作。"

徐显明校长是这样说的,其也踏踏实实地如是去做了,比如说法大第四位终身教授李德顺先生,就是徐显明校长亲自登门礼聘而来的。

有着"为人不识王人博,法大四年算白活"之美誉的王人博教授,也是由徐显明校长亲派时任人事处处长的高浣月教授去联系的,而此前在西政内部的小道消息是他将要跟随挚友程燎原远赴湘潭大学——

"真的挺失望。"王人博忆起未走前,他与程燎原来京开会,聊至凌晨 4 点,"我们是最安土重迁的人,可这次肯定要走,问题是去哪儿?"最终,程燎原先他一步离开西政,到湘潭大学任教。

"我跟人博在西政是最好的朋友。我走了,他多少会孤单,这也是他去中国政法大学的一个原因。"程燎原说。

一天早上,时任中国政法大学校长徐显明打来电话:"人博,合同没签吧?别签了,到我这儿来。"

"你知道见面后,徐显明对王人博说了什么?""徐校长说,他是中国法学界深具人文情怀与批判精神的学者。正是这句话彻底打动了他。"

同样,郭世佑教授也是因为徐显明校长"我们政法大学的本科生源是非常优秀的,高考分数很高,但师资相对不够,我替我的学生来邀请你加盟法大"的那番动人说辞,而使他不惜作别史学实力雄厚的浙大,来到了历史学建设一片空白、就连历史专业基本队伍都不具备的法大。[1]

徐显明校长曾在中央电视台的一次采访中说道:"建设一支高水平的师资队伍是我永远的梦想,现在这个梦呢,很难醒来,所以只要哪个地方有人才,只

---

① 郭世佑:《欲为师,永为生——在中国政法大学新教师上岗培训班上的演讲》,载爱思想网 2008 年 1 月 14 日,http://www.aisixiang.com/data/17339.html。

要哪个地方有具有学术影响力的师资，他只要具备了流动的可能性，我就要想办法把他请到政法大学来。

每次我出访，我脑子里边始终放不下的一项就是，在我接触的留外的这些学生当中，有没有适合于回国到政法大学担任教师的。所以我曾经讲过，做校长或者院长应该有一个基本功，就是寻找一批比他自己水平更高，而他又愿意到这来和你一起愉快工作的人。这就是校长的第一个基本功。"①

在法大，"重视人才、爱惜人才"的理念并非徐显明校长所特有，而是形成了一种氛围。比如石亚军书记在风闻李永军教授将离开法大时，其就立即当面过问此事，虽然事后证明这只是一个谣言，但其并非对此不闻不问、置之不理，而是稍有人才流失的风吹草动，其就早已绸缪于未雨、防范于事前了。

比如张桂琳副校长，借助于师从徐大同先生读博士的契机，发现了同门丛日云老师这位干才后，立即想方设法将其引进法大。比如高浣月副校长发现郭世佑教授在法大"沧海云帆"网站上"最受欢迎的十位教师"评选中位列前班以后，马上就把网上的资料打印下来，并送给郭老师，据郭世佑教授介绍"高副校长比我还高兴"。②

而研究生院副院长李曙光教授推荐、引进杨帆教授，民商经济法学院院长王卫国教授引进冯晓青教授、李建伟副教授、于飞博士，张保生副校长引进刘良教授、常林教授、刘鑫教授等更是在他们本人看来都是无甚夸赞的分内之事。

徐校长曾在全校大会上明言过自己的"用才观"："校长就是要爱才如命。"③

我想这也是每一位法大人都希望各届校领导能够很好继承的优良传统吧。

(二)校政清明

20世纪80年代末，法大曾组织校内研习民法的专家学者们编写过一本驰

---

① 《东方之子：徐显明》，载搜狐网，http://news.sohu.com/20070622/n250713351.shtml。

② 郭世佑：《欲为师，永为生——在中国政法大学新教师上岗培训班上的演讲》，载爱思想网2008年1月14日，http://www.aisixiang.com/data/17339.html。

③ 蒋安杰：《法界透析："许传玺院士"风波透析》，载法治网，http://www.legaldaily.com.cn/zbzk/content/2010-09/30/content_2307271.htm?node=25492。

名学界的《民法学原理》。据说本书的编写者当时集体住到昌平校区招待所，而且每次一待就是几个月，他们勤苦耕耘、夙夜不懈，立志要写出十年内不会被超越的教科书。果然，这本总耗时达两年左右的《民法学原理》因取材广泛、资料翔实，论证严密、风格独特，而深受多少代法科学子的喜爱，并不负众望地最终荣获了普通高等学校法学优秀教材一等奖、国家优秀教学成果二等奖等多个国家级重量奖项。

据当年就读于法大，现任教于南京大学的朱庆育教授称，“我们是第一届使用这本教科书的，很幸运。读这本教科书才知道，原来法学教科书可以写得如此文采斐然，原来民法是如此逻辑如此思辨。从此，我喜欢上了民法……据我判断，这部教科书在出版后的二十年里，一直代表着民法教科书的最高水准。”①北京大学法学院傅郁林教授称，“张俊浩的《民法学原理》，是我读过的最震撼最受益最具可读性的一本民法书。”中南财经政法大学法学院张家勇教授称，“当年读《民法学原理》，印象最深的的确是前三章，好多新奇的在其他民法教材里看不到的东西，将法理学的一些理论转换为民法学的原理，颇具冲击力，那个时代绝对的精品教材，惠泽学人无数。”②……

而主编和主笔这本在我国民法学界大名鼎鼎的《民法学原理》一书的学者，正是越是随着时间的推移，越让人发自内心深处惜重敬仰的张俊浩老师。

张俊浩老师在民法学界的江湖地位究竟身重几何？其辞世后的哀荣足可说明一切——台湾政治大学原法学院院长苏永钦教授称：“十七年前有幸与俊浩老师结缘，承赠大作并常就民法问题请教，受益良深。”华东政法大学张礼洪教授称：“老师乃我国顶级民法名家，才华横溢，极具创新性思想，其主编的《民法学原理》开创了我国民法学研究的新时代，是中国民法学历史上的一座不朽的丰碑。”中国政法大学民商经济法学院院长于飞教授称：“张俊浩老师是引领万千学子进入民法世界大门的引路人。”中南财经政法大学徐涤

① 朱庆育：《这是属于我的法大故事》，载哔哩哔哩网 2022 年 6 月 2 日，https://www.bilibili.com/read/cv16908944/。

② 《纪念张俊浩先生》，载澎湃网 2022 年 1 月 25 日，https://m.thepaper.cn/baijiahao_16445308。

宇教授称张俊浩教授为“当之无愧的法大扫地僧”。中国人民大学法学院郭锐副教授称：“张俊浩老师学养深厚、淡泊名利，真正是扫地僧一样神龙见首不见尾的高手。”①……

虽然张俊浩老师在民法学界引得无数名宿大家钦敬倾倒，可是直至他彻底荣休之时，居然连“博导”都没被评上。不过产生此等结果的原因倒是比较复杂的，一是张俊浩老师向来低调自谦，多次在课堂上声言自己的学养不够担当“博导”重任，是以学校每每号召教师申请博士生导师的时候，张老师均自动放弃，以至于多年来仅以“硕导”身份教书育人于法大。同时他也个性鲜明，对于学校此前要求担当“博导”所要达到的发表论文的数量或者需要主持研究学术课题的要求并不关注，仅凭个人学术兴趣躬耕于自己醉心的那学术一亩三分地。二是学校的教学及科研主管部门可能受到学校浓厚法学氛围的影响，有时也将其所理解的“司法权的被动性”扩大体现到本应主动作为的行政权运用当中，以至于每每在遴选“博导”的关键当口，却严格恪守了“不申报、不受理”的申报评选工作规则，以使野有遗贤的故事不断在法大上演。

不过，虽然作为当事人的张俊浩老师对此“不公”待遇安之若素、不以为意，可是却早急坏了同为《民法学原理》一书副主编的刘心稳老师。

于是做好充足准备的刘心稳老师便寻了一个“校长接待日”的契机，带着张老师此前获得的诸多获奖证书直奔对此毫不知情的徐显明校长当值之处，而且义愤填膺、言之凿凿地直言学校对俊浩老师不公，并倡言学校应当委张老师以“博导”重任。据刘老师事后回忆说，徐校长在得闻此情后甚是动容动心，并当即诚心诚意表态要给张老师一个说法。徐校长说到做到，最终力排众议主持修订了学校“博导”遴选办法，特别增加了一个遴选理由——对学校学科建设做出杰出贡献者也可当选为“博导”。新的规定终于使得张老师摆脱了此前遴选标准中仅重视论文发表数量、名下有无研究课题等狭隘量才窠臼，张俊浩老师终于在退休几年后被返聘为学校的博士生导师。

---

① 《纪念张俊浩先生》，载澎湃网 2022 年 1 月 25 日，https://m.thepaper.cn/baijiahao_16445308。

刘心稳老师还回忆道，徐显明校长在张老师退休未返聘“博导”期间，多次向刘老师表达想请张老师吃个便饭聊一聊的意思。有两次，徐校长还通过秘书专门给张老师家里去电话，以表达其邀请之意，不过全被张老师拒绝。该秘书锲而不舍、知难而上，又专门找刘老师代为转达校长的意思。刘老师仗着与张老师多年交好的关系，连好说带嚷嚷着总算跟张老师说通了这件事。后来连同舒国滢老师、姚新华老师等几人一起，大家总算是在豁口东边的一个饭馆吃了个便饭，算是张老师给了老朋友和校长一个“薄面”。但让刘老师不能释怀的是，席间当徐显明校长邀请张老师担纲一个课题主持人时，其立时不假思索地、断然地予以了拒绝。刘老师多年后仍对当时的情景记忆犹新，他说张老师当时说话的那个语气和声音均令在场之人为之一愣。饭后，刘老师借着酒劲对张老师的所作所为大发脾气，指斥张老师面对徐校长善意相邀不知柔和婉拒也就算了，却随便以个人的脾气秉性而让人下不来台，太过不该！

好在徐校长对此不以为忤，不但话复前言地为张俊浩老师这个里外皆硬的“沧州铁狮子”解决了多年未聘的“博导”问题，更是顺便将学校遴选博士生导师的制度条款做了一个根本上的修正。

徐显明校长能有如此爱才、善政的胸怀、情怀和礼贤下士的实际行动，当真是罕有其匹！

而且上述这种政治清明之正气，经过多年的坚持，已然成为法大另一可以骄人的传统。

其实，在中国政法大学这个“不同寻常”的学校里，以“法”以“理”而不是以“人”为论事标准几乎已经形成了传统。校一级如此，院一级亦然。

（三）学生重情

古人云“无情何必生斯世，有好终须累此身”，鲁迅也曾说“无情未必真豪杰，怜子如何不丈夫”。可见，有情有义地生活在这个光怪陆离、纷繁复杂、炎凉冷暖、变幻莫测的世界上还是应该的。对于教师而言，倘若整日面对一群无情无义、面冷心凉的土偶木人，恐怕会是一件非常令人不愉的事情；而假如所教的是一些情深义重、知书达理的英杰才俊，那肯定是会让先生们感觉付出有值的。

正是因为有感于法大学生的一片深情,田宏杰教授在调离法大的一切手续都办妥之后,还每周自费打车长途往返于海淀区和昌平区之间,不计报酬地"奉送"了法大同学整整一个学期的《刑法学》课程。

对于因为法大学生优秀("有情有义"肯定是"优秀"一词的应有之义)但名师还不够多,而被徐显明校长邀来法大的郭世佑教授对此更是深有感触:"法大的学生特别重感情,让我感到很亲切,这至少与许多浙大的学生没有什么差别,有的还担心我来法大后感到失落,就经常用邮件来安慰我,鼓励我。有位听过课的男同学在这毕业后,考上人民大学的研究生,有天晚上就特意到昌平来参加我主持的一个学术报告,表示支持,报告结束以后,已经很晚,天气也冷,他怕我回家不安全,就一定要坚持把我送到家。有个女同学见我在校医院的诊断室等医生,就走过来自我介绍,然后说:'我来陪一下老师'。他们都让我特别感动。

法大弟子在国内是如此,在国外也是如此。有位刑法学博士生只在研究生院听过我一次学术演讲,然后电话我讨论过一次,后来被选派到日本早稻田大学留学,一直保持联系。她知道我在日本千叶县参加一个国际会议,就带着地图转几趟车来我的住所看我,还带着日本的苹果酒,还有我要返回东京的地图,连日本人喜欢用的漱口水都帮我准备好了。还有一位在日本中央大学攻读博士学位的法大校友,她要赶博士论文,要按期答辩和求职,时间特别紧,但她听过我的讲座后,硬是要尽地主之谊,请我聚餐,在我离开的前一晚,还来电话给我送行。当她得知别的教授临时有事,实在不能送我到机场时,她不相信我这个以前访问过东京的母校师长不会有任何差错,一定要送我。她说,她的父母上次离开日本成田机场时就遇到过不顺,差点没走成,她就不顾自己非常紧张的功课,也不顾很远的路程,一定要送我。她住在横滨,凌晨4点多起床,从横滨赶到新宿车站与我会合,再把我送到成田机场,等我通过安全检查后,再赶回中央大学办事。各位新教师,从成田机场到中央大学多摩校区,要穿越整个东京,回到新宿转车,再顺利的单程也得两三小时啊!你们能体会到我当时的那种'异国遇故人'的感觉吗?这就是我们法大的毕业生,法大的校友。"

（四）才得其用

天下所有贤达之士既可以从容忍受“一箪食，一瓢饮，在陋巷，人不堪其忧”的窘迫，亦可以恬然面对“饭疏食，饮水，曲肱而枕之”的困境，但唯独不能常处于“怀才不遇”“壮志难酬”“恶意打压”“成心埋没”的际遇，倘真如此，必然会毫无眷恋地一走了之，复有何言！

这些为学校所引进的人才，并不是法大用来装点门面的“饰物”，而是领导们慧眼识才、寄予厚望，意图重塑招牌、振兴法大的栋梁，所以李德顺教授、乐国安教授、蔡拓教授、李凯林教授、宋建武教授、单纯教授分别被委以人文学院院长、社会学院院长、政治与公共管理学院院长、马克思主义学院院长、新闻与传播学院院长、国际儒学院副院长等重要教学管理职务。

王人博教授来校不久后，就替代了法大原副校长赵相林教授，被任命为全国百强社科学报、国家法学核心期刊《政法论坛》的主编；丛日云教授、郭世佑教授更是分别担任学校两大通选课“西方文明通论”“中华文明通论”的主持人，而且二人还分别被委以校学术规范与学风建设委员会主席和校学位评定委员会副主席的重任。

诸如蔡定剑教授、来小鹏教授、席涛教授、张楚教授、许浩明教授、曹明德教授等也分别成为法大宪法研究所所长、知识产权法研究所所长、法与经济研究中心主任、科学技术教学部主任、欧盟法研究中心副主任、《中国政法大学学报》常务副主编。

（五）同气相求

古语有云“物以类聚、人以群分”，“鸟随鸾凤飞腾远，人伴贤良品自高”。个体优秀固然重要，但是一个和谐、上进的群体更加难得，通过精英之间良好的激励互动，一个人常常会产生十倍、百倍于自身的能量，同时工作之余这些相知的朋友也会互相为对方提供一种独有的友情港湾。

王人博教授在接受法大校报记者采访时，他所列举为何选择来法大的三点原因中，第一条就是“相对于其他邀请他的高校来说，对法大确实了解更多，法学为主的学术环境、很多的老师和学友都在法大”。

而对于许传玺教授如何建设学院聚揽人才,“新华网”曾这样报道:“创建中美法学院,许传玺被委以重任。由于条件所限,这所新建的学院在长达1年的时间里,办公经费和办公空间都非常缺乏。面对种种困难,许传玺坦率承认,事先并没有足够的思想准备。但他并不因此气馁,也不一味抱怨,更没有打退堂鼓,而是脚踏实地地去努力,去争取,去转变困境。

……

中美法学院从筹建到运转、招生,事情千头万绪,许传玺经常工作到深夜。政法大学办公楼每天晚上11点关门,而一忙起来就忘了时间的许传玺,每每被锁在楼里,不得不请保安来为他开门。日子久了,他和保安成了老熟人。中美法学院办公室主任尹超说,这5年,许老师全身心投入,极少休假,每天工作十三四个小时已经成了常事。

靠着他和大家的不懈努力,中美法学院创办的第二年就建立了国内第一个比较法学硕士点和博士点,并同时开始在国家统一计划内招生。如今,学院已经先后招收了4届研究生,报考人数逐年增长,在国内法学教育领域打出了自己的知名度。

更让人欣喜的是,中美法学院这个平台,加上许传玺特殊的学术背景和人格魅力,吸引了一批在国外一流大学学有所成的青年学者。

美国耶鲁大学法学博士崔威,现在已经是中美法学院副教授、院长助理。谈及自己回国任教,他说,受许传玺的影响很大。‘传玺多次与我通过打电话、发电子邮件等进行沟通。他对我说,目前国内的发展势头是百年不遇的,如果能够参与其中,大家一起做些有意义的事情,总比在国外多赚些钱有意义。’

‘以传玺的出色学术成就尚且义无反顾,这对我很有感召力。’崔威决定回国一起奋斗。

齐东祥、胡霁光、郝倩、王昶……一个个在国外获得法学博士的青年才俊陆续走进中国政法大学中美法学院,开始他们新的事业,新的生活。中美法学院的影响力随之迅速扩大,甚至连美国的同行们也刮目相看。

毕业于美国夏威夷大学法学院、一拿到博士学位就‘回来看看’的车虎,成了中美法学院吸纳的第3位‘海归’教师。现在已是副教授、院长助理的车虎说，他们这个团队十分融洽，每个人虽各有主攻方向，但又能互相激发，互相理解，互相认同。大家一起工作，一起创业，一起实现自己的理想：‘是一件很愉快的事。’

目前，中美法学院已经拥有15位全职教师，几乎囊括了近年来所有在国外知名大学取得法学博士的‘海归’人才。‘爱才如命’的徐显明校长称道说：‘许教授最重要的贡献之一，就是凝聚了一个如此优秀的团队。’”①

（六）拾遗补阙

除了上述种种原因使得众多名师落户法大以外，还有一些别的学校无法比拟或为某些老师所看重的原因。比如：

1. 地理位置优越。张卫平教授曾这样评价过地处京师的便利条件对于学术成绩的重大影响：“我到清华，看中的是北京地理优势和名校品牌优势。我认为北京的确是做学术最有利的位置，能体现学术研究上的‘马太效应’。”

张卫平教授在另一篇文章中，对京城之于学术研究的优势这样说：“显然在权力中心的学术研究的社会效果要大于京城之外非权力中心。尤其是在中国，学术研究与权力有更多的‘合谋’，学术研究通过权力可以提升研究的效果和加大该研究结果的辐射面。能够更快、更直接地被立法机关所采用。关于学术研究的社会效果问题国外专门有学者进行过研究，研究表明这里面存在所谓的‘波敦克效应’。‘波敦克效应’，是指由于学者们在机构分层体系中，因其所在机构的不利（包括机构学术影响不高、学术声望低、名气不大等）而造成该机构的学者在学术上处于不利地位的一种假说。”②

2. 青春无敌。当年杨帆教授之所以加盟法大，除了李曙光教授的推介、举荐以外，另外一个重要原因竟是“愿意面对面地与真正的青年人做一近距离的交流”，理由虽然有趣，却也十足地成立。

此外，法大海纳百川、兼容并包的学术风气，也是其能够吸引学术上左、

① 程义峰、曲志红：《赤子情怀报中华——记新时期爱国主义典范、中国政法大学教授许传玺》，载新华网，http://news.xinhuanet.com/politics/2007-07/05/content_6331869.htm。

② 张卫平：《知向谁边》，法律出版社2006年版，第58—59页。

中、右等各派人物加盟学校的重要原因。

正是因为有了这些“大师”与“小师”的到来，我们在高考招生时那句人人耳熟能详的“到中国法学教育最高学府，接受中国最好的法学教育”才不会成为一句自娱自乐的空谈；也正是因为这些名师、高士的加入，我们的法大学子才会不计学校如此简陋的校园环境，而甘愿在昌平这个京郊僻壤之地度过一个又一个快乐而又充实的青春四年，正所谓“四年四度军都春，一生一世法大人”！

▲校园内景之铜法镜（摄影：艾群）

第九章　破局扬帆

学校大楼虽少而大师云集,命运多舛而精神不改;校园虽小而理想远大,条件艰苦而人才辈出。60年风雨历程,法大人与中国法治建设同行,虽历经坎坷,而矢志不移;小而美的校园承载起不渝的法大精神,特而强的学科建设因应着时代的要求,法大人立志将自己的努力融入推动政治进步、法制昌明、经济发展、文化繁荣、社会和谐的伟大历史进程,为中华民族的伟大复兴贡献力量。

——摘自《校长致辞》

经过教训生聚、卧薪尝胆的七年潜心发展,中国政法大学已经在政治地位、科学研究、办学理念、教学管理、社会声誉、对外交流及硬件建设等方面,发生了一系列质的变化,其作为我国法学高等教育前三名中的一员,已经名副其实地成了我国法学教育中心、法学研究中心、法学图书资料信息中心、国家立法与决策咨询服务中心和法律文化对外交流中心。

一、政治破局

众所周知,无论古代"科举取士"还是现代"民主竞争",除去那些"资于前世""功不此生"的超级幸运儿,或者"德才兼备""天生王者"而承天受命的星宿下凡者外,大多数成功政治人物倘无"国智"李宗吾所言身具"曹操般心黑""刘备样皮厚",或如"西哲"马基雅维利指称体蕴"狮子般勇猛""狐狸般狡猾"之职场素质,那是任谁无论如何也不能在以"钩心斗角、尔虞我诈、残酷无情、冷漠寡义"而著称的政治角斗场中顺利胜出的,所以先贤才有感慨谓曰"劝君莫话封侯印,一将功成万骨枯"。

精英成就不易,能入此等人物法眼更难!都说英雄惜英雄、好汉重好汉,在中国这个某种程度上皮虽变、瓤未改的江湖社会里,倘一朝为豪杰所惜顾,纵使你不想做个"英雄"也难!

那么,在徐显明任校长期间,作为"中国法学最高学府"的中国政法大学都迎接过哪些政要呢?

比如时任中共中央政治局常委、国务院副总理李岚清，时任中共中央政治局常委、国务院总理温家宝，时任中共中央政治局常委、国务院副总理李克强先后莅临法大指导视察工作。

国家层面国内领导人如时任全国人大常委会副委员长李铁映、全国政协副主席罗豪才、全国人大常委会副委员长姜春云、全国人大常委会副委员长顾秀莲、全国人大常委会副委员长严隽琪等，国外政要如欧盟委员会主席巴罗佐、美国前总统卡特、冰岛总统格里姆松、多米尼克总统利物浦及多国议长、大法官等，或莅临法大指导工作，或参与法大举办的各种活动以支持法大的进一步发展，而使学校在国内、国际上的知名度日盛一日。

省部级层面如时任教育部部长陈至立、周济，外交部部长李肇星、全国人民代表大会法律委员会主任胡康生，最高人民检察院副检察长朱孝清，最高人民法院副院长熊选国，全国人大常委会法工委副主任信春鹰，国务院法制办副主任张穹，司法部副部长张苏军，中国法学会党组书记、常务副会长刘飏、教育部副部长袁贵仁、张保庆、吴启迪，北京市委副书记、政法委书记强卫等也多次通过视察、参与活动、举办讲座等形式助力学校的不断发展。

在诸位领导人对法大的政治关怀中，尤以 2008 年 5 月 4 日温家宝总理亲临法大视察指导为最。当年新华网在《总理同大学生谈心——温家宝与中国政法大学学生共度“五四”青年节》的新闻中，如是报道：

“5 月 4 日，中共中央政治局常委、国务院总理温家宝应学生们的热情邀请来到中国政法大学，与大家一起共度青年节。

刚刚经过春雨洗刷的绿荫，在明媚的阳光下显得格外葱郁。上午 10 时许，温家宝在中共中央政治局委员、国务委员刘延东的陪同下，刚步入学校大门，就受到了师生们的热烈欢迎。

已有 56 年历史的中国政法大学是全国重点大学。去年 10 月 22 日，这所大学的学生们给总理去信。他们在信中说，感动于总理对依法治国、建设法治政府的努力，真诚邀请到学校来。从那时起，学生们都在期盼着这一天。

温总理首先来到法学图书馆一层古籍善本室。法大图书馆不仅有全国最丰富的现(当)代中文法律图书,而且有清末民初版珍贵法律图书。在这里,温家宝亲切会见了一批终身在中国政法大学从事教育、研究的老专家、老教授,认真观看着古籍善本,并不时向专家们询问法律历史方面的问题。

张晋藩等10余位专家,历时19年编纂了《中国法制通史》。温家宝接过赠送的《中国法制通史》厚厚的卷册,表示感谢,并说:'我们要更好地依法行政。'

图书馆二层阅览室,同学们正在读书看报、查阅资料。拾级而上,温家宝走入学生们中间,寂静的阅览室顿时热闹起来。总理与大家围坐一起,交流对法治建设的看法。

……

'你们学校的门口一块大石头上写着"法治天下",这就抓住了法治精神的核心。'温家宝这样解释法治精神:'一是宪法和法律的尊严高于一切;二是法律面前人人平等;三是一切组织和机构都要在宪法和法律的范围内活动;四是立法要发扬民主,法律要在群众中宣传普及;五是有法可依,有法必依,执法必严,违法必究。'说到这里,总理加重了语气:'天下之事,不难于立法,而难于法之必行。'

……

随着讨论的深入,同学们抢着与总理交流。不少同学请总理为中国政法大学的学生提出希望。温家宝用温煦而又充满期待的目光环视着围拢在身边的学生们,语重心长地说:'你们将来要做法官,要断案,要执法,能否做到公正,十分重要。对一个学法的人来说,要对国家、对社会、对人民有高度的责任感,要有一颗公正的心,首先要爱这个国家。'

在同学们充满激情的掌声中,温家宝勉励同学们:我们今天讲爱国,就是要为振兴中华自强不息,开放兼容,长期奋斗。中国政法大学要成为培养法律人才的摇篮、培训法律干部的基地、进行全民普法教育的学校……"①

对于温总理的到来,时任法大校长的徐显明教授这样回忆:"原通知我们是在教学楼门前迎候总理,但总理快要到的时候,我们突然接到电话,说总理

① 赵承、吴晶:《总理同大学生谈心——温家宝与中国政法大学学生共度"五四"青年节》,载新华网,http://news.xinhuanet.com/newscenter/2008-05/04/content_8105124.htm。

要在门口下车,我们赶紧从教学楼快步赶到了校门口。我们到的时候,总理的车也差不多到了。总理是从校门口开始步入法大的,这是一个细节。这个细节里边蕴含的东西,很多人可能没有体悟到。我的理解是:这里面既有总理的修养,而更重要的是他以这种方式表达了对法治的尊重,因为这所大学叫'中国政法大学'。

……

当温总理在图书馆和学生座谈的时候,大家谈的都是法治的问题、法治精神的问题、法学教育的问题。突然有一个同学换了话题,大意是说,学校这几年发生了比较大的变化,我们的办学条件正在改善。但总理你看我们坐的这个凳子和桌子,还有周围的房子,都离我们一流学校的水平还有差距。总理能不能在建设法治国家的进程中,特别改善一下政法大学的办学条件?这个同学还特别强调希望总理能把她为学校进行呼吁的话听进去。温总理带着微笑面对大家说'我接受你的批评',他说:'政府将更加重视法律教育,要加大对政法院校的投入。'谈到这儿,大家以为总理的表态已经结束了。但总理稍停顿了一下之后,又说了一句话,'请看我的行动。'

……当讲到法治精神的时候,我们同学做了一个插话,说我们学校的校训是'厚德、明法、格物、致公'。总理听完以后说,'我注意到了你们这个校训。'然后他帮我们解读校训,师生都为之振奋。共和国总理为一所大学解读校训,我想这在中国高等教育史上是前所未有的。这令我们非常自豪。

……温总理关于法治和法学教育的一系列思想,不仅给予法大,也给中国法学界和法学教育界指明了方向。从总理对罗马法和中国古代铸刑鼎的了解,我们看到了总理的博学;从他以道德和爱国为例所给我们的教诲,我们明了法律人所应具备的首要的和根本的素质是什么;从他谈到与人文的重要性,让我们知晓了法律人才培养的规律。总理的法大之行,是法大永远的记忆,也是法学教育界永远的精神财富。"①

---

① 徐显明、蒋安杰:《徐显明回忆温总理到法大》,载《法制日报》2009 年 12 月 4 日,第 1 版。

对于政治资源之于一所高校发展的重要性，徐显明校长在一次采访中这样说："要做一个好的大学校长，应该是'四个家'的集合。

一是教育家。判断是不是教育家一个很直观的标准就是看他是否有理念，或者说是否有系统的教育思想，而判断这个理念标准的最终依据就是看理念实践后的受益人是不是学生。如果最终的受益人是学生，他就可以称为教育家；如果最终受益人不是学生，那他就不是教育家。

二是学问家。不是教育家的大学校长得不到学生的尊重；不是学问家的校长，得不到教授的尊重，没有与教师相同的经历和学术的背景，甚至他都没有资格与教师交流思想，更没有资格和教授谈学术，甚至于也没有资格和教授谈工作。

三是管理专家。管理的意义是实现既定目标与提高效率，因此，管理者首先是要带好一个团队，要把其理念最终变成全校的行动。如果他不是管理方面的专家，他就得不到大学管理层的尊重。但大学管理不同于市长对公共利益的管理，也不同于企业家对成本的管理，大学校长的管理是以人的德性养成与学术创新为对象的，其意义表现为对知识和学术的管理的改善上。

四是政治家。要理解国家意志，要把握正确办学方向，不是政治家的大学校长，得不到政府的重视，甚至他连钱都要不到。这四个家合一，就是一个理想的大学校长。"①

正是因为得到了政府的重视，这些政要人物才会频繁地"光顾"法大，他们的到来极大地提高了学校在国内外的知名度，极大地提高了学校在国内教育界的政治地位，极大地拓展了学校发展壮大的各种空间，极大地争取到了学校所需的各种资源……

二、学术破局

经过近年诸多生聚教训之历练后的法大，其学术能力渐盛渐强、潜力无

---

①　蒋安杰：《徐显明校长领悟的大学之道》，载《法制日报》2010年7月14日，第9版。

限。如若不信，我们大可从其学人在学界的认可度与其学术实力在各类排行榜上的排名二项而管窥蠡测一番。

有道是“钱压奴婢手，艺压当行人”，学校所辖众学者能力的大小直接反映着该组织在群体中的技艺水准，而学人水平之高低与否，最可明鉴者当属其所在领域学者之评价。

按照我国现行学术体制，各个学术领域按二级、三级学科分为各种学会，而在各种学会中的会长、副会长、理事等是要按其在学界能为之大小排列的。当然，虽有个别能力与功名不符之现象存在，但其毕竟是少之又少，绝大多数的学术层级排列水平还是能够反映出学界共识的。那么法大学人能为究竟几许，细点英雄谱当可尽知。

略可翻检新闻标题：“我校党委书记石亚军教授当选为全国高等学校教学研究会第二届理事会副理事长”“中国法理学会换届大会在武汉举行　校长徐显明教授当选会长”“校党委副书记兼副校长马抗美教授当选中国人才研究会副秘书长”“我校张桂琳教授当选为中国政治学会副会长多人当选为理事”“我校副校长马怀德教授被聘为国务院应急管理专家组成员”“我校副校长张保生教授、法学院杨玉圣教授当选教育部社会科学委员会学风建设委员会委员”“北京高校后勤管理研究会换届　张柳华副校长当选第十一届理事会副理事长”“我校朱维究教授被聘为国务院参事”“我校张楚教授受聘担任贸仲委域名争议解决中心专家”“我校政治与公共管理学院院长蔡拓教授当选为全国高校国际政治研究会副会长兼学术委员会主任”“我校宣增益教授、杜新丽教授再次当选中国国际私法学会副会长”“我校卞建林、陈桂明分别当选中国法学会刑事诉讼法学研究会会长和中国法学会民事诉讼法学研究会会长”“樊崇义教授当选中国法学会检察学研究会副会长”“我校体育法研究中心王小平教授、吴日焕教授当选为亚洲体育法学会理事”等。

详则细看诸种报道，如“近日，在教育部组建的2006—2010年高等学校有关科类教学指导委员会中，学校多位教授被聘为相关科类委员。其中校长徐显明教授被聘为法学学科教学指导委员会副主任委员，副校长张桂琳教授被聘为政治学学科教学指导委员会副主任委员，法学院院长马怀德教授被聘为法学学科教学指导委员会委员，人文学院副院长文兵教授被聘为哲学学科教学指导委员会委员。”

“近日，教育部社会科学委员会成立大会暨第一次工作会议在北京召开。该委员会是教育部根据《中共中央关于进一步繁荣发展哲学社会科学的意见》的精神，为适应高等学校哲学社会科学研究事业发展的需要，推进科研管理决策的科学化与民主化的要求而设立的。教育部社会科学委员会（简称教育部社科委）是指导全国高等学校哲学社会科学工作的高级咨询机构。我校终身教授陈光中先生被聘为该委员会的首届委员并担任法学组的召集人。”①

“7 月 31 日至 8 月 9 日，我校校长徐显明教授率领中国学术代表团前往波兰克拉科夫市，参加了国际法哲学与社会哲学协会（Internationale Vereinigung Rechts，IVR）第 23 届世界大会。该协会是国际法哲学与社会哲学研究的最高学术组织，我国是第一次参加该权威机构组织的大会，徐显明校长在全体大会上当选为 IVR 执委会委员（执委会共 15 人）。”

资料显示：我校一流师资队伍的主体部分构成了世界最“大”、国内最“强”的法学教育团队，人数多达 416 人。其中，中国法学会副会长 1 人，法学二级学会会长 8 人，副会长 20 人，全国性法学学术团体中理事以上 115 人，全国“十大杰出中青年法学家”6 人，由他们组成的法律史、诉讼法、法治政府、中德法比较、中美法比较等 15 个学术创新团队，都在不同程度上引领着我国法学相关领域的研究方向。

从 1978 年至今，学校教师参加国家主要立法的论证、起草和修订工作达 1000 余人次，参与了从 1954 年《中华人民共和国宪法》到 2007 年 3 月《中华人民共和国物权法》等几乎共和国每一部重要法律的制定和完善工作。多位教授在国家重要法律的立法过程中担任重要职务，钱端升教授任“1954 年宪法”起草委员会顾问，并率领学校宪法学、行政法学的多位教授参与了中华人民共

---

① 科研处：《陈光中教授荣任教育部社科委首届委员》，载中国政法大学新闻网 2004 年 10 月 11 日，https://news.cupl.edu.cn/info/1012/19124.htm。

和国第一部宪法的起草工作；江平教授担任民法典起草立法专家小组组长；陈光中教授担任刑事诉讼法修改专家小组组长；巫昌祯教授担任婚姻法修改专家小组组长，发挥了重要作用。三年来，法大教师30多人次在中央政治局集体学习、全国人大常委会法治讲座、国务院法治讲座及中央各部委、各省几大班子法治讲座中担任主讲，100多人次在中央电视台《今日说法》《大家看法》等栏目提供专家法律意见。①

其实纵使以上之蜻蜓点水式的简单介绍，也不难让人明晓学校学术水平在业界受认可程度究竟几何的状况。

至于说到学术水平，我们可以看到法大为实现“多科性、研究型、开放性、特色鲜明、世界知名的高水平大学”的建设目标，大大丰富了学科建制，较早地进行了大规模的院系调整，拿下了诸多非法学的硕士、博士点及诸多人文社科基地，引进了大量人才，除法学继续保持和巩固既有优势外，其他领域诸如哲学、管理学、经济学、政治学、历史学、文学、语言学等学科非法学师资人才的引进，使得法大这个过去一直以“法学”为主的大学，已经初具了一个“多科性”大学的雏形。

对于学校学科建设的阶段性成果，徐显明校长在2004年教师节庆祝大会上，其如实汇报：“近几年来，特别是近三年来，发生在我们教师身上的变化，对外无一不展示着学校的变化。我们教师的数量已经从三年前的430人，发展到今天的700人，队伍的规模接近翻番了。三年前的教师队伍中，只有43人有博士学位，而到今年，拥有博士学位的近200人，在职攻读的有近百人，教师的素质发生了变化。我们的获奖成果、科研项目，都有历史性突破，表明我们的学术水平也在大幅度提高。和以前的所有指标比较，就会发现，我们有了长足的进步。我们深层次的变化甚至可以说是根本性的。法学国家社科基金的项目，一共是91项。我们拿到11项，这是北大加人大，再加上清华，三个学校的总和。司法部面向全国的招标课题是81项，我们政法大学拿来整整10项。

---

① 《建设法学教育能源基地　为我国法治建设提供高水平服务》，载中国政法大学新闻网，http://www.cupl.edu.cn/html/zzb/col1895/2012-12/21/201212211443 49268324863_1.html。

这个数量是北大加人大,加社科院的总和。上半年有两个数字,是我们许多老师都激动不已的。一个就是在全国影响很大的民间大学排名,即网大排名,虽然官方和大学校长们对此都不作评价,但在内心都在关注名次的变化。2001年,我们排在140多位。这是对一所大学综合实力的排名。并不区分综合性大学和单一性的大学。我们是在和北大、清华这样的综合性的大学作对比。但是我们发现,在2002年,我们的排名就向前提升了20多位。去年,我们被排在第98位。今年发布的信息,我们被排在了84位。三年的时间,我们的位次向前移了60位,这是指的综合实力。第二个数字是《中国青年报》在7月对所有的大学进行了两类排名。一类是科技创新能力的排名,一类是人文社科研究能力的排名。科技创新能力我们与之无缘,因为,我们迄今为止,还没有工科、理科,或者技术类学科。人文社会科学的科研实力,请大家注意,只是讲的科研实力。我们学校以前是在60位以外,和我们难分上下的是西南政法大学。今年,我们的位次提到了26位,而西南政法大学还是在60位以外。司法部原属的几所兄弟院校,华东政法学院、西北政法学院都排在110名以外。中南与财大合并后的排名也在我们之后。"①

对于学校的发展,徐显明校长在许多场合都阐释过学校的"5111工程",即"第一个5代表我们的整体办学实力、整体办学水平。法大目前的整体实力人家是把我们排在100名以后的,20年以后我们要把它提升到前50位,所以这个5是指要把政法大学提升到全国所有高校前50位的大学,这是5的概念。第一个1是指人文社会科学要稳居全国的前十位。现在网上的评价排名是很靠后的,应该进入全国的前十位。第二个1是指政治学、社会学等一些学科要进入全国一流水平。第三个1是法学应该是无争议的全国第一,在这个第一里边我们才有资格参与国际竞争,这就是我们的办学目标"。②

---

① 《我们为什么要坚持以教师为本位——徐显明校长在教师节庆祝大会上的演讲》,载中国政法大学新闻网2004年9月29日,https://news.cupl.edu.cn/info/1013/1288.htm。

② 学校办公室:《徐显明校长在2003年下半年工作布置会上的讲话》,载中国政法大学新闻网2003年8月22日,https://news.cupl.edu.cn/info/1013/1327.htm。

对于第一个“将法大综合实力提升到全国前五十名”的目标，据“2008 年网大中国大学排行榜综合指标排行”，①学校已位居全国第 42 名；而据中国人民大学高等教育研究中心、搜狐教育联合发布的“2008 中国大学 50 强”排行榜，②中国政法大学更是被排在了 31 名的高位。这样看来，该目标已然提前实现。

对于第二个“人文社会科学要稳居全国前十位”的目标，据武书连“2008 中国大学社会科学 100 强”排名榜，③法大在全国处于第 25 名属 A 类；据武汉大学科学评价研究中心“中国大学人文社会科学创新竞争力分析（前 20 强）”，④中国政法大学处于全国第 17 名的位置，在北京其竞争力位居第五（前四名依次是北大、人大、北师大、清华）；据中国校友会“2008 年中国高校社会科学贡献力排行榜”，中国政法大学处于全国第 24 位。上述排名所处位置虽说还未达到“人文社会科学要稳居全国前十位”的理想目标，但是相对其预设的 20 年实现期间而言，这个速度、这个名次，想来达到既定目标也并非天方夜谭。

对于第三个“政治学、社会学等一些学科要进入全国一流水平”的目标，在一份名为“中国研究生教育分专业排行榜”的榜单中，法大的政治学位居全国第十，社会学、经济学、哲学等许多原先弱势甚或无名的学科也纷纷跻身至少全国第二档的行列。

对于第四个“法学应该是无争议的全国第一”这个目标，在武书连“2009 中国大学法学 100 强高校名单”的排位中，⑤法大仅次于人大、北大处于全国第三，而这个“法学”是包括了法学、马克思主义理论、社会学、政治学、公安学 5

---

① 参见《2008 年网大中国大学排行榜综合指标排行》，载豆丁网 2010 年 6 月 26 日，https://www.docin.com/p-61487308.html。

② 参见《2008 中国大学 50 强》，载佳人网，http://jiaren.org/2008/04/26/top50-university-china。

③ 参见《2008 中国大学社会科学 100 强》，载腾讯网，http://edu.qq.com/a/20080227/000200.htm。

④ 参见《中国大学人文社会科学创新竞争力分析（前 20 强）》，载新浪教育网，http://edu.sina.com.cn/gaokao/2008-02-25/1636124074.shtml。

⑤ 参见《2009 中国大学法学 100 强高校名单》，载查字典学校网 2015 年 11 月 12 日，https://xuexiao.chazidian.com/news10081/。

个学科类,共有12个本科专业的“大法学”。而在教育部的评估榜单中,法大更是超过北大处于全国第二的位置。

2006年,安哥拉政府向我国政府提出申请,要求我国帮助安哥拉进行国家层面的全面立法援助。两国政府经全面考察并协商后议定,由中国政法大学一所高校代表中国为该国提供全面立法援助。以一校之力而为一国提供全面立法援助,放眼古今中外尚无几多可比肩者!法大学术实力强乎哉?强也!

三、观念破局

回首十年前的2001年,当我们这届“春风得意马蹄疾,一朝看尽长安花”的新生入住中国政法大学之时,那个21世纪之初方才正式划归教育部的高等学府,仍然在同类院校中不上不下、不前不后、不急不恼地默默生存、发展着。她没有过多奢求,也没有太多渴望,在华夏法学江湖中其排名肯定出不了前五,但也绝没把握进入前三。

据说以往的学校除了部分人士外,大多数人均在某个或者某些人的带领下,日出而作、日落而息,没有精神压力、不存心理负担,乐悠悠、陶陶然地在昌平这块京郊的沃土上,矢志不渝地为我国非正规法学高等教育的茁壮成长,贡献着自己的全部心力。

春耕、夏耘、秋收、冬藏。年底时节当家人一般会把绝大部分的教职员工聚拢到一起,祭祀天地、颂扬领导完毕后,照例烫好几十壶老酒、炒上几百个小菜,说点“折腾到现在至少我们还没丢了这份家业”的谦辞,谈些“一年来上上下下都干得不那么容易,互相多体谅着点”的体己话,加之“路上、家里得多注意安全,明年开春了早点回来”的嘱托,顺便启发同志们要为如何让学校明年跨出昌平、走向全国办教育的事想些点子。

当然,例行仪式完毕后,一年来从各种辅导班上积攒下来的口粮,还是要按照职务、资历、职称按劳也按需地分配一下的。江湖传言这种方式很好地继承了原有农耕社会的管理理念,有一种上了年头的历史厚重感。

然而,当年9月起,一切都发生了变化。而诸多变化中首先提上日程的便是管理观念,如果细细谈及观念变化的问题,我们大致可以归纳出以下几个特点。

一是观念的"全面性"。比如,学校党委提出了"十大工程"建设理念:"第一是加强领导班子建设,即合力工程;第二是加强各类干部队伍建设,即支柱工程;第三是加强师生员工的思想政治工作,即凝聚工程;第四是加强宣传工作,即鼓号工程;第五是加强工会、教代会工作,即民主工程;第六是加强纪检工作,即阳光工程;第七是加强统战工作,即温馨工程;第八是加强老干部工作,即夕阳红工程;第九是加强保卫工作,即安稳工程;第十是加强学生工作,即成才工程。"

再如,行政领导班子提出了"八大主流意识":"为国家经济和社会发展培养人才是学校的根本任务,教学、科研和社会服务是学校一切工作的中心,提高教学质量是学校发展永恒的主题,教育教学改革和教育创新是学校发展的根本动力,学科建设是学校的龙头工作,师资队伍建设是学校的主体工程,学术追求是学校不变的灵魂,保障和服务是学校管理的价值所在。"可以说,这些治校理念几乎涵盖了学校建设的各个方面。

二是观念的"发展性"。如学校的行政管理理念最初是徐显明校长在2001年"中国政法大学深化改革动员大会"上提出的这五句话:"高等教育的根本任务在于培养人,提高教育质量是高等教育永恒的主题,高等教育的中心工作是教学和科研,高等教育的龙头工作是学科建设,高等教育的发展要以改革为动力"。此后其在2002年教学改革工作会议上提出行政管理"七大主流观念",最终完善成为以上多次提及的"八大主流意识",而几次调整中,观念内容、顺序及表述方式的变化都反映出了观念的发展性。

三是目标的"明确及高端性"。如新领导班子上任伊始就旗帜鲜明地提出了"把中国政法大学建设成为多科性、研究型、开放性,特色鲜明的世界知名高水平大学"的办学目标,其眼光不再仅限于昌平区、北京市、司法部、教育部甚至于中国,其剑锋所向直指"世界"。

四是目标的"前瞻性"。徐显明校长曾言道:"一个大学校长的眼光,应该至少是要向前看出30年到50年，而不仅仅是看眼前的，我为法大所作的规划都是在30年以后。"2007年，学校制定了《中国政法大学"十一五"规划和2022年远景规划纲要》，进一步明确了学校未来近期和中期发展的方向和路径，确定了"三步走"的总体发展战略。

第一步要令学校在2002—2009年完成"四大任务"、实现"四大转变"（"四大任务"是：凝练先进的办学理念并导入学校的各项事业中，据此构建现代大学制度和文化；稳步拓展学科体系，优化多科性学科布局；实施人才强校战略，整体提高师资素质；规划校园建设，根本改善办学条件。"四大转变"是：实现从单科性办学向多科性办学转变；从教学研究型大学向研究型大学转变；对教师评价从以教学为主或以科研为主向教学与科研并重转变；从学校集中办学模式向校院两级管理模式转变）。

第二步要令学校在2010—2016年全面创新人才培养模式，巩固"四大中心"地位。以全力建设学术大师群体、教学名师群体和学术创新团队为保障，实现在校研究生与本科生招生比例大致持平，努力探索杰出人才培养的新模式，进一步巩固法大作为中国法学教育中心、法学研究中心、法学图书资料信息中心和国家立法与决策咨询服务中心的地位。

第三步要令学校在2017—2022年完成"5111工程"，实现"315"国际化计划。即让法大的综合办学实力进入全国前50名，人文社会科学进入全国前10名，政治学、社会学等达到国内一流，法学成为全国第一。在此基础上，实现国际化办学的三个"15%"的指标：外国留学生数量占全校学生的15%；15%以上的教师有海外学历；15%的教师有国际合作的科研课题。①

五是观念的互补性。如先后形成了"以学生为主体"，"以教师为本位"的主体理念，"应国需，促法兴"的办学理念，"学术立校、人才强校、特色兴校、依法治校"的治校理念，"厚德、明法、格物、致公"的教育理念，"道器一体，专能两翼"的教学理念等。

---

① 参见《校长致辞》，载中国政法大学新闻网，http://www.cupl.edu.cn/html/xwgk/col1825/2012-11/30/20121130150819131202353_1.html。

然而,这都不是事!什么才是“事”?窃以为,法大首先提出的“大学第四大功能”才是个“事”!

众所周知,此前学界公认大学具备三大功能:教学、科研和服务社会。然而,斗转星移、世易时移,当年立足于农业社会及工业社会初期实际总结出的大学功能理念,已然无法涵盖后工业时代或者信息时代大学功能的全部。是故,全新的时代呼唤全新的理念,全新的理念需要全新的提炼。不过崭新的个人想法能否成为业界的共识,倒真要考验凝练者的功夫了。

2002 年,徐显明校长在西北政法学院作题为《我的大学理念》的学术演讲,首提“大学第四大功能”,徐校长说:“20 世纪 70 年代后,人类文明发展对大学提出了新的要求。与全球化浪潮结伴而行的,是文明之间的冲突也加剧了,于是大学有了一项新的使命:促进文化交流与文化融合,以缓解民族国家之间的冲突,营造世界的和平与和谐。所以,大学应成为文化交流的中心,倡导求同存异,尊重文化多元,并以此引领人类文明前行。

以上所述,就是近代大学理念的四次重构。我认为,今天的大学应该是‘四念’并重、四位一体的。”①

此后,为补充完善“大学第四大功能”的内涵,徐校长又在许多场合阐释其守成与创新的理念。比如 2004 年,徐校长在法大研究生教育改革研讨会上如是说:“一个大学的两种能力应该是同等重要的。第一种能力即在科研上要有非常强的创新能力……创新能力是一个大学不同于其他的标志所在,大学的文化始终应该是先进文化,因为你创新的每一个成果都应该是最新的……所以大学应该追求卓越,应该是常新的,这是一种能力。第二种能力是守护学校传统的能力。因为大学还肩负着一个民族文化传承的使命,肩负着民族精神凝聚的使命,所以一个大学还应有守护的能力。”②

2006 年,徐校长在另一篇文章中提道:“传统上,我们讲大学的功能有教

① 徐显明:《追寻大学之道》,法律出版社 2010 年版,第 188 页。
② 徐显明:《追寻大学之道》,法律出版社 2010 年版,第 216—217 页。

学、科研、服务三大职能，其实它还有一项功能就是引领文化。”①

2010年，徐校长在被称为“人文社科研究第一刊”的《中国社会科学》上发表《大学断想十则》一文，继续总结、提炼和完善“大学第四大功能”理念。文章说：“这是否意味着，大学在承担教学、科研、为社会服务三大功能外，正在形成第四大功能——促进文化和谐的功能？把不同的文化，尤其是文化中具有本质性意义的价值观与宗教等，置于同一个平台——大学，可以使不同文化在交流中相互理解、借鉴、吸收和融合，进而消除歧解、敌视与冲突，最终达成共识与和谐。该功能，因国家、企业、国际组织等的职能所限而无法承担。唯有大学，才可助其实现。

……

中国在世界各地所设立的孔子学院，是中国大学承担中华文化对外传播职能的开始，也是中国大学自觉履行第四大职能的开始。随着中国一批世界知名高水平大学和若干所世界一流大学的建成，中国大学的国际化水平将大幅提高，中国大学主动承担把中华民族文化变为世界所向往的文化已是义不容辞的责任。”②

2011年，胡锦涛总书记在庆祝清华大学建校100周年大会上说：“必须大力推进文化传承创新……要积极开展对外文化交流，增进对国外文化科技发展趋势和最新成果的了解，展示当代中国高等教育风采，增强我国文化软实力和中华文化国际影响力，努力为推动人类文明进步作出积极贡献。”③

知情人士说，该段讲话内容的主要来源便是被屡次阐释的“大学第四大功能”的相关理念。如前所述，理念的确定具有一种“发展性”的特征，对于“大学第四大功能”的理念，政治人物、教育界人士基于各自立场，肯定会有不同表述，究竟哪种表述最终会赢得全体人的认可，目前尚不可知！但以不才之陋

---

① 徐显明：《追寻大学之道》，法律出版社2010年版，第243页。

② 徐显明：《大学断想十则》，载爱思想网2012年7月29日，http://www.aisixiang.com/data/55901.html。

③ 胡锦涛：《在庆祝清华大学建校100周年大会上的讲话》，载中华人民共和国中央人民政府网，http://www.gov.cn/ldhd/2011-04/24/content_1851436.htm。

见，不论名相如何，其文化内涵总不会离开“知识的守成和创新，文明的交流与融合”这一根本主题的！

多年以后，一位法大校友向徐校长问及当年他是如何思考并提出“大学的第四大职能”这个命题的，并是如何在工作中具体践行这个理念的？

对于这个问题，徐校长微笑着回答说，当时之所以提出这样一个命题，主要是源于对那场震惊全球的美国“9·11 事件”的深度思考。他解释说，因为那时正值亨廷顿的“文明冲突论”最炙手可热的时候，彼时亨廷顿曾做出过一个判断，说将来美国和其他国家的对立必然是要走向文明的对立，而在诸种文明之间的对立和世界秩序重建中，其最担心的是两种文明的结合，即伊斯兰文明和中国儒家文明的结合。因为如果这两个文明一旦结合，美国的自由主义文化是抗拒不了的。该事件的发生，就预示两种文明对立的极端状态。

徐校长在联系亨廷顿提出的“文明冲突论”去对该事件进行深度思考后，提出为什么一定非要把各种文明对立起来的观点。他认为，世界上的文明形态本该是一种多样化的呈现和存在，文明之间不一定非得走向对立和冲突，比如中华文化最大的一个特点就是它可以兼容并包，并做到与其他文明和平共处。另外各种文化之间也可以互相借鉴发展，全世界仅开一朵文明花的状态是不可想象的。

在此基础上徐校长进一步追问，不同的文明之间可不可以进行交流？谁作为不同文明间交流的媒介更为适宜？比如国家间要进行直接的文化交流是不是会困难一些，因为国家之间可能会受制于其价值观和利益的终极对立而不太适合。但是民间却可以进行这方面的交流，而民间文化交流最好的载体就是大学。因为在一个教室里可以把不同民族、不同国家的文化放在同一个场所里进行交流讨论，所以说大学有可能产生第四大功能，即文化的交流、交融与促进的功能。

徐校长还进一步阐释说，工厂不以文化为自己的经营目标，政党也不以文化为自己的建设目标，国家更不以文化为自己的发展目标，但大学可以作为文化或文明间交流的媒介和载体，可以发挥不同文化间交流、交融与促进的作用。所以2002年其率团去欧洲进行学术访问,这也是一个很重要的目的,主要是想走一条文化路线,主要进行的就是一种以大学为载体的不同文明之间的合作与交流。

至于为践行这一理念做了哪些实际工作,当时谈兴甚浓的徐校长也透露说,当年除主动带头加强与欧美等地的名校的学术交流以外,学校研究设立的国际儒学院等即是基于上述思考所做出的具体工作。因为所谓交流互动,既要有来还要有往,所以当外国的留学生来到中国,进入到中国政法大学,我们就要让他知道中国有哪些传统文化。来承担这项职能的,便是国际儒学院。

徐校长一直主张法大一定要有国学、艺术等学科,设置这些学科一方面是可以增加学生的个人修养,我们的学生可以通过必修或者选修的方式来学习这些方面的知识,达到德智体美劳五育共进的发展。另一方面海外留学生进入法大,学校也必须要对应开出具有中国特色的课程,以让他们能够充分感受到中华文明的博大精深和灿烂辉煌。所以这个学院的设立以及相关工作的开展,都是学校当年为了进一步实现国际化办学目标所进行的重要的战略步骤和前期工作布局。

此外,在那段时间里学校还积极开拓与多所国外大学的合作关系。当时许多世界名校都和政法大学建立了姊妹关系,比如直到现在政法大学的学生都受益于当年和牛津大学建立的长期合作关系,因为按照协议,牛津大学的奥莱尔学院曾专门抽出一笔款项用于和中国政法大学的合作项目,这个款项是专门给中国学生用的,所以学校每年都可以遴选一些优秀的学生去牛津大学继续学习深造。

另外徐校长还和美国哈佛大学的法学院院长讨论建立了中美法律交流机制,在该机制建立起来后,中美法律交流便得以定期举行。对应地,学校也组织筹建了中美法学院,并率先引进了一批从美国回来的法律博士(J. D.),据统计当时政法大学拥有的法律博士是全国最多的,当时北大清华一个都没有,而法大那时候已经拥有了7个法律博士。徐校长坦言,设立这个学院的目的就是为中美关系的未来发展准备好我国的法律人才。当有一天国家需要对外进行法律交流的时候,需要法律专业方面的人才的时候,这些前期所做的储备工作就一定会发挥其实质性作用。

总之,诸种观念的修正使学校摆脱了以往那种大可商榷的发展理路,并逐渐将全校师生员工的注意力和着眼点渐渐转移到如何遵循高等教育发展规律的正确轨道上来,使学校此后不至于再在“失之毫厘、谬之千里”甚或南辕北辙的道路上继续前行。正因为如此,所以才有人说,新领导班子上任后,给学校带来的最大变化是观念方面的变化。

四、声誉破局

记得在学校上《市场营销学》的时候,老师特别告诫我们:“当今时代,我们必须要摒弃过往那种‘酒香不怕巷子深’的陈腐观念,而是要抓住一切机会宣传我们所在企业的产品,不论采取何种形式、通过何种渠道,只要能达到预期的效果就好。”企业如此,学校亦然。

2002 年 3 月 5 日,副校长马抗美按照“新一届领导班子对学校宣传和新闻工作提出的新任务和新要求”,特别召开专题会议部署法大当年的新闻宣传等工作。

从这次会议以后,一种规范化新闻宣传模式传承至今,诸如“新闻中心主办的新闻网站必须每天更新内容,各部门的宣传橱窗至少每十天要更换一次,各部门的重大事项必须做到即时上报,校部机关的每一个处室都要有一名处级干部专门负责宣传工作,各部门都要设立固定的网络管理员以及新闻宣传工作作为今后工作检查和干部考核的重要内容”①等规章制度也自此建立。这些举措使得法大此前缺失或者淡漠的信息意识、宣传意识和对外责任意识得到空前加强。

此后,学校各位校领导、各知名学者纷纷利用各种机会、场合对外宣介推广法大,如徐显明校长、夏家骏教授、乐国安教授、曹义孙教授等因两会代表的

① 《马抗美同志召开专题会议部署我校今年的新闻宣传等工作》,载中国政法大学新闻网 2002 年 3 月 5 日,https://news.cupl.edu.cn/info/1012/19410.htm。

身份,屡屡在大会期间接受各路媒体采访、畅谈国人关心的诸种政治法律问题;校内各大教授特别是法学教授频频亮相今日说法、凤凰大讲堂、燕山讲坛等国内外知名节目,将种种公平正义的观念及时传导给社会大众;此外学校通过聘请范徐丽泰等人担任学校兼职教授,邀请美国前总统卡特等国际知名人士来学校访问等活动,使得学校在国内外的影响力和知名度得到了极大提升。

种种措施中,使法大名扬天下、誉满中华的当属"法大高考招生改革"一事。

众所周知,我国底层民众改变命运的途径之一便是"高考"。自古以来"万般皆下品,唯有读书高"的"名世思想",使得"千军万马过独木桥"成为绝大多数国人不得不然的选择。

为因应国人对抢才取士的期待,国家早就在高考招生的命题、试卷、答案等诸多方面做到了全国统一标准。只是,这种种看似完全公平的过程,早就输给了因各大名校在各省录取名额投放不均等不公平措施的起点。

据全国人大代表温俊义介绍,几所著名高校的本地生源比例分别是:北大17%,清华16%,复旦44%,上海交大47%,武大50%,南大55%,浙大61%。这种全国重点大学"地方化"的做法,使得教育资源的分配严重失调,给社会带来人为的不公,更无益于大学校园文化的建设!①

据全国人大代表、华中师范大学教授周洪宇透露,2004年河南的总人口数为9717万人,是北京的8.38倍;2005年河南的考生总数为72万人,是北京的7.29倍;而北大、清华在北京的录取名额投放数分别为313人和320人,分别是河南的4倍和5.6倍。2004年山东的总人口数为9180万人,是上海的6.83倍;2005年山东考生总数为72万人,是上海的6.37倍;而复旦大学在上海的录取名额投放数为1259人,是山东的22倍多。2005年,河南总人口和考生数均是浙江的两倍多,而浙大在浙江的录取名额是河南的33倍多。

周洪宇认为,高校录取名额投放不均,带来的不良影响至少有三:人口较

---

① 王晓渔:《政法大学招生办法堪称打破地域差异的破冰之举》,载搜狐网,http://news.sohu.com/20060311/n242238247.shtml。

多的省份高考竞争激烈,导致应试之风日盛,影响素质教育的实施;为逃避竞争,一些考生移民到升学率较高的省份,导致高考移民现象屡禁不绝;名额投放长期向大城市和重点高校所在地倾斜,会使全国重点大学“地方化”。①

对于上述高等教育中的积弊,2005 年,徐校长在国内高校负责人每每于此争锋论剑的《中国大学教学》上刊文,向教育界明示其对此不公现象的看法:“受教育机会的不公正已受到社会的广泛关注。受教育机会的差别已经引起社会的强烈不满,这种差别并非大学本身所造成的,而是由政府垄断教育资源的体制所造成的,社会也正由以前对大学的不满转化为对政府教育机制的不满。教育的功能是什么?教育的功能是消除人与人之间差别的一种手段,孔夫子就讲‘有教无类’。如果教育不是消除这种差别,而是制造差别,那么受教育机会的不均等就会考问我们高等教育的职能!保证受教育机会的公正应该是我们行使高等教育职能过程中认真对待的问题。”②

2006 年两会期间,媒体云集、万众瞩目,作为全国人大代表的徐显明校长代表法大向高考招生不公制度强势亮剑,一句“中国政法大学不是北京的政法大学,而是全中国的政法大学”,如春日惊雷,响彻华夏大地。

此言一出,便如一石激起千层浪般,引发了全国各方的热议。面对此情此景,各家媒体也纷纷跟进报道,学校宣传部门的电话更是几乎被打爆。对于学校如何才能按照既定计划公平、公正地做好招生工作,教务部门的答复是:“2006 年中国政法大学本科招生计划为 2000 名,各省招生指标计算方法是:用 2000 个指标除以 13 亿,再乘以各省的人口数,初步确定下达到各省的指标数。在这一基础上,综合考虑地域、生源质量等因素,最终确定今年的本科招生分省计划。”③

为此,当时国内极受关注的新闻栏目“东方时空”专访徐显明校长:

---

① 《中国政法大学率先按人口比例定招生名额》,载新华网,http://news.xinhuanet.com/misc/2006-03/15/content_4329988.htm。

② 徐显明:《追寻大学之道》,法律出版社 2010 年版,第 94 页。

③ 《中国政法大学率先按人口比例定招生名额》,载新华网,http://news.xinhuanet.com/misc/2006-03/15/content_4329988.htm。

“主持人：在我国大学招生中有一个司空见惯的现象，那就是这所大学在哪个城市、哪个省份，它在当地的招生人数也就越多。这就往往会造成大学校园里大城市学生远远多于偏远地区的学生。但是，作为全国重点大学的中国政法大学今年向这种现象发起了挑战，校长徐显明说，中国政法大学是中国的政法大学，而不是北京的政法大学。面对社会的广泛关注，徐显明说，中国政法大学的招生改革，根本目的就是为了促进教育公平。

主持人：这种招生办法出来之后，相信有不少人在疑问，或者在否定它，您听到的各种意见当中，您觉得还值得您思考一下的反面的意见有什么？

徐显明：在批评的意见里边，我想对我们构成这种颠覆性意见的还不存在，公正是我们坚定不移的一种价值追求，其他所有的批评意见都不足以影响到我们对公正的这种追求。

主持人：对其他大学的不认同和并不作出同样的尝试，您表示理解，那么政法大学一家大学这样做，所实现的公平又有什么样的意义呢？

徐显明：这叫作招生改革的一小步，可能社会公正就会有一大步。

记者：怎么样的一大步？

徐显明：就是在招生问题上，大家都认识到了机会均等的重要性，我想许多大学不会说在认识到这种重要性之后，再继续扩大它的差别，至少这一点，大家已经开始保持警惕。

主持人：我知道您也是研究法律，研究人权法的，这样去招生，和您所研究的专业领域关系大吗？

徐显明：不光和我的领域(关系)大，和这个整个大学的使命是连在一块的，政法大学的使命，就是要推动国家的、民族的进步，和法制的昌明，民主法制都是建立在自由、平等、公正的基础之上，所以我们这个大学的价值观，要求我们这样做”①。

对于学校的上述做法，很多高校负责人囿于种种原因，虽不能至，然心向

① 《[东方时空]徐显明：追求公平与和谐》，载央视网，http://news.cctv.com/education/20060719/104322.shtml。

往之，纷纷向法大致以敬意。南开大学校长侯自新表示，中国政法大学按各省人口比例确定高考招生名额，这一做法应该得到尊重。全国政协委员、中山大学党委书记李延保表示，中国政法大学是中国的政法大学，该校的拨款主要来自国家；另外，作为一所专业性高校，尝试按人口比例招生是好事，既有利于学校也有利于学生。全国政协委员、上海交通大学党委书记王宗光表示，此举具有试点意义，“应该说这是个好事”，有助于实现教育大众化和均衡化。①

有人说，京城之中论媒体关注度非北大、清华两大巨头莫属，然而面对招生公平一事，法大先声夺人、风头直上，博得了全国民众的喝彩。

各路媒体纷纷以《中国政法大学高招改革引发教育公平之争》等显著标题大加报道，北京大学法学院与清华大学法学院的两位教授还就此事以“反对”与“支持”的态度在《中国青年报》上交手过招。②

除此，诸多学者还以《按人口比例分配招生计划的公平性——论中国政法大学的招生改革》为题，③将此问题在相关刊物上进行严肃的学术探讨。《齐鲁晚报》直抒胸臆道：“我们对中国政法大学，对这所大学的校长徐显明先生深表敬佩，因为徐显明校长和他领导的大学，是我们时代的先行者。”④以腾讯网为首的各大网站更是推出了题曰“好样的，中国政法大学！打破高考地域不公、首所按省人口比例招生的高校”等相关专题板块。

据中国校友会统计的“高校声誉和社会影响力”的排行榜，法大以其自身实力与社会贡献度长期受到国人及媒体的关注，使其在近10年来，一直稳居前15强！

---

① 廖卫华、王姝、徐春柳、张剑锋：《中国政法大学高招指标按各省人口分配》，载网易网，http://news.163.com/06/0311/05/2BTKBISH0001124L.html。

② 李丽：《中国政法大学高招改革引发教育公平之争》，载人人网2021年11月10日，https://www.renrendoc.com/paper/162488570.html。

③ 李文胜：《按人口比例分配招生计划的公平性——论中国政法大学的招生改革》，载豆丁网2014年12月14日，https://www.docin.com/p-989187030.html。

④ 雪里埋：《维护教育公平　谁是中国政法大学的后来者?》，载腾讯网，http://edu.qq.com/a/20060313/000029.htm。

五、外事破局

当今时代,大学“国际化”发展方向已经成为越来越多高校的自觉选择,一所世界一流的高水平大学必然是一所“开放性”的大学也逐渐成为业界共识。

几年来,随着办学思路的调整和办学目标的明晰,学校对外交流成绩日益凸显。为总结三年来的外事工作经验,全面贯彻学校第六次党代会精神,具体落实业已确定的外事工作战略目标,把学校外事工作推向新阶段,2005 年 5 月 20 日,中国政法大学 53 周年校庆暨外事工作会议第一次会议在学生活动中心学术报告厅举行,这也是学校第一次举行外事工作会议。

校长徐显明、党委副书记兼副校长马抗美、副校长朱勇、副校长张桂琳、副校长张柳华、纪委书记李书灵、副校长张保生、校长助理陆炬,各院院长、主管外事的副院长、外事秘书、各部(处、所)负责人及学生代表参加了会议。副校长解战原主持会议,副校长朱勇作“更新观念,开拓进取,全面推进学校的外事工作”的主题工作报告。

会上,徐显明校长作重要讲话。他认为这次会议是学校外事工作由低层次向高层次的一个重要转变,标志着学校外事工作的主体由单纯的教师间的交流扩展为师生间的交流,交流的项目由单纯的法学专业向多科性转化,对学校未来外事工作的开展具有重要的意义。

针对外事工作的开展,徐校长重点提出了四点意见:首先,要转变外事工作的观念,主要是要树立四大观念。一是将国际交流与合作作为学校的一个中心工作来做;二是将国际学术交流作为实现学校开放性办学目标的必由之路;三是要建立一种大外事,大国际交流合作的观念,即全体师生都应树立起外事工作的责任观念;四是实现多元化国际交流与合作,即从地域、层次、学科以及学科主体四个方面全方位地实现交流与合作。其次,要健全外事工作的管理体制和机制。再次,要加强外事工作队伍的建设。最后,徐校长提出通过这次会议,要实现国际交流的地域、重大的交流项目及争取国际教育款项等九个方面的突破。[①]

此后,法大的各项外事工作可谓硕果累累。如徐校长在《校长工作报告》中这样说:“2007 年,我校对外交流活动与往年相比,一个重要特点就是大学代表团以外的政府及高层领导人员来访比重增加,层次规模显著提高,这有力说明了我校的国内外声誉和影响力正在大幅度提升。

1. 来访团组层次不断提高。2007 年,共接待了来自 20 多个国家和地区的 50 余个代表团,接待人数近 400 人次。来访外宾层次较高,影响范围已从大学和研究机构扩展到高层政府部门和国际性组织。继 2006 年首次接待了外国元首来访之后,去年法大先后接待了联合国秘书长特别顾问、瑞士前总统奥吉先生,美国前总统卡特先生等,他们对法大的赞扬与肯定推动着法大国际声誉的日隆与扩大。

2. 对外合作协议及项目不断增加。2007 年,法大与一些世界知名高校签署了合作协议。其中,美国明尼苏达大学、加拿大蒙特利尔大学、法国里昂二大、德国科隆大学、明斯特大学、日本立命馆大学、西班牙马德里自治大学等世界知名高校属新拓展的关系学校。另外,2007 年法大获得外部经费比往年有大幅度增长,通过各种渠道聘请长期专家达 18 人,执行外国专家聘请项目 6 个,聘请短期外国专家达数十人。

3. 国际学术活动继续活跃。2007 年,法大共组织国际学术会议 11 次,来校参加国际会议的中方代表共计 700 人次,外方代表达 131 人。”[②]

不过,在诸多外事工作中,最令教育界人士印象深刻的,当属徐显明校长亲自坐镇指挥,并最终战胜众多强劲对手的“中欧法学院争夺战”,事后很多人都说,学校当年能成功创办成立中欧法学院堪称一个奇迹。

1994 年,欧洲委员会和中国原外经贸部在上海创办中欧商学院。该学院

---

① 邹雪、严亚男:《我校 53 周年校庆暨外事工作会议隆重举行》,载《中国政法大学校报》2005 年 5 月 30 日,第 1 版。

② 徐显明:《中国政法大学 2007 年校长工作报告》,载百度网 2008 年 1 月 12 日,https://wenku.baidu.com/view/f537c0c6ba0d4a7303763a0c.html?_wkts_=1688229 333452。

后来发展顺利,赢得了良好的国际声誉,并且做到了资金自给自足,不再需要欧方的资助。

2004年6月,欧洲政策中心主任斯坦利·克罗希克(Stanley Crossick)在《欧洲之声报》上表示"欧方目前正考虑将省下来的资金在华再创办一所中欧法学院"。这是有关创办中欧法学院的言论第一次见诸公共领域。

其实早在2000年,中欧双方就启动了中欧法律和司法合作项目,专门为中国法官、检察官和法律专业人员设计欧洲的培训方案。作为中国最大规模的法律合作项目,欧盟委员会在随后的6年里为该项目提供了1300万欧元的资金。

2005年该合作项目即将结束,中国政府和欧洲委员会达成初步协定,希望在该合作项目的基础上建立一个长期的机构即中欧法学院,以进一步加强中欧在法律方面的合作。

2006年9月,中国和欧盟在芬兰首都赫尔辛基召开第9次中欧峰会,会后双方发表共同声明,其中一项就是"双方领导人赞同合作举办中欧法学院,欢迎欧方的赞助。双方有关部门将继续就此协商尽快达成协议"。

然而,虽然中欧法学院建院财政协议早在2007年1月就已签署,但该学院究竟设在中国哪所大学之中,一直都是悬念。其时欧盟驻华大使安博表示,筹建方将邀请中欧双方在法学领域最有实力的大学进行申请,"比如中国的北大、清华、人大,欧洲的牛津、剑桥、巴黎大学等,都有可能成为最后的获选学校"。

在国内,关于争夺中欧法学院的各种消息不绝于耳,各路高手尽皆放话,誓要将中欧法学院这个大大的"红货"收入囊中。比如北京大学校园中,很长一段时间里都流传着北大即将获得中欧法学院承办权的令人激动的消息;中国人民大学法学院副院长龙翼飞教授也表示,人大正在积极申报中欧法学院等。除此,国内高校中数一数二的清华大学和具有政府背景的国家法官学院,也都分别向媒体表达了要独自出征、决胜境外的雄心。

当此形势背景之下,法大最终能否把中欧法学院争取过来,其所面临的工作难度和未知变数可想而知。

在欧洲,各国大学希望参与中欧法学院的热情也是异常高涨,竞争十分激烈。德国媒体报道,除有德国汉堡大学牵头的团队外,还有来自意大利和法国的对手,大家均对该项目心仪良久,全部手段也悉数祭出,谁都想尽快赢得该项目的欧方主承办权。①

面对众多摩拳擦掌、虎视眈眈的中外强手,面对欧盟驻华大使根本就未将法大计划在中标主体名单内的不利窘境,号称"中国法学教育最高学府"的中国政法大学是否就此作罢,而将这一千载难逢的机会拱手让人呢?换作别人,真是难说。但是要让徐显明校长不争不斗束手就降,还是想都别想!

面对前面谈到的国内四路强大竞争对手,徐校长究竟用了什么办法最终达成所愿了呢?窃以为,以下的几个策略可能起到了关键的作用。

第一策,主动出击。从定下争夺中欧法学院的目标后,徐校长便主动出击,一方面去主动联系关键的人。如 2007 年 9 月 3 日,徐显明校长专程到贵州拜访当时正在贵州考察的、最早向欧盟提出建立中欧法学院这一设想的时任全国政协委员、全国政协社会和法制委员会主任张福森,向他通报中欧法学院项目申报情况,请求张福森接受中国政法大学提名,担任中欧法学院联合管理委员会中方主任。还如徐校长又主动拜会坚定支持张福森创意,并在欧盟内对推动该项目进展能起关键作用的欧盟驻华大使安博先生。

另一方面学校主动向评判方展示法大的办学实力和竞争优势。如 2007 年 10 月 11 日,欧盟组成项目评估团,到中国政法大学昌平校区进行实地考察。徐显明校长向欧盟评估团介绍了学校的历史沿革、教学设施、师资力量和周边环境等情况,回答了欧盟评估团提出的问题,并陪同欧盟评估团参观了学校昌平校区的图书馆、国际交流中心、实验室和明法楼。

第二策,以"合"为贵。相对某些高校凭恃己能而欲独吞该项目的贪婪作法,徐校长多次表达并实践了一种"合作、共享"的工作思路。2007 年 4 月 17

---

① 《中欧商学院"姊妹花"中欧法学院探秘》,载新浪网,http://finance.sina.com.cn/g/20071129/00074228286.shtml。

日,徐显明校长、张保生副校长分别与北京大学法学院院长朱苏力教授、中国人民大学法学院院长王利明教授洽谈,表达了合作申报中欧法学院项目的意愿。徐显明校长表示,中欧法学院的起点就是合作,没有合作甚至无法迈出第一步;中欧法学院项目是中国法学教育界对外合作交流的一个开放的平台,无论哪个学校赢得竞标,中国政法大学都乐见其成,而如果中国政法大学中标,我们更期待兄弟院校的加盟。

除上述两校外,法大亦向其他高校表达了良好的合作愿望。2007 年 5 月 21 日,国家检察官学院给中国政法大学发出书面回函,表示同意参加中国政法大学所在的竞标团队。6 月初,清华大学法学院明确表示,院方愿意参加中国政法大学所在的竞标团队。8 月 15 日,中国政法大学朱勇副校长与国家法官学院怀效锋院长商谈中欧法学院项目合作事宜。朱勇副校长向怀效锋院长通报欧盟对国家检察官学院和国家法官学院可以参加中欧法学院项目多个竞标团队的意见,邀请国家法官学院参加汉堡大学—中国政法大学竞标团队。怀效锋院长代表国家法官学院同意参加汉堡大学—中国政法大学竞标团队。

国内如此,国外亦然。经过精挑细选后,学校决定与德国团队进行合作。2007 年 4 月 5 日,徐显明校长、朱勇副校长、方流芳教授、许兰教授与德国汉堡大学校长卢策先生(Dr. Jürgen Lüthje)、汉堡大学法学院院长汉斯·图特教授(Prof. Dr. Hans-Heinrich Trute)、德国技术合作公司尤翰林教授(Prof. Dr. Hinrich Julius)会晤,双方就组建中欧法学院项目的竞标团队初步形成合作共识。

第三策,知人善任。2007 年 5 月 21 日下午,学校召开留学欧洲人员座谈会,高浣月副校长主持会议。徐显明校长向与会教师通报了中国政法大学与欧洲学术交流的基本情况,宣布了学校申报中欧法学院项目的决定,希望留学归国的教师踊跃参与,配合中国政法大学的项目申报工作。方流芳教授向与会教师通报了中欧法学院项目的内容、研究项目的申报方式和程序。

具有海外留学经验的费安玲、罗莉、李嵩、田士永、许可祝、李居迁、许浩明、朱利江、岳礼玲、郑旭、许兰、米健、丁强、徐妍、张彤、张学哲、潘小娟、班文战、齐延平、高家伟、王敬波、张卿、张伟、元铁、许传玺、方流芳、齐红等法学、政治学、经济学等学科教授纷纷参会。

许浩明、米健、岳礼玲、张卿、费安玲等教师先后在会议上发言。与会人员围绕中国政法大学如何参与竞标、需要应对哪些问题、本人愿意提供哪些帮助,各抒己见,畅所欲言,不时引发坦率的争辩。接下来,与会人员集中讨论的议题是:如何落实中国政法大学应当在竞争中欧法学院项目过程中提出的研究项目？会议最后就研究项目的申报形成了可行方案。会后,徐显明校长代表校方宴请与会教师,大家继续围绕中欧法学院项目进行讨论。

除此,徐校长还特意将法律硕士学院院长方流芳教授调任至中欧法学院筹备组,令其从事所有与该学院成立相关的具体事宜。在中欧法学院成立庆典上,徐校长这样评价以方教授为首的团队工作:我要感谢以方流芳教授为院长的中国政法大学中欧法学院的项目申报和实施的优秀的团队。他们不计劳苦、不舍昼夜的忘我精神让人感动,他们在项目 9 月 17 日正式获批后的不到一个月的时间里,完成了对 234 名申请者的各种审查、语言考试及面试等多种程序,公正而又高质量地完成了招生工作,使得中欧协议中所列秋季开学能如期举行,他们是一个能够不断创造奇迹的团队。①

第四策,法度为先。建院多年后,中欧法学院首任院长方流芳教授这样说:合规守法是学院一直秉持的优良传统。在学院成立前夕,外方逼迫我等在教育部批文下达之前公布招生简章。外方强调:错过 2008 级招生,无论什么原因,都是中方违约,中方必须补偿全部损失。在听了我的汇报和分析之后,徐显明校长沉默良久之后说:“我们不能以违规为代价去迎合外方！还是等教育部批文下达之后再说吧！”

学院发布第一次招生通知的时间是 2008 年 9 月 24 日——这一时间是学校向我转达教育部批文的 3 天之后,是全国研究生招生报名结束 10 个月之后,是全国 2008 级研究生全部入学注册之后。我和我的团队就是在这样的情

① 蒋安杰:《梦想成真的时刻——中国政法大学中欧法学院成立庆典侧记》,载腾讯网,http://news.qq.com/a/20081026/000886.htm。

况下承担起了学院的首次招生任务。在不可想象的困难条件下,我们还是在10月完成了从北京四所高校2006、2007、2008三个年级的法学研究生中选拔首批双硕士的工作,并在10月20日顺利开学。

在学院的开学典礼上,徐校长高度赞扬了学院践行法治的真诚和执着,并希望这一开端成为学院的传统。

也正是徐校长一直坚持的这种"阳光、合法"地争取、经营学院的做法,才为法大争取到学院中方承办权。

第五策,规则制胜。当在申报过程中发现形势对学校极端不利,并经徐显明校长带头研判后,最终决定利用国际规则来予取胜。

何谓国际规则?唯"投票权"尔!按照当时的申获标准,谁能够最终承办中欧法学院,其投票权皆在欧盟诸国,而不在欧盟的贸易代表,也不在中方教育主管部门。所以学校开始派员游说欧盟诸成员国,徐显明校长也再次披挂上阵率团访问欧洲。据当事人回忆,要建中欧法学院,这个"欧"里边必须要有5个法系以上的国家参与。众所周知,世界上的法系主要分为英美法系和大陆法系,其实在欧盟体系内部其划分更为精细,比如荷兰即为单独的一个法系,因其历史上既受到了罗马法复兴的影响也有日耳曼习惯法的一些内容,所以最终形成了罗马荷兰法系。再如北欧的瑞典、芬兰、丹麦等国家则属于斯堪的纳维亚法系。所以学校就在能代表这5个法系的国家中各选了一所大学作为下一步的合作伙伴,然后再与相关大学组团共同竞争中欧法学院。

至于与这些欧洲国家各大学联系的桥梁和纽带,就是前述的那些具有留学海外背景的老师们。据统计,当时学校在欧洲留过学的老师有80多人,这个数量超过了许多大学法学院所有教师的总和,学校审时度势把这些具有欧洲留学背景的老师全部组织到了申报团队中来。据说当年学校把这个80多人的名单报给欧盟的时候,欧盟亦因法大竟然拥有如此数量的具有欧洲留学背景的法学教师而深感震惊。

当欧盟诸国认真研究并慎重比较了来自中国的诸多高校的法学实力后,开始进行最终的投票。毫无悬念的是,二十几个欧盟成员国中大部分国家都投给了法大。

最终,“汉堡大学—中国政法大学团队”在竞标中胜出。汉堡大学代表全体团队成员与欧洲委员会签署了资助协议。资助协议规定:欧洲委员会将在5年内投入17512574.64欧元,在中国政法大学昌平校区组建“中国政法大学中欧法学院”。

时任国务院总理温家宝在北京出席第四届中欧工商峰会时发表重要讲话,称“中欧工商管理学院已成为众多优秀管理人士的摇篮,我们期待即将启动的中欧法学院培养出大批学贯中西的法律人才”,并代表中国政府正式宣布了中欧法学院项目的启动。

2008年10月23日,中欧法学院成立庆典在中国政法大学昌平校区隆重举行。

成立大会上,时任中共中央政治局常委、国务院副总理李克强在致辞中说,中欧法学院作为中欧双方在教育领域合作的重要项目,不仅是在中国举办的、是中欧合办的,同时也是面向世界的。他相信,中欧法学院将成为一流的法学院。他希望并相信中欧双方真诚合作、相互尊重,一定能把中欧法学院办成一个了解学习、相互借鉴法律制度、培养通晓中欧法律专业人才的重要平台,在推动中欧关系向纵深发展方面发挥特殊的作用。

欧盟委员会主席巴罗佐在致辞中说,中欧法学院的成立是中国和欧盟伙伴关系发展中的重要时刻,是中、欧双方良好合作的证明,它拉近了彼此的距离,让双方对未来抱有共同的憧憬。他代表欧盟委员会对中欧法学院的新生表示祝贺,并指出全球化的时代充满挑战,开放的社会、经济和市场都需要法律,法律已成为国际合作必不可少的工具。他强调,设立中欧法学院的目的不仅是研究不同的法律体系,更重要的是能够推动中、欧之间进一步的理解和合作。

校党委书记石亚军表示,法大将不辱使命,举全校之力推动中欧法学院的建设和发展,努力把中欧法学院建设成为世界一流的法学院,成为中欧法学交流的重要平台,学贯中西的法律人才培养基地和中欧法学教育基地的成功典范。

校长徐显明表示，中欧法学院作为中欧间法律文化交流的桥梁与平台，其成立在中国法学教育历史、中国法治进程、中欧文化交流史中具有伟大的意义。中欧法学院将以其高起点、国际化、一流水平和中西合璧等特点成为中国法学教育的骄傲；由中欧法学院培养出来的杰出人才，日后必将成为中国法治建设的中坚力量和领军人物。

中欧法学院是我国改革开放三十年来在法学教育领域最大的中外合作办学项目，是我国与欧洲著名大学的法学院合作培养高端国际法学人才的学术机构。它的成立开启了中欧法学教育的新纪元，具有广阔的发展前景。①

据报道，在中欧法学院成立不到两年后国外出版的"世界法学硕士项目指南"中，中欧法学院已成功晋级为全亚洲第二受欢迎的法学院。

新世纪的法大，正如国际功夫巨星成龙在《人生剪接机》那首歌中唱的那样："从来不退缩，要凭全力搏口碑，前途不见光，借来灯光传万里，前程握我手，路旁全是摄影机，凭我心血编导真正的日记……"

诚如《周易》所言"天行健，君子以自强不息"。法大人正是通过这一次次不懈地努力，而终于赢得了国内外同行与世人的普遍关注和尊重。

六、硬件破局

以当年八号楼一层为例：先不说每间寝室内部那原本按照二人间设计，后来逐渐演变为六人间，连床边铁架都被坐弯的狭小空间是多么地让人感到逼仄难忍。单说寝室外边作为公众通行之用的那条深邃悠长的走廊，由于其地处整栋楼的底层，采光相对较差，而且整个走廊的顶灯朦胧幽暗，寒冬时节，个别只着底裤的男生，在小解完毕后一边双手快速摩擦着裸露在外的玉臂，一边嘴中"嘘哈嘘哈"含混不清地快速赶往宿舍。

远处看去，白花花的一大团东西以 50 米冲刺的速度，随着"咚咚咚"的脚

---

① 参见谭晶晶：《李克强与巴罗佐共同出席中欧法学院成立庆典》等新闻稿件，载中国政法大学新闻网 2008 年 10 月 24 日，https://news.cupl.edu.cn/info/1015/9116.htm。

步声快速向你袭来,这惊悚场景就问你怕不怕?所以饶是上午九十点钟路过此地,也不免令人寒毛倒竖、心惊胆战。每当忆及此处,便不免替名导吕克贝松惋惜,若是他早年有过留学法大的不俗经历,那么经典名片《这个杀手不太冷》中的莱昂最后通过的隧道将会是另外一种令人过目不忘的诡异光景,整部片子难说会再上一个档次。

寝室如此,食堂更甚。别的不说,单想那些漆皮剥落、露出原木的板凳竟能堂而皇之地雄踞于餐厅大堂,诸君就一定不难想象那个号称昌平第一食堂所在的地方,其硬件设施究竟能破到什么程度了吧,要知道,当时一所差不多中学食堂中的餐椅也早就都是橡胶质地的了……

某日中午,室友兴冲冲回来道:"真不错,有剧组来咱们学校拍电视来了,下午自习时打听一下拍的是什么,将来回去也帮咱们学校宣传宣传。"大家闻听此言,一时群情高涨、猜测纷纷、评议良久,只等下午进一步落实情况。

傍晚时分,那位上自习的同学终于给这些不上自习的同学带回了以后必须要去上自习的动力,原来人家在拍一场 80 年代初的戏剧。

据说剧组在市内跋山涉水、翻山越岭,那是实在找不到能和那个年代相匹配的背景建筑了,终于在选景师即将放弃努力之时,他们惊喜地在被称为北京后花园的昌平区的法大校园内,发现了那处北京绝无仅有的圣地——"蓦然回首,那地巍然京郊幽静处"。

列位想想,这学校的面貌得多么古朴沉静才能让我们在 21 世纪却能找回 20 世纪 80 年代的沧桑感呀!所以,听闻此言后的同学们尽皆收心立志、发奋读书,决心以自身的实际行动,以尽快考到那些发展节奏能与时代合拍的高校去。

可能也正是因为如此这般,石亚军书记、徐显明校长才在后来的会议上,向全校师生许下诺言,要让法大"一年一个样,三年大变样"。

此后,每到假期学校新闻网或公告栏中就会挂上一层层的工程招标广告,而学校的硬件水平也随之一步一步提高起来。如在《2002 年中国政法大学修缮招标工作总结》那篇新闻中,这样写道:"学校招标领导小组自成立以来,修缮工程方面就进行了十六次对外公开招标。1 月 24 日举行了昌平校区阶甲、阶乙教室改造装修招标会;3 月 12 日举行昌平校区办公楼门厅、贵宾室等装修招标会;4 月 1 日举行了昌平校区人行道、路灯改造更换招标会;4 月 3 日举行了昌平校区办公楼塑钢窗户安装招标会;7 月 22 日至 24 日又连续举行了教学楼、学生公寓等更换门窗、电改造、室内粉刷和屋面防水等 9 个项目招标会。

上述十六次招标,总概算价 11132850 元,中标价为 7342562 元,实际招标价只占原概算价的 65.95%,节约工程费 3810288 元,占 34.05%。其中十四项修缮工程按时完成任务,占十六项工程的 87.5%,只有学生公寓电改造和门更换出现了一些意外问题,没有按期完成任务。已完成的十四项修缮工程经学校验收小组验收,工程质量达到了合格以上。总的来说,经济效益和社会效益都很好,受到了广大师生的好评。

另外,今年以来,特别是校庆期间和暑假期间,两校区的零星修缮改造工程计 62 项,都由维修中心、绿化保洁中心和水电中心承担施工,基本上按时按量完成了施工任务,学校面貌大有改观。"①

还比如 2006 年 9 月,一篇题为《我校暑期修缮改造工程顺利进行》的新闻稿件这样写道:"继 2004 年对图书馆的修缮,2005 年对教学楼、礼堂、体育馆的改善之后,2006 年又按计划对部分食堂和昌平校区操场等场所进行了全面修缮。

此次改造从设计、监理和施工单位的确定都由校招标领导小组严格按照《中国政法大学招投标管理办法》执行。

……

7 月中旬,昌平校区一、二食堂和学院路校区食堂一层修缮工程先后开始施工……

8 月底开学前夕,提前到校的同学们可以坐在装饰一新的食堂里用餐,都不免为学校的改变惊叹。一位同学欣喜地说:'现在食堂的卫生、光照条件和整体环境都比以前有了较大改善。能在学校为我们创造的这样一个好的环境

---

① 《2002 年中国政法大学修缮招标工作总结》,载中国政法大学新闻网 2002 年 11 月 1 日,https://news.cupl.edu.cn/gjjsjg.jsp?wbtreeid=1195。

下用餐觉得很开心。'

另外,为了满足同学体育运动的需求,解决场所不足的困难,学校决定对昌平校区篮排球场进行了改扩建,增加排球场面积,铺设塑胶面层,安装照明设施,延长开放时间。由于要增加场地面积,在搬迁后勤员工宿舍、办理伐树手续等方面拖延了一些时间,另外篮球场基础比预想的情况还差,需要进行处理也耽误了一些时间,两操场于9月10日完成基础夯实、沥青铺设工作,目前已经进入晾晒、保养阶段。

据悉,2006年暑期后勤改造工程将于国庆节前后彻底完工,相信届时我校的硬件设施将会得到很大改善,学校基础设施建设也将更上一层楼。"①

除每年寒暑假都要进行的改造修缮工作外,各种崭新的建筑物也在学校相继崛起,如2004年《今天中午我校举行学生活动中心启用剪彩仪式》的新闻报道称:"12月31日,一个辞旧迎新的日子,我校昌平校区学生活动中心在这一天正式启用了。中午,剪彩仪式在学生活动中心一楼大厅举行。校党委书记石亚军、校长徐显明、副校长张柳华出席仪式,党委副书记兼副校长马抗美主持仪式。

今年正式完工投入使用的学生活动中心是在学校两届领导的关心下建成的,她汇聚了几代法大人的期望和汗水,为学校同学在教室和图书馆外提供了真正意义上的'第二课堂',这为学校的素质教育开展提供了物质支持和空间保证。

党委书记石亚军教授和校长徐显明教授在仪式上致辞,他们表示学生活动中心的启用体现了学校'以学生为主体'的办学理念,并且在以后将坚持这个理念,为学校同学提供更广阔的学习活动空间,同时也希望同学们在新的一年里在学业上取得更大的成就。"②

2007年3月,学校投入巨资进行了昌平校区校园环境景观改造,并于当年9月竣工。此次的施工更换了白玉兰、望春玉兰、银杏、油松、紫叶李、栾树、马

---

① 林美玉、周思:《我校暑期修缮改造工程顺利进行》,载中国政法大学新闻网2006年9月18日,https://news.cupl.edu.cn/gjjsjg.jsp?wbtreeid=1195。

② 《今天中午我校举行学生活动中心启用剪彩仪式》,原载中国政法大学新闻网。

榭木、元宝枫、云杉、法桐等乔木24株；更换品种月季、金叶女贞、紫叶小檗、珍珠梅等灌木2000余株。同时修复了下沉路面及脱落卵石共70余平方米。校区校园环境景观初次养护完成，"小而美"的校园环境逐步呈现。

2003年《校长工作报告》称："近两年来，通过积极争取各项资源，学校的收入已经从2000年的2.25亿元增加到2001年的3.32亿元和2002年的3.78亿元，今年还将进一步增加。经费的增加与投入，使学校的基础建设得到改善。两年中，学校完成了昌平校区教学楼E段、学生公寓10号楼、11号楼、学生活动中心等项目共17400平方米的建设，完成了昌平校区田径场塑胶改造、昌平校区学生公寓、办公楼、教学楼的门窗、电路、供暖系统及学院路校区的污水系统等全面改造，对校园网进行了扩容、提速……教学用电脑由2001年的586台，增加到现在的1160台；多媒体教室由18个增加到31个，共3804个座位；语音实验室由4个，增加到10个，共384个座位。为进一步缓解学校教学资源紧缺问题，开展正常的教学科研工作提供了保障。学院路明光村拆迁工作扩大了办学空间，优化、净化了学院路校区办学环境，为争取教育部学生公寓项目（3万—6万平方米）及全面改造老校区奠定了基础。"①

"新建了30个多媒体教室；生均校舍达到了19平方米，生均教学仪器值由1300多元上升到2064元，新增教学科研仪器设备值1312万元，固定资产增加2887万元；法律数据库万律（Westlaw）、律商联讯（Lexisnexis）学术大全、万方数据资源系统先后提供给全校使用也标志着我校图书馆网络建设取得重大进展。基础建设方面，2004年基建项目共7个。其中：包括3700平方米的学生活动中心在内的竣工项目3个，在建项目2个，新建项目2个，总投资18881万元，目前资金已全部到位；争取到专项拨款1194万，比去年增长了100%；今年还利用暑期对教学楼、办公楼等基础设施进行了大规模维修改造。"②

---

① 徐显明：《齐心协力　同心同德　为实现我校的办学目标而奋斗》，载中国政法大学新闻网2004年2月24日，https://news.cupl.edu.cn/info/1013/1339.htm。

② 《徐显明校长新年致辞》，载中国政法大学新闻网2004年12月31日，https://news.cupl.edu.cn/info/1013/1291.htm。

“我校作为文科院校,资金来源渠道相对较少,办学经费基本依靠国家投入。学校划归教育部管理后,通过积极争取各项资源,为学校的建设与发展提供了有利条件。学校的办学经费已经从2000年的2.25亿元增加到2005年的4.7亿元,2005年,学校除得到教育部经常性教育经费拨款外,还争取到的‘修购专项’‘行动计划’资金共计9700万元。创政法大学历史以来之最高。经费的增加与投入,使我校的基础建设得到改善。2005年,学校完成学生活动中心、学院路校区研究生公寓等项目共30000平方米的建设,完成两校区礼堂、昌平校区学生公寓、办公楼、教学楼、电路、供暖系统及学院路校区的污水系统等全面改造,对校园网进行了扩容、提速。教学用电脑由2001年的586台,增加到现在的1280台;多媒体教室由18个增加到160个;语音实验室由4个,增加到10个。办学条件得到进一步改善。”

“在图书馆和网络建设方面:全年共购置、受赠中外文图书刊52364种,183580册,增加了3个外文数据库。投入图书馆资料费2200万元。这是我校历史上信息建设最大的一次投入。该项目建成以后,我校将建成国内首家法律专业图书馆,人文图书馆也将同时诞生。

发放近560名职工各类住房补贴1402万元,做好房改后续工作。

学院路校区4万余平方米的1号学生公寓开工建设准备工作随四号楼的拆除而告结束,昌平校区留学生公寓将于今年5月交付使用。

以科技创安为突破口,大力开展平安校园建设。目前,昌平校区的视频监控率已达80%,主要公共场所均实现无障碍覆盖,提高了校园的安全程度。”

“2007年5月,学院路校区1号学生公寓开工建设,建筑面积达六万余平方米。学院路校区科研楼、图书馆、主教学楼、交流中心项目获得批准,项目设计招标工作正在进行中。学院路校区教师家属居住区3000平方米配套项目获得批准。昌平校区文渊阁图书馆及国际交流中心先后交付使用。

以校园环境绿化美化工程为重点,学校组织开展了校园维修改造工作,先后实施了昌平校区校园环境景观改造工程,图书馆、学生公寓、办公楼、教学楼、国际交流中心等维修改造工程,改善了办学条件,美化了校园环境。同时,进一步规范后勤管理,积极开展优质服务,后勤服务工作正式通过 ISO9001 质量管理体系认证。”

如果让我们暂时忘却那个可能永远也无法再实现的新校园之梦的话,细数法大自 2001 年以来那些较大规模的土建工程,我们发现学校新增了国际交流中心、学生活动中心、逸夫楼、明法楼、学生公寓、文渊阁、研院宿舍楼、研院新图书馆、橡胶体育场、民主广场、人权宣言墙、孔子像、法鼎、法镜、钱端升铜像等诸多建筑……

这些在这片不足 500 亩土地上不断崛起的建筑,使得师生们学习、生活及运动的空间大为拓展,生存与发展的环境得到了一定程度的改善,使大师与小师、博士、硕士和学士们总算在与社会大众共有军都、莽山等青山的同时,还或多或少地拥有了些许专属于法大人自己的小楼……

七、校长再见

作为世纪之初法大被划归教育部后担任学校校长的徐显明教授,凭借自身的能力和贡献,无论其在任之时还是去职之后,皆获得了学校绝大部分师生的认可和称赞。

其实,对于徐校长的业绩不论我们认可与否,如果我们能够平心静气,抛弃固化到个人身上那具体而微,甚至是吹毛求疵的陋见,而以一种更为宽广与弘忍的视角看待显明公的话,徐校长身上还是有太多需要我们认真体会与学习的地方。只不过大多自诩见识广博、慧眼独具的精英,一生也不会意识到“贪、嗔、痴、慢、疑”这五病中,自己到底染了几种,是以才有了针对这些人的“逢某必反”的对症之词。

不过,要说别的领域染病尚不足虑,那么作为社会良心的法学界精英倘也患病不轻的话,那我华夏社会可谓危矣!对于这些人,别的智慧暂时不敢期许,就让他们快点达到“大圆镜智”的层次吧,至少心如明镜,方可观人、论事,否则尘垢蒙心,又如何能有那易得却又难得的“客观”可言呢!

对于徐校长,我们可以从很多侧面对其予以评说,如可以称其为理念校长,可以称其为实干校长,可以称其为谋略校长,可以称其为演讲校长……

总之,他与一切最后为大众所赞赏的人一样,共同具备着“想干事、能干事、干成事”这一共同的优秀品质。而且不论大家认可与否,不能否认的是,徐校长的一些治校理念、经营方略,正有形与无形、短期共长期地影响着法大的发展。

比如说在人才引进方面,徐校长就打了一套“人才——基地——资源——再发展”的组合拳:

首先,其去教育部为学校争取了巨额师资引进经费。如 2003 年左右,徐校长一次就从教育部争取了 1000 万元专项资金;[①]其次,他用这些钱去挖外校精英师资,然后用这些精英师资的影响力再去为学校争取各种人文社科基地,或者硕士点、博士点(如当年引进张中秋等教授,学校就明确说是申请基地之所需);[②]再次,各种基地、硕博点的存在,为学校的发展带来了大笔的发展资金,比如说证据实验室一项,我们不用去求告谁,国家每年就必须按章程给我们几千万的建设经费;最后,徐校长再用这些越滚越厚的资源向世人证明法大本属一流,不论是国家还是社会继续对其进行投资肯定没错……

何况,正是因为学校有了这些硕士点、博士点,一些博导级名师才会在学校向他伸出橄榄枝时予以认真地考虑,而这些名师的加入也确乎让广大在法大求学的学子受益良多。

对于人才引进工作,徐校长在多年后回忆说:

1952 年院系调整组建学校时,我们最主要的基础是北大法学院,当时我们的师生主要来自北大、清华、燕京、辅仁这 4 所大学,这都是好大学,所以我们有优良的基因。我想,老北大那种“思想自由、兼容并包”的精神既要在北大传承,法大也要继承这个基因,所以我在办政法大学的时候,是非常主张学术自

---

① 《徐显明校长在 2004 年中层干部会议上的讲话》,载中国政法大学新闻网 2004 年 2 月 19 日,https://news.cupl.edu.cn/info/1013/1337.htm。

② 《徐显明校长在 2003 年下半年工作布置会上的讲话》,载中国政法大学新闻网 2003 年 8 月 22 日,https://news.cupl.edu.cn/info/1013/1327.htm。

由、思想自由的,主张每一个学科里边都要有那么几个在全国有代表性的学者,因为那时政法大学的办学目标定的是多科性大学,所以每一个学科里总要有那么几个能进入到国家队的代表性人物,这就是在选人时候的一个基本思考。

当时学校引进人才优先是法学,法学我们一定要拥有中国最好的法学专业,所以哪有最好的法学师资,我们就到哪里去吸纳。其次要考虑到政治学,那个时间我们还要进行学科点的布局,政治学是政法大学最有可能成长为法学以外的新的博士点的学科,所以政治学上我下了很多的功夫,为了把蔡拓老师从南开大学吸引过来,我亲自到南开去请蔡拓老师来做政治与公共管理学院的院长,那么和蔡拓老师处在同等水平的,还有一位叫乐国安的老师,我也要把他请来一起强化学校相关学科的力量,所以我们打算从南开大学引进这两位重量级的学术人才。

可是南开大学的校领导也都非常重视人才,所以其主要校领导在了解到相关情况后都非常着急,南开大学的书记和校长在开会的时候都来找我,说无论如何也不能给他们办人事关系。因此我后来又专门跑到南开大学去拜会人家的书记和校长,就做好了人家要指责我们的准备,准备要去负荆请罪。最后我终于把人家的书记和校长都说动了,这两位老师也就正式成为了政法大学的教授,而这两位老师后来对我们学校政治学博士点的建立也起到了至关重要的作用。

就这样,每一个学科我们都要引进一些知名的学者,你想如果政法大学没有人文学科,我们的法学就是干巴巴的法学,所以必须把人文学科建立起来,因为人文学科里边有文学、有艺术、有外国语等专业,这是我们避免学生学术背景单一化的一种手段,实现这个目标当然需要聘请一些优秀的教师。

比如史学方面的郭世佑老师,他原本是浙江大学的老师,许多人说他是非常孤傲的一个人,成名也很早,我三顾茅庐就把他请来了,所以当时学校会聚了一批大师级的人。包括丛日云老师,丛日云老师我是看了他几篇文章,我认为他文章的深刻性能够打动人,丛日云老师的学术具有穿透力,然后我听他讲了一堂课,我觉得这样的老师是一位能够站在一线讲台的非常优秀的老师,所以就下决心把他给聘请了过来。

我发现和认定人才的途径有很多，比如我可以请人来推荐，那么被推荐的人一旦能够进入我的视野内，我就会重点关注。比如当时张桂琳老师也向我介绍说丛日云老师的学术研究能力不错，然后我再重点关注他，他俩都是徐大同老师的学生，他们是同门师兄弟，但是张桂琳老师的本科是北大的，硕士是法大，丛日云老师是辽师大的，他们的博士都是在天师大读的，那个学校的政治思想史的学科建设一直位列国内第一，确实也培养出了这方面的大量有实力的人才，所以我说一个人可以代表一个学科。

另外我的阅读量是很大的，各个学科里边的顶级杂志我基本上都阅读，所以如果在最近这一两年里，比如说在《政治学研究》这本期刊里，如果总重复出现一个人名字的话，那这个人一定是在政治学研究领域里具有一定地位的人，然后我再看其撰写文章的深度，就可以了解到他思想的深刻程度，之后再通过其他人了解一下他在其他方面的表现，这样基本就可以把我们引进人才的注意力聚焦到某一个人的身上……

人才引进之于学校再发展的意义总显重大。比如，在2010年那次的硕士点、博士点争夺战中，如果我们认真翻看种种申报材料，你会发现个中挂名的代表性师资，还是当年徐校长在任时引进的那些人才。这是一种良性循环，实践证明也是一种行之有效的方略，不过这环环相扣的大战略，不是每个人都能懂、都能用的，莫将容易得，便作等闲看！

除了实干，徐校长对于如何建设他心中的法大也有着一套令人神往的蓝图，比如其上任之初曾对采访记者这样描绘法大未来的校园布局：“在未来的新校园里，大门会被命名为正义之门；打开正义之门，踏入的将是宪法大道；通向的主建筑将是法学圣殿；校园内将有几个大的特色广场，可以命名为自由广场、民主广场、人权广场；校园内的道路可分别以平等之路、明法之路、致公之路来命名；把中外100个法学家、政治哲人做成雕塑，分散在校园各个角落；宪法大道的两侧，分别是中国法律数据中心和中国法律博物馆，在法律博物馆内人们将穿过时间的隧道，领略雅典古罗马时期法律人物的思想，同时成为对外展示中国法治的窗口;主建筑的后面是十个学院,将是世界上最大的法学家集团所在地;校内既有人文之林,也有科学之园……”①当然丰满的理想与骨感的现实似乎总有着不可调和的矛盾,徐校长最终带着这个他引为终身遗憾的“新校园之梦”离开京城远赴齐鲁,不过但只这份“想法”,可不是有钱就能型构出来的!

徐校长的政绩前文屡有述及,此处不再一一复点。鉴于徐校长现仍然在法学教育领域深耕不辍,任何对其功过是非的评说都嫌尚早。所以,删繁就简只凭手中掌握的资料,仅就其一直为之努力的新校园建设一事,向一些不知个中内情的师生,替因各种原因已无法当面向广大师生解释的徐校长,做一不知允当与否的澄清。

2001 年 11 月 29 日,徐校长在京郊香山饭店举行的“法学名家谈法学教育及法大发展”论坛上的总结发言中,首次公开提到了新校园建设问题——“关于办学条件,我们应承认两个校园都不能令人满意。拥有一大批大师级人物是我们的优势,可我们的办学条件却不如人意。

主要来自三个方面:其一,来自学生。在市场经济条件下,学生选择一所大学是基于社会或市场的需求,一流的生源必须要有一流的服务,否则将会影响一个大学日后的生源。再看看我们提供了什么样的服务?一名博士生的住宿条件竟然不如交通大学一个普通本科生的条件。在这方面中国政法大学欠的债是很多的。

其二,来自教师。按照常规,每一位副教授以上的教师都应有一个独立的研究空间,这是独立地进行学术研究的先决条件。

其三,来自校园文化。中国政法大学生的校园里商业气息很浓,到处是广告,进出全是求利之人,这样的话大学带给我们的不是文明,而是世俗。然而,大学文化的特质是追求卓越,从这个角度来说所有的学术都是一流的,我们做每一件事都应向一流看齐,再联系办公楼里横七竖八的牌子,需要我们改善的

① 蒋安杰:《法界透析:“许传玺院士”风波透析》,载法治网,http://www.legaldaily.com.cn/zbzk/content/2010-09/30/content_2307271.htm?node=25492。

东西很多……”

对于徐校长为何在上任之初就旗帜鲜明地提出校园建设问题，为何其在任内七年间一直要创造条件、矢志不渝地开展新校园建设工作？我想，这倒不是他一时心血来潮。其实，对于校园面积狭小、常年两地办学等不利师生教学、生活、交流等情况，学校的老师、同学们早就在各种场合多次表达过希望建设一座新校园的良好意愿。

老教授、大师兄们对于现有校园说过什么这里不便多谈，单列几点新近入校的老师们在经历当下学校办学的种种不便条件后的客观陈述，您就可以对于为何非得需要一所新校园而略知一二了。

如法大青年教师邓文初副教授曾在《教授们在做什么？》一文中，这样描述学校老师为兼顾海淀区的研究生和昌平区的本科生教学，不得不两地奔波的情况：

“方尔加，中国政法大学教授，中国哲学名师。

本学年周二的课程安排如下：早晨6点30分赶往市内学院路研究生院，乘校车50分钟到达昌平校本部，给本科生讲授《中国政治思想史》三节；中午1点乘校车行50分钟回到学院路研究生院，下午给研究生上课；下午5点乘校车车行50分钟再返回昌平校区，晚上给本科学生上《中华文明通论》课三节；晚上9点再乘校车，车行50分钟返回学院路，再半小时回到家里。

其中车上往返时间约5小时，授课时间约9小时。

周一，往返城内与昌平间一次，授课3小时。

周三，往返城内与昌平间一次，授课3小时。

周四，往返城内与昌平间一次，参加每周政治学习。

尔加老师今年55岁，患高血糖病。排课系统可从来不考虑这样的折腾是否人道，它只认课时量。这样的课程安排，在尔加老师也许已经习惯了，就像他习惯了自己的疾病一般……

……”

除此，因研究生和本科生两地办学的问题，使得高年级对低年级学生“以老带新”等正规教学外的学术熏染、传承之优良方式，也令法大的同学们无缘得见！

所以，为顺应师生工作、学习和生活中的种种急迫要求，徐校长才横刀立马、挺身而上，知其不可为而为之地动用一切其能够动用的资源，为学校的长远发展大计而不懈努力……

2003 年，徐校长在下半年工作布置会上说：“第三个热点问题大概就是我们的新校园建设，新校园建设我们的职能部门大概在全北京市都跑遍了，现在动用的资源从上到下也是无计其数的，这个学期一定要给大家一个确切的交代，要有一个说法。”①

2004 年，对于争取新校园的进展情况，徐显明校长说：“此外，深受大家关注的新校园建设问题，学校一直在做各方面的努力，包括争取教育部和北京市的支持、成立法律专家咨询委员会加强依法科学决策等，虽然目前因国家宏观土地政策的变化和地点不佳等原因还不能完全定下来，但学校会按既定计划和目标努力完成此项工作。”②

2005 年，“新校园建设工作”有了较大的进展，“经过三年多的不懈努力，在中央、教育部和北京市的大力支持下，以校园置换的方式在昌平区南口镇陈庄村北侧征地建设新校区的方案得到正式批准，相关征地工作正在积极推进中，困扰学校发展、备受学校广大师生瞩目的新校区建设问题有望得到根本解决。

此外，法大学院路校区改造工作也取得了重大进展。总投资 5000 万元，建筑面积 20000 平方米的学院路校区研究生 2 号学生公寓的完工并交付使用，极大地缓解了研究生的住宿和生活条件。

2005 年 11 月，北京市规划委员会批准了关于法大学院路校区控规指标研

---

① 《徐显明校长在 2003 年下半年工作布置会上的讲话》，载中国政法大学新闻网 2003 年 8 月 22 日，https://news.cupl.edu.cn/info/1013/1327.htm。

② 《徐显明校长新年致辞》，载中国政法大学新闻网 2004 年 12 月 31 日，https://news.cupl.edu.cn/info/1013/1291.htm。

究的意见，标志着法大学院路校区全面规划改造工作的启动。该规划中，地上建筑面积约 18 万平方米，地下约 8 万平方米，教学区容积率为 1.8，各项控规指标均有较大幅度的增长。老校区旧貌换新颜的历史性变化已经开始。”

2006 年，在新学期工作部署会暨本科教学水平评估工作会议上的讲话中，徐校长这样说："第一项，还是大家关心的新校园建设问题。在今天的中层干部会上，我想多说几句。因为这个问题一是特别重要，二是全校普遍关心。

新校园建设，我们需要告诉大家的第一个信息就是教育部已经把中国政法大学新校园建设列入教育部的重点规划之中，这是部领导直接告诉我们的一个最好的一个消息。

原来的报告是把法大与其他的几所大学放在一起报国家发改委，后来为了突出政法大学的重要性，把政法大学单独作为一个内容写了专题报告，而把其他几所大学放在一起，这是第一个消息。

第二个消息，就是国家发改委已经初步把政法大学的发展确定为'十一五'重点。为什么用一个'初步'呢？因为在国家发改委本身的规划当中是列到里边去的，这个项目的规划的最终落实还有一个批准的程序，所以现在在国家发改委是得到初步落实。这是第二个消息。

第三个消息，就是大家关心的新校园的选址。在昨天的党委常委会上，全体校领导进行了充分的讨论。如果我们不放弃原来的选址，就还是像以前一样，我们坚持在北京微缩景观那儿建校，这个新校园马上就可以得到落实。

我们各位领导都知道这个校址是我们自己主动放弃的，但是说放弃还没有形成最后的这种文件性的东西。我们给北京市的相关部门、给北京市的领导口头表达我们想争取一个更好的校园。这边这个校园的最大缺陷，第一个就是地面上的产权比较复杂，而产权问题最终的解决方式恐怕要靠投入。所以如果坚持在原地方选址的话要一个比较大的投入才能解决最终的一切麻烦。

另外，就是大家最关心的是离清华二百号距离较近，但是北京市环保科学院给我们出具的正式的鉴定结论是处在安全状态的，现在实际上我们所有人担心的都是一种心理上的担心,不是其他因素的担心。在科学的结论上,是无害的,是安全的,但是我们心理上不愿离它更近,所以我们想选一个更安全的地方。

新校园建设是政法大学最大的事情,也是大家最关心的一个最好的事情。好事情一定要办好,所以学校领导经过反复讨论,决定再去寻找一个比现在更好的校址。

现在我们相中的这些地方有两三个候选的地方,北京市都在帮我们协调,就在一个礼拜前的一次小型的会议上,还在探讨这个问题。北京市现在分管的领导也支持我们有一个更好的校园。北京市规划委也在按照我们的设想在做各个方面的工作。但他们的前提是先取得土地部门的支持。北京市土地局正式给我们出具了同意使用某个地段的函,现在剩下的全部问题是在规划这个领域。

所以目前的状态就是在规划上北京市现在的用地每一寸土地都要经过国务院的批准,而国务院、自然资源部对北京市每一块地的使用都已经在年初就分到每一个区了,所以现在北京每一个区所获得的使用面积数是固定的,要调整的话,第一步要经过北京市同意,第二步要经过国务院同意,所以现在这个难度是非常之大的。

我们请有关的专家帮我们做了分析,法大的新校园要建成的话,大概我们要解决五百个'不'字,就是有关部门,能够制约我们的这些政府机关可以五百次跟我们说不行,三年的工作我们大概突破了有三百个了,所以后面还有两百个'不'在等着我们。

所以学校领导,特别是分管领导,还有基建处,任务和使命特别的重大。目前的状态,就是等着北京市给我们一个明确的答复,北京市同意了以后可能还要上报国务院进行一个统一的调整。我们每一位领导心里都清楚,政法大学最大的事情就是新校园建设,这是法大最硬的事、最大的事,也是最具有长远意义的事。所以我们在新校园建成之前若干年的时间之内,都要以新校园建设作为我们的重中之重。这是第一件大事。"

然而,该工作在后续阶段,却出人意外地发生了极大的变数,在 2007 年 1 月 18 日召开的第四届教代会暨第十届工代会第四次全体会议上,徐校长在历数学校取得的诸多成果后说道:“广大师生员工翘首以盼的新校园建设工作进展不力。个中原因,非常复杂。既有国家宏观土地政策调整因素,也有北京市工作的难度。对此,马怀德副校长将有更详细的说明。

我想向大家报告的是:不是我们新校园建设计划落空,而是北京市为我们调整与规划出的‘老北京微缩景观’我们认为尚不理想。其中主要的考虑是面积的不足与大家的心理接受程度两大原因。学校领导一年中为此召开过十余次专门会议,但仍难下最后决心。今天将该问题提请大家讨论。请大家在审议我的工作报告时,将该问题作为重点。”

而在另一次会议上,徐校长又一次谈及此事:“就一个大学发展而言,它发展的无限性和它所拥有的资源的有限性永远是一对无法解开的矛盾,所以我要补充的一个思路就是,除了我们肯定‘小而美、特而强’之外,在整个发展的思路上,大家都要做好相同的准备。

我们的目标是有限的,我们的努力是无限的,所以要用无限的努力来实现我们既定的目标。我们的力量是有限的,但我们的努力也是无限的,所以一个大学的发展要量力而行,要有所为,要有所不为。”

“去年在教代会上我们用六个字来概括:在校园建设上小而美的特点,在学科和学校的特色上叫特而强,所以‘小而美,特而强’这六个字就是我们政法大学今后新的发展观。

‘小’指的是校园,去年教代会一百三十几位代表通过投票的方式确定了我们就在这两校区的基础上来进行发展。我们期望有一个美好的大的校园,但是三年多的实践证明政法大学目前还不具备获得一个全新的校园的条件。什么时间能够具备这个条件?现在我们没法作出回答。因此必须立足现实,在目前两个校区的基础上通过改造来发展,两个校区合起来只有 800 亩左右,这是一个小的校园。

但在小的问题上我们要做足文章,要做出一个美的校园来,我们的后勤工作、基本建设工作就要在这个‘美’字上下功夫。特而强，我们始终不会忘记法大是一个特色性大学。无论我们增设多少专业，增加多少学科，政法大学的特色不变。强是什么？就是党代会提出来的建设我们的法科强校。

所以‘小而美，特而强’就是我们今后的发展思路，就是新的发展观。在这个新的发展观里面，要蕴涵质量，要蕴涵水平，要蕴涵特色。”

此后，鉴于新校园争取工作中出现的不利现状，学校决定立足实际，而将校园建设的重心重新转到现有两校区上，2007 年徐校长在重阳节讲话中对学校新的建设项目这样向老教师们汇报：“我把这五项工程给大家报告一下。第一个工程就是十八号楼前的辅助楼，这个楼批准的面积是 4000 平方米左右。这个楼建成以后，我想里边相当多的功能要交给我们的老同志使用。刚才黄老师提到的我们需要一些条件，尤其是要为我们的老前辈、老同志们提供一些条件、一些场所。这个楼建成以后将缓解我们目前的一些困难。

第二个工程是教育部批准我们在老校区建科研大楼。我们政法大学的资源短缺到什么程度？我已经请很多领导来看。他们来看的时候我就告诉他，一开始我和书记两个人是在一个房间工作。现在我们两个人因为党和政的许多工作是不能交叉在一起的，也不太方便。最主要的是一个大学还有个脸面，校长、院长办公室也没有，书记办公室也没有。我们对外代表法大，是我们工作的不足，所以略有改善。怎么改呢？我和石书记一人一间办公室，但是副校长、副书记还是两个人一间办公室。这在中国目前所有的大学里面都是没有的。

领导们看了以后觉得我们目前的办学条件是最差的。我们的导师，像我们的巫昌祯老师，这么有名的导师，中国法学界都尊重的人，现在也没有一间自己的办公室。我们的许多博士生导师、研究生导师要和学生见面，只能约见在某棵树下，在哪棵树下见一见面，进行指导。这就是我们现在的办学条件。

所以大家一直期盼着有一个自己的研究空间。在这个问题上，大家知道，在一个空间里头，空间尊严里头，每个人的尊严都是被他们所能够控制的空间来承载的。我们大学如果没有自己独立的空间的话，就等于说这个大学在侵害了我们老师的尊严。我们的空间上侵害了他的尊严了，不能再有第二次侵害。第二次侵害是什么呢？就是我们的老师在找校部机关去进行交流的时候，再受到语言上的冷漠，那就是我们公共权力在侵害老师的尊严。

所以我们政法大学现在要提出来，所有的管理者要变成服务者。从校长开始，校长的责任就是要为老师们创造教学科研条件，就是要为老师们摆好桌椅板凳。所有的人都要为我们的教师提供服务，现在这个愿望终于要实现了，就是我们要建一所4万平方米左右的科研大楼。这个大楼建成以后，按照一千名教师来计算的话，人均的面积也在30平方米左右。从根本上可以解决政法大学办学条件的问题。这是第二个建筑。

第三个工程是法大要建学院路校区的国际交流中心。教育部批准的面积是36000平方米。国际交流中心将结束政法大学没有地方开会的历史。我们现在每开一次会议总是要到人家的大学里去。将来这个大楼建成了，我们欢迎世界各地的法学家、世界知名的学术大师们到法大来开会，来进行学术交流。

第四个工程就是我们要新建一个图书馆。在现在这个图书馆的基础上，要建成一个4万平方米左右的图书馆。将来这个图书馆要建成了，当然是现代化的。不会逊色于中国的任何一所大学。所以要高标准设计我们未来的数字化的这个图书馆。还要建设一个楼就是面向中关村服务的法律服务大楼，这个大楼可以叫中国政法大厦。它将成为我们这个校区里边标志性的建筑。所以这五个楼已经被教育部规划、批准，在今后的4～5年内我们争取把这几个楼都建成。现在教育部批准的项目都是配有资金的。

另一个校区的改造、建设，就是昌平校区，今年将要开工的是昌平校区的科研楼，这个楼教育部批准的是26000平方米，这个楼马上就要开工，地点就是在我们昌平校区的西北角，那里预留了二十几亩地就是建这个大楼的。现在今年落成的就是昌平校区的留学生交流中心。我们各位老前辈如果过去看一下的话，这个楼尽管不是最现代的，但能够满足政法大学目前的需要。

所以这一个教育部的评估专家进校来，我们就准备把他们放在这个交流中心里边。这个交流中心有三个功能，一部分是供留学生使用，另一部分是办公使用，还有一部分是宾馆式的，就是可以进行接待。所以加速这两个校区的改造，而以老校区为主，就是我们今后在建设上要做的一件大事情。”

我的一位朋友曾经给我讲过一件不为外人所知的小事：2008 年温总理访问法大的前夜，校领导提前到校内为第二天作“被访铺垫”，当校领导们行至那间被钦定好的我朋友所在的宿舍后，徐校长笑问该宿舍的同学：“明天总理来到后，你们知道说什么吗？”

有的同学打算向温总理汇报学校这几年发展的成绩，有的同学打算向温总理“争取”政策或者经费支持，但是徐校长听后却道：“‘地’‘地’‘地’，要说‘地’，要向总理要‘地’。”可见其虽然嘴上说“要立足现实，专门建设好现有的两校区”，但其内心对新校园建设这一梦想从未放弃，而是一有机会就要努力，就要争取，就要创造条件！

不过，虽然新校园的用地问题因为种种原因没有得到最终的解决，徐校长却趁温总理到访的绝佳机会，又把他 2007 年在重阳节讲话中提到的那几个项目向温总理做了当面的汇报，温总理听罢徐校长的陈情后，对于这些诉求他并未立即明确支持与否，而是在稍停顿了一下后表态道“请看我的行动”。温总理说到做到，第二天就派财政部、发改委等部门的领导到校了解法大需要改善哪些硬件设施，具体又需要国家给予什么样的支持。

徐显明校长据实陈奏，说第一个是需要一所新的现代化的图书馆。第二个是一定要建一个科研大楼。第三个是政法大学的老师都没有自己单独的研究室，老师要指导研究生，都要约好到哪棵树下去见面，所以要保证我们每个老师都有一个独立的研究室。财政部、发改委等部门的领导对徐校长的上述诉求认真研究后表示将全力支持，此后 6 亿多元的相关款项相继进账，三栋大楼历经几年的时间最终全部竣工，学校的办学条件也借此良机又一次得到了提升和改善。

其实，对于主政法大可能遇到的地雷阵和万丈深渊，徐校长心中早就有数。2002 年，在和教务处同志的座谈中，他说：“工作时，要做好各种心理准备,我把它称为‘三死一活’。‘一死’指被气死,‘二死’指被骂死,‘三死’指被累死,‘一活’指活受罪。有了这‘三死一活’的心理准备,遇到困难就不会放弃。如果在工作的过程中遇到困难就放弃,学校的各项工作就永远无法形成良好的秩序。”①

所以,尽管前路困难重重、阻碍万千,但徐显明校长一直都为着那个他心目中最为理想和美好的法大,而顶着来自校内外的各样不解、种种压力,勇往直前、迎难而上,直至达到其预设的目标方止。

正是因为有了前述的诸多故事,所以在徐校长离任后接受采访时才感慨道:“当校长是很难的,一个理想的大学校长,难度一定超过一个市长,甚至省长。因为校长既无省长的财政手段,也无市长的制裁手段。如果其他大学校长好过一些的话,政法大学的校长可能是最难的。

……

因为法学思维的根本特征是怀疑与批判,校长的决定、校长配置资源的每一个措施、校长的每一项改革,对其他学科来讲更多的是理解和遵从,但对法学学科的教授来讲,首先是怀疑,然后是批判。这一点也许正是法学教授可爱的地方。法学教授的思维有两大特点:一是绝不赞同他人的观点;二是必须赞同他人观点时一定要用另外的方式表达。一名好的法学教授就是一把最锋利的社会问题的解剖刀。凡是有法学院的大学,校长在作出决定的时候,总要进行再三斟酌,因为他要面对法学家的挑战,以及解剖刀的划割。

可以想象,中国政法大学有近千名法学师资,在政法大学,校长面对着这个世界上最大的法学家群体,所遇到的挑战和遇到的怀疑与批判,可能比中国其他任何大学都要多。你说政法大学这个校长好当吗?但是只要做过了政法大学的校长,再换任何一所大学,可能都不在话下了。”②

好在功不唐捐,当年徐校长的诸种努力均产生了巨大的社会示范效应,并令校内外的诸多人士而因此纷纷受益。比如法大的终身教授制度确立之后,

---

① 《徐显明校长与教务处同志座谈》,载《中国政法大学校报》2002年4月30日,第1版。

② 蒋安杰:《徐显明校长领悟的大学之道》,载《法制日报》2010年7月14日,第9版。

国内诸如吉林大学、武汉大学等许多名校纷纷起而效仿,虽然为了颜面计,其设立的新制度改头换面起了诸如资深教授制度等新的名称,不过剥皮见里,细看之下那些新创设的类似制度很大程度上还是借鉴了法大终身教授制度的许多规定及评选标准。翻检历史资料可知,此类制度之前在国内可是没有的,过去一位教师从助教、讲师等起步逐级参评晋级,到最后顶天至教授、博导为止,然后就得按照国家规定的劳动年龄自然退休。而从法大终身教授制度建立起来打破这个常规以后,许多学校里诸如一级教授、二级教授、三级教授的荣誉体系及对退休教师的返聘机制就如雨后春笋般地冒了出来。还比如面对法大2006年首倡的按人口比例招生改革,教育部虽然没有明确表态对这项改革支持与否,但是其在下一年度也出台了种种措施以强化教育公平,并开始加大向中西部地区倾斜力度的高考招生计划却是前所未有①。

再比如,徐显明校长在法大7年多的任期内,有两项被公认惠及全校师生并影响长远的举措。一是推动学校进入“211工程”大学,二是为学校争取到了“985工程”优势学科创新平台。随着时间的推移,这两个平台之于学校后续发展所具有的极其重大的意义就越为彰显。比如学校成为“211工程”大学对全体学生的就业非常有帮助,过去学校不是“211工程”大学时,学生在就业投简历时具有一定难度,故而当学校成为“211工程”大学之后,受益的首先是学生。其次“211工程”大学有一个拨款的基数,也即学校的拨款进入国家教育拨款的大盘之中,所以当学校跻身于“211工程”大学之后,相应的拨款数量马上得到了大幅提高。

当时国内的许多高校都希望能够成为“985工程”院校,但因为“985工程”院校的格局已经形成,后期再如何创造条件想要进入这个圈层几乎难于上青天。但是教育部也给许多学校留了一个口子,即某些学校如果在某些学科里能具有代表国家级教学科研水平的话,教育部可以通过“985工程”优势学科创新平台这个渠道对其加强学科建设。当学校当年积极争取并最终进入这

---

① 原春琳:《2007年高考招生计划加大向中西部地区倾斜》,载新浪网,http://edu.sina.com.cn/gaokao/2007-05-29/111684882.html。

个“985 工程”优势学科创新平台建设行列之后，经费就增加了，利用这些经费学校可以聘请老师并提高老师的待遇。所以“211 工程”大学和“985 工程”优势学科创新平台，它不仅是地位的象征，它还是资源的符号，它也是学生就业的基础，成功申获这两大建设平台对学校以及师生员工的后续发展均具有重大意义。

多年以后，许多人在评价徐校长当年以钢铁般的意志推动改革的种种作为时，都敬佩其面对种种利益纠葛时的刚直底气，以及面对成败利害的那种难得的平和心态。以下再讲一点徐校长在面对学校分房时如何作为的小故事，以及某教授多年后对徐校长执掌法大时心态的一段回忆，来让大家从另一侧面了解一下这位法大曾经的“铁血校长”——

在 2001 年新一届校领导班子组成前，学校在学院路研究生院校区的操场上筹建了一栋高标准的教职工住宅楼，因为这栋住宅楼位于北京市三环以里的黄金地段，又基本都是 120 平方米以上的大面积住房（按照当下的房价计算，每套大概接近 2000 万元人民币），所以如何分配这些不动产，就成了摆在校领导面前的一道难题。

据说在新楼建成后开始分配前，学校为了不在分房过程中产生不必要的矛盾，所以就先按照职工的行政级别、从教时间、职称高低等条件设定了分房的打分标准，该标准后来也经教代会讨论通过。要说按照法学三段论“大前提”“小前提”“结论”三部分来推理实施的话，这个工作清晰明了，并不存在什么模糊边界和难解决的问题——大家对照学校出台的分房标准，然后再看看自身条件符合哪条哪项，基本也就能把这本不复杂的事情给妥善处理了。

可是正如先贤霍姆斯说的那样，“法律的生命不在于逻辑而在于经验”。这房子在分配的过程中还真就出了岔子——据说当时有位老师看中了某一个朝向的某套房子，可按照评价得分，他根本就分不上那套房子，于是引发了不小的家庭矛盾，甚至惊动了校办和校长。

徐校长发现在分房这项工作上职工间集聚的矛盾如此之尖锐之后，就立刻做了一个决定——果断放弃其分房打分第一位可以随意挑房的优势地位而彻底退出分房，如此，其就能以一个无涉利益的局外人身份来主持分房工作。

可是原本以为如此便可无虞的徐校长还是把问题给想简单了，有一部分利益受损的人还真就以校长定的房价偏高为理由把徐校长给告上了法庭。何以至此？其实学校里很多人都知道，这些人说学校定的房价高只是表面上的理由，还有一个说不出来的原因是徐校长在主持分房工作中改变了学校的传统惯例。

过去政法大学有一条规定，大概就是1984年6月30日，政法大学定了一条规矩，说这个时间点之后进入政法大学的所有人，都无权在学院路校区分房，而只能在昌平校区分房。现在学院路校区的房子建起来之后，有些人就要求校长严格贯彻“84630决定”。可是真如此这般的话，学校后期引进的诸多人才就无权分得学院路校区的新房了。

对此不合理规定，徐显明校长当然坚决反对，他给出三点反对理由，一是那个规定是过去学校归属司法部时制定的，现在政法大学归属教育部管理，不宜再适用司法部管理时期的一些不合时宜的规定。二是学校引进了那么多的人才，这些人才如果只能在昌平校区分房，而不能在学院路校区分房的话，那就是严重的歧视后入校教职工的行为。三是它违背了学校现在的办学理念，当前政法大学要发展，要培养最好的学生，学校需要一批优秀的人才，那么这些优秀的人才在进入学校以后，如果还按照旧的规则不能参与分房的话，就等于是在侵害他们的根本利益。

所以徐校长当机立断，决定先废除这个不合理的规定，即任何符合条件的人都有权来学院路校区分房，而不论其是否是在1984年6月30日前来到法大的，如此也就彻底打破了过去的分房传统做法。只是对于这种破旧立新的行为，有些不满之人便说校长在6400—6900元人民币之间的定价是不公正的（其实据知情人说，当年房屋定价是在综合测算了房屋的建筑成本、土地价格和国家定价等几个元素后确定的，而且此定价也得到了有关部门的批准），所以有一部分人就以这个为理由把徐校长告上了法庭。好在事实清楚、证据确凿，整个法律关系处理起来并不复杂，因此法院在查明相关事实真相后判定政法大学最终胜诉。

所以有人说，不论大家对徐显明校长主政法大时所采取的种种改革措施有什么样的看法，但没有一个人能找到徐校长个人私利上的问题，大家都公认徐校长在法大期间没有在政法大学获得任何私利，即便是分房这种排名第一而可随意挑房的优势都可为了改革而果断放弃，所以这种无私和公正就成就了其推动改革的强大底气。

至于如何面对改革的得失成败，徐显明校长也自有他的一套改革辩证法，他曾说："我最初推动一项改革措施，有可能得罪政法大学20%的教职工，我再推出一项改革来又得罪20%的教职工，我再推出一项改革来还得罪20%的教职工。当我推出第四项改革，再得罪20%的教职工的时候，我说你们算算拥护我的人还有多少？如果简单地算，这个加起来已经是80%了，剩下的人只有20%，这是一个加减法，但是它不是辩证法。

实际情况是最初骂我的那20%的教职工，到我第二个改革措施出来的时候，那个20%当中的50%就有可能变成我的支持者，这是第一年。当我再推出一个改革到第三年的时候，那个20%当中的80%可能是支持我的，所以当我推出第四个改革的时候，90%的人可能是支持我的。当然不排除始终都有一部分人他不理解你，因为你触动了他的利益，他永远都要记恨你。

我说我的改革辩证法就是当我把80%的人都得罪了以后，当我不再担任校长的时候，我再回到这个学校里，还有20%的人愿意和我一块喝茶，我说我就心满意足了"。

徐显明校长离任法大后的某一天，曾有一位教授问徐校长说："你在任期间帮过许多人，离开之后校园里却几乎没有人提起你，会不会有落寞和世态炎凉的感慨?"面对这位教授"咄咄逼人"的设问，徐校长的回答大气而坦荡，他说："如果一个人总是记住为别人做过哪些事，那就太累了，也容易伤害自己。所以我从来不记这些事。"这位教授还回忆说，徐校长每次提到他的继父总是很动情，并说继父是他的恩人和启蒙导师，"继父每次挑水总给邻居家挑一担，我有力气挑水之后，就从继父手里接过了这副担子，给邻居挑水很开心，自己的肩膀也练得很结实”。

如果说法大七年的成功变革，其显在方面是得益于徐校长多年来对大学内涵的深刻理解，得益于其在山东大学从教研室主任到系主任、到院长、到校长助理、到副校长、到研究生院院长的多岗位实践锻炼，得益于其长期对于教育的本质究竟何谓以及如何管理好一所高校的深入思考，那么其潜在方面，徐校长能够成就此番功业不得不说也是得益于其钢铁般的改革意志，得益于其无私无畏的行事底气，得益于其面对复杂局面的思想境界和冲融平和的心态……

也正因为如此，所以对于徐校长的种种作为，《法制日报》当年才如是评价：“这就是几年前从山东大学副校长及法学院院长走马上任中国政法大学校长的徐显明，这就是据说断了政法大很多人财路因而备受责难的徐显明，这就是在各种指责中一往无前的徐显明，这就是引进了许多‘外来户’让政法大人颇有微词的徐显明，这就是传闻还在折腾要把政法大迁校址的徐显明，这就是把政法大的改革逼到风口浪尖上的徐显明，这就是在所有改革中无私利可图的徐显明，这就是自判‘不得罪个人就一定得罪后人’的徐显明。”①

不过一切解释辩白似乎又都是多余，谁人又能十全十美？千秋史册、功过是非就都留给众人评说吧……

然而官身哪能由己，按照中央的决定，徐校长还是在其就职法大七年后再次启程转任山东大学校长。校内以江平、陈光中、张晋藩为首的一大批老教授纷纷上书，请求允许徐校长留任。但是，徐校长最终还是必须服从上级决定而重回故园。

徐显明教授离任后，很多老师和学生通过各种方式，表达了对校长他去的不舍，如法大 BBS 论坛上题为《徐显明校长十大功绩，是政法的学生都进来看看》《我们永远的徐校长！——不能接受没有徐显明的日子》等帖子点击率达 5000，回复讨论帖过百，那是相当的火爆。

---

① 蒋安杰：《法界透析："许传玺院士"风波透析》，载法治网，http://www.legaldaily.com.cn/zbzk/content/2010-09/30/content_2307271.htm?node=25492。

校长离开后,校内师生通过种种方式表达了自己对于这件事的情感,比如何兵教授撰写了《教授家中坐,校长天上来》一文,[①]对教育部的决定表示了强烈的不满,而作为在学校默默耕耘了将近一生的钟陵基老师也特别撰写了题为《徐显明,中国政法大学的幸运》的万字长文,历数徐校长在任时的各种功绩,充分表达了部分师生员工对徐校长离去的惋惜之情。

至于广大的学生,更是通过各种方式对于徐校长离任法大表达了自己的看法。例如,法大"沧海云帆"的论坛上,有学生发起题为《简单点,给徐校长打个分咯》的民调活动,调查结果显示在参与投票的 370 人中有 175 人给徐校长打了 90—100 分,占总人数的 47.3%,而给徐校长 60 分以上的人数占到全部人数的 79.19%。在一所以批判思维为主的法科大学,一位校长能够得到近 80%的人的认可,真可谓成绩不俗,这也充分表达了众多法大学子对徐校长主政法大七年来所作出成绩的充分肯定。

而诸多美好的辞章,大家更是在徐校长离任后毫不吝惜地送给了他。众多送别佳作中,以 fengcai 同学的"如果你走了,我用这段音乐送你——送别徐校长"一文为最,诗曰:

如果你走了,我知道你不会回来。
但是有些东西,你留下了就永远带不走了,
那是一段岁月,
一段情感,
一段不能割舍的人生。
……
七年,七年前的这个时候,
你来了,
那个时候,我们似乎懵懂,
也有过幻想,却没有方向,

① 何兵:《教授家中坐,校长天上来》,载凤凰网,https://news.ifeng.com/opinion/200811/1113_23_875887.shtml。

我们知道法学，知道法学教育，
却不知道法学在哪里，法学教育的路在何方，
你带着我们一次次地寻找，
一遍遍地诠释。
……
我们聆听过你的教诲，
我们欣赏过你的讲演，
我们拜读过你的论著，
我们感受过你的风范，
我们评论过你，
我们崇拜过你，
我们怨过你，
我们骂过你，
关于你，我们的要说得太多太多，
可是我们就是没想过，你会走，
我们没想过你走了，能到哪里去，
到哪里你都再找不到这里的感觉了，因为只有这里才有我们，
我们舍不得你啊——
我们爱你！

真的，
如果你走了，
请让我用这段音乐来送你，
让我们永远记得你，
记得你给我们找到方向，
记得你给了我们寻找真理的法则，
记得你含辛茹苦，呕心沥血的日子，

记得你在政法大学扶着华夏法治的节杖蹒跚向前时，

带着我们冲过坎坷，走向坦途。

……

新世纪表现手法新颖，作者通过网站链接，将是篇佳作配以马克西姆演奏的著名钢琴曲“出埃及记”，文曲相得益彰，更增添了该文的感染力，令人赏罢不觉动容甚或垂泪。

是以同学们跟帖评论道：“这首词写得不错，朴实而又真挚。说实话，显明同志有功有过，功大于过，在法大时还是颇多作为。”

“校园建设和教师队伍建设、法大的宣传都搞得不错。法大的名声被打响了。虽然近两年经历很多风雨，但是法大现在整体上的声望还是很好的，在外的口碑还是不错，特别是在广东这边，一听到法大，大家都是说北京的名校，广东的中大人对法大人也是不敢小觑。”

还记得毕业典礼的时候，您轻轻拨过我帽子上的流苏，很和蔼地问，你是民商的吧？

当时的我，完全沉浸在与您零距离接触的喜悦中，除了看着您傻傻地笑，一句话都说不出来……

您怎么知道我是民商的？

这个问题憋在心里好几年了，可是现在，似乎已经失去了意义。看着同学混乱中抓拍下来的合影，您笑得一脸阳光，希望这样的笑容，能每天陪伴着您。

校长你要远走，学生不及送行。

七年并不短暂，短暂常蕴永恒。

校长悄然远走，学生默默送行。

当年谆谆教诲，教诲永记心中。

校长虽然远走，学生诚意送行。

深蒙公之泽惠，泽惠难寄空灵。

校长已然远走，学生挥手送行。

臧否得失成败，成败过影飞鸿。

校长确乎远走，学生为你送行。
过失远逊贡献，贡献壮伟恢宏。
校长并未远走，学生何须送行。
影响绵长深远，共创法政晴空。

八、扬帆远航

2009年，黄进教授作为新一届的当家人入主法大。资料显示，黄进校长师从我国著名国际法学家韩德培先生，曾任武汉大学法学院院长、武汉大学副校长等职务，荣获第一届“全国十大青年法学家”称号，现任中国法学会副会长，中国国际私法研究会会长，中国国际法学会副会长、国务院学位委员会法学评议组成员，中国国际经济贸易仲裁委员会仲裁员，国际商会中国国家委员会国际仲裁委员会委员等职务。

黄进校长于当年2月19日履新后，通过深入基层调研、走访，阅读学校既有政策，研判国内外、校内外各种形势后，于其任职7个月后向学校全体师生作了题为《自强不息　追求卓越——走务实的法大改革发展之路》的发展报告，报告分为“法大目前的地位、我们面临的国家高等教育形势、法大的办学目标定位和本学期的主要工作及法大改革发展的一些具体想法”四大部分，其中对于法大今后应该如何建设的问题，黄进校长又着重从“学科建设问题、人才队伍建设问题、人才培养问题、科学研究问题、社会服务问题、学校的国际化问题、办学条件改善问题、开源节流问题、学校的治理与管理问题与和谐法大建设问题”十个方面，将其调研和思考的结果进行了深入细致的介绍。最后，黄进校长提出了一个“把法大建设成为一所开放式、国际化、多科性、创新型的世界知名法科强校”的发展目标。

对于这一办学目标，黄进校长这样解释：

所谓“开放式”，就是要坚持对外开放，坚持开放办学，立足北京，面向全国，立足中国，面向世界，以优秀的人才和卓越的学术服务于国家的经济建设、政治建设、文化建设和社会建设，服务于人类的和平、文明和发展。

所谓“国际化”，就是要深化教育教学改革，优化人才培养方案，着力培养具有国际视野、世界眼光、国际交往能力和国际竞争能力的人才，同时，繁荣发展学校各学科专业，推进学科体系、学术观点、科研方法的创新，推进法大优秀学术成果和优秀人才走向世界，不断提升法大的人才培养和科学研究在国际上的影响力。

所谓“多科性”，就是要把法大办成以法科为特色和优势的多科性大学，以人文社会科学学科为主体的多科性大学，各学科都办出自己的特色，逐渐达到国内一流的多科性大学。

所谓“创新型”，就是要把法大办成以创新（特别是以教学和科研的创新）为导向的大学。大家知道，在国外有“研究型大学”和“教学型大学”之分，后来又有了演绎得比较奇怪的“教学研究型大学”“研究教学型大学”的提法。这种区分引入中国后常常将许多大学误导入重科研轻教学的误区，都提出要把自己建成所谓研究型大学。所以，我这里没有提“研究型大学”。像法大这样的高水平大学，不可能只搞教学，也不可能只开展研究，她得履行人才培养、科学研究和社会服务这三大职能。这三者都很重要，得统筹兼顾，而三者的核心价值取向是创新，即培养创新人才，进行知识创新。所以提“创新型大学”比提“研究型大学”更科学，可以兼顾到三个方面，而且，“创新型大学”必定是“研究型大学”。

所谓“世界知名法科强校”，主要突出法大的建设目标是“有特色、高水平”的大学。“有特色”就是要保持和张扬法科的优势和特色，把法大建成“五大中心”，即中国法学教育中心、中国法学研究中心、中国法学图书资料信息中心、中国国家立法与法治决策咨询服务中心以及中国的世界法律文化交流中心。而所谓“高水平”，就是高在法大的目标是“世界知名”或者说“世界级”的大学，同时是“法科强校”。

近年来，学校在党政领导班子的带领下，按照新提出的发展目标，在学科建设、资源拓展、开放办学等方面取得了诸多可圈可点的喜人成果：

学科建设及科研方面，新获“国家人权教育与培训基地”；设立了国内首家比较法研究院；学位申报工作取得重大突破，2009 年商学院 MBA 专业硕士学位点获得批准，2010 年政治学、马克思主义理论两个一级学科博士点和社会学、历史学等十个一级学科硕士点获得批准；新增两个北京市重点学科；第三届中国法治论坛暨第三届“钱端升法学研究成果奖”颁奖大会召开；证据科学研究院法大法庭科学技术鉴定研究所被评为国家级司法鉴定机构；“科技创新年”活动成功举办；国际证据科学协会执行委员会设于中国政法大学证据科学研究院；学校与国际儒学联合会签署合作协议，进一步加强中国政法大学国际儒学院的建设与发展工作；成为教育部 2012 年度“2011 协同创新中心”认定的首批 14 个协同创新中心的“司法文明协同创新中心”牵头单位。

教学改革方面，外国语学院获批教育部大学英语教学改革示范点；2 门课程入选国家级精品课程，2 门课程入选国家级双语教学示范课程，多门课程入选北京市市级精品课程；“高级法律职业人才培养体制改革”与“推进大学内部治理结构、完善大学章程建设”两个项目获批国家教育体制改革试点项目；成为全国首批“专业学位研究生教育综合改革试点”院校，法律硕士专业学位获准开展专业学位研究生教育综合改革试点工作；获批建设“法学教育实践基地”项目等。

师资队伍建设方面，聘请我国著名法学家、行政法专家应松年教授担任法大终身教授，法大终身教授增至 5 位；“证据科学研究与应用创新团队”入选教育部长江学者和创新团队发展计划；法制史教学团队成为学校第 2 个国家级教学团队，刑法学教学团队成为北京市优秀教学团队；著名学者吴琼恩先生受聘中国政法大学教授，朱伟一教授等作为新一批人才被引进法大；积极推进青年骨干教师海外提升计划，多人获得国家留学基金委的资助；多人次被评为北京市教学名师，近十名教师入选教育部新世纪优秀人才支持计划。

学生培养及对外交流合作方面，法大辩论队获得首届“天伦杯”全国大学生辩论赛冠军和 2010 国际大学群英辩论会亚军，我校代表队获第八届“理律杯”全国高校模拟法庭竞赛冠军；高层次人才培养机制改革渐显成效，博士研究生在《中国社会科学》（英文版）发表文章；学校成为国家建设高水平大学公派研究生项目实施院校，申获欧盟伊拉斯谟项目，加入了“中国政府奖学金来华留学生项目”，在开放办学方面一次性获赠500万元以上的社会捐助项目正在日益增多；中欧法学院在“世界法学硕士项目指南”的2010年“亚洲最受欢迎的法学院”中位列第二，办学成绩获得了国内外各界的高度评价与充分认可；成功举办首届两岸法学院校长论坛；与12个国家和地区的21所大学签署23份合作交流协议书及备忘录；2012年中国政法大学第一所孔子学院在英国班戈大学正式揭牌，学校国际影响力不断提升。

但是与成绩同在的是学校还面临着诸多发展中的问题和困难，比如：现有各学科及其内部均衡发展的问题，防止人才流失与继续招贤纳士的问题，办学条件继续改进与能否再争取新校园的问题，如何建设好中欧法学院的问题，完善行政管理与校园人文氛围培育等诸多问题应该引起重视，甚至需要采取专门整治措施。这些问题处理得当与否，确实关乎法大的前途发展，有道是“前有列位先贤，后有煌煌史册”，为官处世、任重道远！

九、再续辉煌

党的十八大以来，党中央将全面依法治国纳入“四个全面”战略布局统筹推进，中国特色社会主义法治体系不断健全，法治中国建设迈出坚实步伐，法治固根本、稳预期、利长远的保障作用进一步发挥，党运用法治方式领导和治理国家的能力显著增强。

在2017年五四青年节来临之际，也是在中国政法大学建校65周年的前夕，中共中央总书记、国家主席、中央军委主席习近平于5月3日上午来到中国政法大学考察。

习近平总书记代表党中央，向全国各族青年致以节日的问候，向全国广大教育工作者、青年工作者、法治工作者致以诚挚的问候。他强调，全面推进依法治国是一项长期而重大的历史任务，要坚持中国特色社会主义法治道路，坚持以马克思主义法学思想和中国特色社会主义法治理论为指导，立德树人，德法兼修，培养大批高素质法治人才。

习近平总书记指出，全面依法治国是坚持和发展中国特色社会主义的本质要求和重要保障，事关我们党执政兴国，事关人民幸福安康，事关党和国家事业发展。随着中国特色社会主义事业不断发展，法治建设将承载更多使命、发挥更为重要的作用。推进全面依法治国既要着眼长远、打好基础、建好制度，又要立足当前、突出重点、扎实工作。建设法治国家、法治政府、法治社会，实现科学立法、严格执法、公正司法、全民守法，都离不开一支高素质的法治工作队伍。法治人才培养上不去，法治领域不能人才辈出，全面依法治国就不可能做好。

习近平总书记强调，没有正确的法治理论引领，就不可能有正确的法治实践。高校作为法治人才培养的第一阵地，要充分利用学科齐全、人才密集的优势，加强法治及其相关领域基础性问题的研究，对复杂现实进行深入分析、作出科学总结，提炼规律性认识，为完善中国特色社会主义法治体系、建设社会主义法治国家提供理论支撑。

习近平总书记指出，法学学科体系建设对于法治人才培养至关重要。我们有我们的历史文化，有我们的体制机制，有我们的国情，我们的国家治理有其他国家不可比拟的特殊性和复杂性，也有我们自己长期积累的经验和优势，在法学学科体系建设上要有底气、有自信。要以我为主、兼收并蓄、突出特色，深入研究和解决好为谁教、教什么、教给谁、怎样教的问题，努力以中国智慧、中国实践为世界法治文明建设作出贡献。对世界上的优秀法治文明成果，要积极吸收借鉴，也要加以甄别，有选择地吸收和转化，不能囫囵吞枣、照搬照抄。

习近平总书记强调，法学学科是实践性很强的学科，法学教育要处理好知识教学和实践教学的关系。要打破高校和社会之间的体制壁垒，将实际工作部门的优质实践教学资源引进高校，加强法学教育、法学研究工作者和法治实际工作者之间的交流。法学专业教师要坚定理想信念，带头践行社会主义核心价值观，在做好理论研究和教学的同时，深入了解法律实际工作，促进理论和实践相结合，多用正能量鼓舞激励学生。①

2017 年 5 月 5 日，中共教育部党组印发《关于深入学习贯彻习近平总书记

---

① 本部分内容参见《习近平在中国政法大学考察》，载新华网，http://www.xinhuanet.com/politics/2017-05/03/c_1120913310.htm。

在中国政法大学考察时重要讲话精神的通知》(教党〔2017〕21号)要求各地教育部门和各级各类学校“把学习习近平总书记重要讲话精神作为当前和今后一个时期的一项重大政治任务,深刻认识全面推进依法治国、加强法治人才培养的重大历史意义和现实紧迫性,深刻认识全面依法治国方略背景下教育系统肩负的重大历史使命,深刻认识法治人才培养和青年法治教育的重要战略意义,深刻认识进一步做好新时期高校思想政治工作的极端重要性,把思想和行动统一到党中央对教育改革发展的新要求新任务上来,深化教育领域综合改革,全面推进依法治教,大力加强法治人才培养,加强和改进高校思想政治工作,切实加快推进教育现代化,为全面建成小康社会发挥重要支撑作用”。①

正如时任全国人大常委会委员、全国人大监察和司法委员会副主任委员、中国政法大学原校长徐显明指出的那样:“习近平总书记考察中国政法大学,是政治上对法大的高度信任,也是对法大在法学教育和研究等诸多领域的充分肯定,习近平总书记的讲话表达了对法大的殷切期望……”“习近平总书记在中国政法大学的重要讲话,重新确立了培养法治人才的目标,为法学教育带来了深刻变化。”②

此后的时日里,法大人牢记习近平总书记对于法大的殷殷嘱托,深入贯彻落实习近平总书记在考察中国政法大学时发表的重要讲话精神,立足学校现有法学学科优势资源,主动对接全面依法治国战略需求,为法治中国建设持续贡献法大力量并在诸多领域实现了全面跃升——

举全校之力、汇学界之智,把习近平总书记考察法大时交给学校的“创新发展中国特色社会主义法治理论体系研究”重大课题作为重要政治任务来抓,交出了一份“中央满意、学界认可”的合格答卷,同时该重大研究课题还先后获

---

① 《中共教育部党组深入学习贯彻习近平总书记在中国政法大学考察时重要讲话精神的通知》,载中华人民共和国教育部网,http://www.moe.gov.cn/srcsite/A12/s7060/201705/t20170508_304006.html。

② 陈韵如:《习近平总书记考察中国政法大学三周年暨“创新发展中国特色社会主义法治理论体系研究”学术研讨会举行》,载中国政法大学新闻网2020年5月1日,https://news.cupl.edu.cn/info/1677/31648.htm;薄晨棣:《如何培养德法兼修的法治人才?这场会议给出答案》,载人民网,http://legal.people.com.cn/n1/2020/0503/c42510-31696282.html?from=timeline&isappinstalled=0。

得了“国家社科基金重大委托项目”和“教育部哲学社会科学研究重大委托项目”立项;《法治政府蓝皮书:中国法治政府评估报告(2017)》获时任国务院总理李克强批示;法学学科在教育部第四轮学科评估中位居全国第一获评A+,联合5所“双一流”建设高校发起成立世界一流法学学科建设共同体,引领法学学科发展;与教育部共建“教师法治教育研究中心”“全国法学教师师资培训基地”,协同推进教育法治建设和教师法治教育;教育部和北京市人民政府决定共建中国政法大学,开启学校事业发展新局面;全国人大常委会法工委在学校设立高校唯一的“立法联系点”,最高人民检察院与学校合作共建检察基础理论研究基地,国家药品监管局与学校共建药品监管法治研究基地,国家体育总局与学校共建中国体育法治研究基地;司法部、甘肃省委政法委、福建省高级人民法院等与学校签署战略合作协议;发起成立“内地与港澳法学教育联盟”,人权研究院进入“国家高端智库建设培育单位”,“法治与全球治理学科创新引智基地”入选2018年“高等学校学科创新引智计划”;首家全国律师行业党校培训基地在中国政法大学挂牌;与国家市场监管总局签署“国家市场监管法治研究基地”合作框架协议;与北京市人大常委会签约共建“中国政法大学立法研究院”暨“北京市人大常委会立法研究基地”;成立中国政法大学数据法治研究院,中国政法大学习近平法治思想研究院等智库级研究院,定期发布的《中国法治政府评估报告》《中国司法文明指数报告》《中国上市公司法律风险指数报告》等智库成果,均产生了广泛的社会影响;在全国首开“习近平法治思想概论”课程,积极推进习近平法治思想“三进”工作;新增9门国家一流本科专业,6个省级一流本科专业(迄今学校22个普通本科招生专业已全部入选国家级或省级一流本科专业建设点。其中,15个专业入选“国家级一流本科专业建设点”,2个专业入选北京高校“重点建设一流专业”,10个专业入选“省级一流本科专业建设点”);3门课程入选教育部首批课程思政示范名单,其中法学类课程思政位列全国第一,在首次国家教材奖评选中,7部教材获得北京市一等奖;学校推荐的证据科学课程虚拟教研室、中国民法课程虚拟教研室、政治学基础课程虚拟教研室全部获批教育部首批课程(群)教学类虚拟教研室建设试点；学校先后入选国家第一轮、第二轮“双一流”建设高校名单，法学学科入选“双一流”建设学科；在软科中国大学排名中，学校位列政法类高校第一，蝉联最好法学学科排名榜首；纵向科研项目法学学科立项数位列多项全国第一；刘艳红、熊秋红、杨伟东、李扬、喻中、郑清坡、牟宪魁、郭烁、郑玉双、张凌寒等一大批各学科知名的老将新秀加盟法大；焦洪昌、徐世虹分别受聘国务院参事、中央文史研究馆馆员；栗峥荣获第九届“全国杰出青年法学家”称号，李建伟、霍政欣等获提名奖；罗翔荣获中央电视台“2020 年度法治人物”称号；翟远见荣获首届“全国优秀法学教务工作者”称号；王旭、顾永忠、王万华等 8 名专家入选全国司法鉴定专家库；学生参加国家公派赴联合国等国际组织和机构实习人数位列全国第二……①

2022 年 5 月 11 日《法治日报》刊载了一篇题为《牢记嘱托　踔厉奋发——习近平总书记考察中国政法大学五周年纪实》的专题报道，文章指出：“5 年来，中国政法大学始终坚守为党育人、为国育才的初心使命，把全面贯彻落实习近平总书记考察法大重要讲话精神和重要回信精神作为管党治党、办学治校的根本遵循和行动指南，创新发展中国特色社会主义法治理论，探索构建中国特色法学学科体系、学术体系、话语体系、教材体系，努力培养德法兼修、明法笃行的高素质法治人才，取得了一系列创新性、示范性和标志性成果，引领新时代法学教育勇立潮头、走在前列……向党中央交上了一份高质量发展的亮丽成绩单！”②

中国政法大学建校 70 周年前夕，时任最高人民法院院长周强，最高人民检察院检察长张军，中共中央政治局委员、中央政法委书记郭声琨等领导同志先后亲临法大考察祝贺。

2022 年 7 月 10 日，庆祝中国政法大学建校 70 周年大会召开。中国政法大学校长马怀德在校庆大会致辞中说道，70 年来，法大恪守忠诚奉献、勇于担

---

① 以上各项成绩参见中国政法大学新闻网相关新闻报道。

② 《牢记嘱托　踔厉奋发——习近平总书记考察中国政法大学五周年纪实》，载中国政法大学新闻网 2022 年 5 月 11 日，https://news.cupl.edu.cn/info/1015/35916.htm。

当的“国之大者”，秉承艰苦奋斗、自强不息的傲然风骨，依靠立德树人、诲人不倦的师道传承，坚持求真务实、奉法图强的至臻追求，在学科建设、人才培养、社会服务、国际交流等方面取得了长足的发展。面向未来，在向着第二个百年奋斗目标奋楫扬帆的进程中，中国政法大学将不负新时代赋予法大的光荣使命，扎根中国大地、培育时代新人，深化改革创新、争创世界一流，坚持“四为”方针、矢志教育报国，开拓创新、坚毅前行，续写好建设中国特色世界一流大学的优异答卷，为早日建成致力于法治中国建设的世界一流大学，为实现中华民族伟大复兴作出新的更大贡献。①

2022 年 10 月 24 日，中国政法大学习近平法治思想研究院在海淀校区举行中国政法大学学习贯彻党的二十大精神座谈会，来自校内外 19 名实务部门领导和专家学者共同就如何学习贯彻党的二十大精神进行热烈的交流和讨论。中国政法大学校长马怀德在总结讲话中指出，党的二十大报告中关于法治的重要论述丰富发展了习近平法治思想，进一步推动了马克思主义法治理论中国化时代化。接下来，学校将把深入学习贯彻党的二十大精神作为学校当前首要的政治任务，坚持以习近平新时代中国特色社会主义思想为指导，全面贯彻习近平法治思想和习近平总书记考察法大重要讲话精神，着眼于在法治轨道上全面建设社会主义现代化国家目标，充分发挥学校学科优势，将深入学习贯彻党的二十大精神和研究阐释习近平法治思想紧密结合起来，和致力于法治中国建设的世界一流大学建设紧密结合起来，和进一步推动学校事业发展紧密结合起来，整合校内资源，吸纳社会各界力量，把党的二十大精神落实到学科建设、人才培养、科学研究、社会服务、国际文化交流等方面，努力推动学校事业发展迈上新台阶，实现新突破，取得新成就……②

作为中华人民共和国成立的第一批政法院校，70 年来，中国政法大学始终

---

① 马怀德：《在中国政法大学庆祝建校 70 周年大会上的致辞》，载中国政法大学新闻网 2022 年 7 月 10 日，https://news.cupl.edu.cn/info/1819/36170.htm。

② 习近平法治思想研究院：《我校召开学习贯彻党的二十大精神座谈会》，载中国政法大学新闻网 2022 年 10 月 25 日，https://news.cupl.edu.cn/info/1011/36658.htm。

把服务国家和人民作为最高政治追求，始终与国家法治建设同呼吸共命运，始终坚守为党育人、为国育才的初心使命，为共和国培养了一代又一代法治建设的骨干力量，以卓越的人才培养、科学研究、社会服务为我国高等教育事业和法治事业建设作出了重要贡献，为国家法治昌明、政治民主、经济发展、文化繁荣、社会和谐及生态文明作出了重要贡献。

一切过往，皆为序章。我们有充分的理由相信，在建设教育强国、人才强国、全面推进依法治国和实现第二个百年奋斗目标伟大新征程上的中国政法大学，一定会一如既往地主动服务国家重大战略需求，奋进新时代、勇担新使命、展现新作为，不断开创中国特色世界一流大学建设新局面，努力培养更多堪当民族复兴重任的时代新人，为全面推进依法治国、全面建设社会主义现代化国家作出新的更大贡献，书写更加绚烂的历史篇章！

最后，谨祝福那些存现于法大 70 多年风雨征程中，曾经、现在、未来的师生员工以及长期以来支持学校发展进步的各界朋友们康宁和顺、前程似锦，也祝愿我们永葆活力、蓬勃向上的青春法大更加辉煌！

▲校园内景之“法治天下”石碑（摄影：艾群）

后　　记

或许当曾经作为学生的我们告别校园而真正踏入社会的那天起，才能真正深刻地体会到母校之于我们的价值。那个你曾经学习生活、起居坐卧、嬉笑怒骂、甘辛苦乐、跌倒爬起、承接延续的地方，已然不经意间融入了你的血骨、你的身心。正如你同样融入了她的生命一般，你的智慧、名声、经验、能力、财富、朋友莫不与之相关，一如她的地位、名誉、资源、发展也莫不与你牵绊。

产品和厂家、门派与弟子难分彼此、一体两面、同荣共辱、休戚相关，是任谁想否认但却永远都否认不了的事实。知识经济时代更是如此，遵照信息经济学的原理，当你有被人进一步了解的需要之时，你的出身门第在这个嚷嚷了多年万类平等、反对差序的国度中，还是你明里暗里逃不脱、抹不去的万缕"幽冥"。他们正如城乡、家庭、学历、姿容等一切无形却可感的东西一样，伸出了万般指爪在决定着你的前途命运、限制着你的成就发展。

母校声名显达、发展向好总也不会给她的学生带来什么坏处。何况一旦忆起与你青春、梦想、爱情、友谊、事业相关的点点滴滴之时，思想的潮水总会轻轻易易就把你带到那片你或许想念、或许憎恶已久的"孤岛"之上。当你再一次感受那片岛子上时时刮过的海风，当你再次听闻那片岛子上此起彼伏的潮声，当你再一次仰观那片岛子上自由飞翔的海鸟，当年青山绿水依然、而今我却身心彻变的慨叹又怎能压服得住呢？海上岛旁的水手有否及时在你耳边唱起"……风雨中，这点痛算什么，擦干泪不要问为什么……"

还记得当年我离开昌平时对母校那最后的深情一望，彼时天色尚早，但勤奋的校友已然轻快地进进出出，早起的朝阳也已毫不吝惜地将缕缕金光投射到那块白底黑字写有“中国政法大学”的校牌之上。当时的我不知何年何月才能再返故地，心中给自己设定的期限是建校八十年、九十年抑或百年，那时的我或许有了些微的成就，而无愧母校多年的培养、教化，以至“好意思”回家看看。

本书缘起于2009年3月法大校长正式由徐显明教授交接给黄进教授之际。起初文章的名字是《徐显明校长和“法大”的这七年》，分别在校外“沧海云帆”论坛和校内“三月花开”BBS连载，后来曾改名为《法大往事》在“法律博客”等网上连载过一部分。

文章在“沧海云帆”等论坛上引起了很大的反响，或被评为精品文章或被长期置顶推荐，文章的点击、转发和评论数也在众多朋友的抬爱之下连创新高，后来惊奇得知居然很多校领导和老师也都不嫌文本粗陋而先后“拜读”。

彼时之我胸有豪气、意蕴风雷，唯望育我之母校不因人事交接而生颓像。学校往昔意气风发、一路高歌的劲头，于此现有文教体制中尚不可称强的状态下更需保持。于是真气鼓荡、激情澎湃、情不可已，起初些微、毫末之文章架构，一再在具体写作过程中被冲击、突破。台下观众既然不吝叫好，台上净墨便需死力用功！

记得当时文章随写随发，并未经过特别的雕琢、修饰，所以行文的篇幅、笔力、角度前后并不一致。好在功不亏人，只要有心下力，总会结些果实的，于是文字在第一、二部分完成后，便有了另外一种生命的气韵，不才之心血、事实之筋脉，曲折回环、往复缠绕，文章已然挣脱作者而有了她自己的灵性。

是以整个文本行至第三章后，一种全新的气象不可遏止地扑面而来，而当时的我也彻底进入了一种崭新的创作状态，一气呵成写完了“法大新政”“校庆大典”“人才鏖兵”三章内容。当时文气畅通、思路清晰、条件允许，文章的生长好似破节之竹，其冲天钻云之势已如初尝振翅之美的雏鹰般一飞再飞，而不由我控了，同时网友捧抬催促日紧，往往随随便便就写到了凌晨两点左右。有时神经兴奋，本来从不早起的我，时常在四五点钟被创作之神叫起，并一直写到快到上班的八点左右方止。

这种“起五更、熬半夜”的写作样态持续了将近一两个月的时间，最终因体力精力大量透支，加之每年的工作忙季已经来临，于是便忍痛将整个文章一压再压，放弃既有提纲而直奔最后“校长再见”部分。即便如此，以当时心力及创作环境来看，已然不允许再行续写，于是全文就此搁浅。

2010 年初，年度工作进入收尾阶段，身心允许、时间凑巧，于是本人在原文基础之上增补、改写了本书的一、二两章，使文章的篇幅和质量与三四五章看齐。其后，利用春节休探亲长假的有利时机，加之家中有我在大学读书期间收集的以“校报”为代表的大量资料刊物，于是心痒难搔、文意新续，放弃大量与亲友的玩乐时间，而换来了“院系调整”“科研革故”两整章加之“教学鼎新”一部分的大体功成。惜乎，转瞬间又要重回工作岗位，心力、态度、着力点必须调整，回到单位后，虽然一再努力，接续文章的工作未能完成。

此后，诸种工作繁杂，加之适逢我国“五五”普法工作验收之际，应对本地及上级机关检查，并同被抽调查验外省单位工作合格与否，大事小情、迎来送往的一过就到了 4 月末、5 月初，是以为文之事一拖再拖，文章遂又一次被长期搁置。

9 月末，终于来到了我生命中的第四个城市。

后来，各地的同学们隔空交流，彼此交换着各自毕业后人生路上的诸种观感，真是让人感慨良多！

当然，也有人对我说过工作后一定要识相点，最好赶紧放下身段和那些不切实际的空谈理想、宏论主义，尽快嫁作贾人妇抑或成为富贵家的金龟婿才是正理。否则，当人家吃喝玩乐、纸醉金迷之时，看着那尚未开窍、还在那里继续忧国忧民的你是要发笑的！当然笑之前，还是要一本正经地夸赞一下你的真才实学，还是要勉励一番你应继续为了民族和国家的前途而要努力奋斗等，而后再身心苦痛地自责己身一番庸俗肤浅、难登大雅，又要出去吃喝玩乐地浪费生命了。

那些能够与你掏心掏肺、赤诚忠言之人口若悬河的结论，可以总括为昔日信念、他朝理想最好莫要提及，趁早谋害了当年那个不切实际的你，而莫作佳人、早早从贼，才是正理！他们搬出的诸种事例和理论无非是想向你证明：志向是有经济成本的，倘你尚未远离为柴米油盐酱醋茶忧心苦思的阶段，琴棋书画诗酒花还是别想了吧。

彼时所读书上说的，所观影视剧里演的，以及身边种种真实发生的皆是此类故事，大部分人也就在这些经过风雨、见过世面的过来人的指点、教训下，逐渐认清了形势，明白了进退，放下了理想。

只可惜我从来就不是一个东风东倒、西风西歪的人，凡事我只有试过才相信，我可以失败，但是我绝不能后悔！那么，如果我以同流不合污的表面，融入这个世界"以圆"，但又不想就此沉沦，而要真正护持骨子里的那点信念"以方"的话，我总需在人家吃喝玩乐打理关系之时，干点能让自己或可在将来的某天浮出水面的东西。

那些穷我十数年光阴积累、思考、磨砺、沉淀并在胸中孕育了良久的东西很多、很多，无论哪一件实现了，都不枉我在此娑婆世界行走一遭。不过令我深感吊诡的是，这部在我曾经的计划单内确实没有的物事，竟然出乎意料地抢先一步地不请自来了。

我素知自己是个时时为人笑的愚人，所以只能继续干自己的傻事。其实，其间我也曾想过"从良"做一回聪明人，就此放手这个将成未成的"劳什子"。可是后来已经好久不看小说的我，竟然鬼使神差般读了校友慕容雪村创作的小说《原谅我红尘颠倒》。小说中的故事鲜活、生动、深刻、有趣，不过书中想要表达的那些人生道理我早就都懂。在我读书完毕，马上要掩卷关灯之时，书中序言的题目"不要让梦想死在怀中"却如电光石火般，击中了那个好似已然开始乾坤放下、万事皆休的正在下沉之我。

惜乎间，忽然像被人自梦中叫醒了一般，忽然觉得要干点什么。至少曾经的我是那样的执着专一，有恒心、富毅力，难道面对此前已经做完了大半的工程，就此竟要"太监"或"半拉子"了吗？那可不是我应该做的事！所以，思前想后，再次抬头看天，一咬牙、一跺脚遂下定决心，不论前路有多少"黄泥岗"，也定要不食迷魂汤，而把这“生辰纲”安妥送至它应在的地方！

何况本人多年来养就了一种“不抛弃、不放弃”的习惯，素来是只有一事毕才能为另一事的。对此，通达之人贬之为“死心眼”，朴拙之人褒之为“贵有恒”。

只是我知：一个事功的完成若以百米计的话，一个跑了八十米的人，只能硬着头皮撑下那剩余的二十米，而绝不会回头再跑八十米而重归零点；相反，那些没有付出，而仅凭兴趣、或因从众便不明所以狂奔二十米后的人，往往会在劲头过后茫然无果地停在当地，假如让他选择倒退二十米回到原点还是再坚持八十米以到终点时，他往往会理智地选择前者。

这究竟是向前还是向后的二十米，往往体现了付出与不付出之人间的根本差别。两类人最终做出选择时的“算计”大体不差，只是似乎傻瓜们常常会在开始后低头猛跑而不再回头，而聪明人往往因为及时发现不对劲了而能快速住脚。于是也就有了以这群傻瓜为原型的《阿甘正传》这类励志电影。至于聪明人，或许会在观影后让自己狠狠地百味杂陈一番，然后接着做回聪明人的模样。

早就习惯“结硬寨，打呆仗”的我，索性这次依然坚持到底，毕竟二十米后是终点，跑完后至少可以喘口气！何况人生苦短、时光有限，哪能如此一拖再拖而迟滞了后事他缘了呢？

所以我又重燃烽火、再披战袍，拟提纲、找资料、攒情绪、换语言，终至在自己快要被世事流俗所湮灭之时，借着现实境况和师友的一次又一次的刺激与接引而浮出了水面。于是经过约摸一个月的劳作，全书写毕、大功告成。

不过，令我颇觉遗憾的事情是，后续文字确乎因为经济、心理、人际压力等，而使文章的成色较之当年下降了不止几分，他年各方面若能时来运转的话，再当补过吧！

2012 年，本想在法大 60 年校庆前，将小文作为礼物献予母校，不过经过了很多周折，并在各方给出了各种复杂的解释后，出版的事就被生生地压了下来，而您看到的这篇后记也基本上成书于此时。

2013年9月，本书又在几经波折后，再次重现出版之曙光。这次我的工作，主要集中于如何修订好既有之书稿，而向世人呈现一部经得起历史检验和众人评说的“力作”。于是，“十一”探亲结束后，不顾身上荨麻疹奇痒难耐的折磨，带病工作，凌晨三点即起，午间、晚间少寐地将文稿再次删修、增补、完善，终于大功告成。于是，在我的“人生大事履历表”上也有了当年可以填写的内容！

2014年4月，本书第一版终于出版发行，也得到了一些朋友和一些素不相识、但只凭文质取人论事师友的赞许和好评，一些报纸、网站、博客、自媒体等平台也对本书进行过或简单或详细的介绍。在此，本人向这些认识或不认识的师友们做一迟到的谢忱，感谢诸位为了该文所付出的诸般辛劳和努力！

此后，部分读者在实体书店或者某些图书网店上购买了本书并给出了不低的评价。但由于书籍营销及印数等原因，很多校友后期跟我反映，甚至当年书籍出版发行后在学校内的书店都未曾见过本书，网上仅有出售的书籍也很快售罄，一些在二手店面现身的拙作价格也暴涨了不止一倍。后来很多通过微信读书等渠道一窥全豹的朋友，在激赏和感谢我当年为写作此文付出巨大努力的同时，也表达了对本书的喜爱。学校书店的朋友也多次跟我说，时至今日仍不时有读者向店里询问该书并希望能够订购，但工作人员几经努力后均无果而终，诚乃憾事！

2022年，时值中国政法大学建校70周年，许多师友不嫌拙文浅陋，纷纷建议在此学校重大喜庆时间节点修订此书。于是，本人在与法律出版社袁方、朱峰老师联系后遂定下了加印之事。随后的时日里，便利用工作闲暇并按照社里的要求对旧文进行了必要的修订。考虑到学校近几年的实际发展情况，以及读者希望在修订版中看到点新内容的些小愿望，于是便在文末增加了习近平总书记视察中国政法大学等新内容，以将本书的记述时间点延伸至党的二十大后。同时，为了能让本书更为增色一些，法律出版社还允许此版可以插一些与内容有关的图片，为此本人又先后联系了艾群、舒国滢、卢云开、江宏景、刘杰等老师或校友，各位师友或出谋划策或牵线搭桥或慷慨相助，提供了许多历史照片,不过遵照现行出版制度相关要求,以及为避免群体照片出现侵犯他人肖像权而引起不必要的法律纠纷计,本书不得不忍痛割爱,舍去了许多弥足珍贵的历史照片,而仅保留了部分与徐显明校长本人工作、讲学及与学校风景有关的部分照片,诚斯憾事也!

必须要说的一句话是:对于母校,我不能不感谢她一直以来所给予我的,不论是在校时还是工作后!

当然,对于本书,我还要作几点说明:

一是本书于母校声誉之作用。作为国内的一所著名文科院校,原本应该有大量与之相关的情意之文,来营造、构筑她的人文氛围与软实力。但多年以来,除校方在校庆时出版的"规矩"校史和一些篇幅短小的回忆文章集合本外,能够在国内学界给人以深刻印象,且深蕴情感、考据、辞章、义理,兼之能够为人读诵传播的大篇幅文章少之又少。以"屈指可数"来予形容,似乎也不为过,这种状况与法大在高等教育界中的地位极不相称。

想来或因校友们正事太多,无暇挥洒闲情逸致撰写此类文章,以让学校在此方面过于默默无闻而至于此吧。现有网络可查的文章中,个别篇章因某些作者负面情绪、行文角度、个人立场等原因,并不能真实反映学校的主流生活、学习及文化状态,误导他人观感自不待言。

其实,本人撰写此文之时,本意只是为抒发一下对即将远走的徐显明校长这些年来对法大做出卓越贡献的感激之情,篇幅没想有多大,影响也没想有多远,只想把我知道的事情讲给别人听,并未想到能担负起扩大学校影响、塑造校园文化等那么厚重而艰巨的使命。

谁知,一篇本来是给校内同学看的帖子,除被广大校友称赞、转载,甚至被誉为身体力行塑造校园文化而外,竟然还不胫而走,被很多在国内有着很大影响力的清华、北大、人大、浙大、山大等高校论坛,以及一些在法学界有着重要影响的法律博客转载,个别法学圈内的朋友还特意写了很长的推荐、评介文字,让我很是感激与不安。

除此而外,本书还受到了国内顶级法学网站——中国法学会主办的"中国法学创新网”及众多研究高校发展的专业机构的青睐,如2011年中国政法大学被评为“1999年至2010年中国进步显著的六所大学”之首。文章称:“作为中国本土大学排行榜的研发者,网大对中国大学综合质素与相对地位的变迁,已跟踪研究了11年。纵观这11年的数据,我们发现,中国政法大学、浙江大学、上海交大、复旦、华东师大、北京中医药大学、天津医科大学、西北大学、哈工大、中国农大、湖南大学、兰州大学、东北师大、上海财大、北京化工、哈工程、南京师范大学、暨南大学等20多所院校,排名呈总体上升之势……数据显示,11年来,中国政法大学在网大中国大学排行榜的名次上升线路是:1999年第235位,一年后迅速跻身100强,2003年以后再步步蹿升,直至2010年的第37位。”[①]而该网站得出上述结论除学校自身发展的诸种可喜成果外,本文的宣介之功似也不可磨灭。

比如,该网同期分析文章《高校资源分配:财富、权势、文化与大学》[②]一文中言:“全国政治、历史文化方面的强势,令北京高校超越了单纯的学术含义,被赋予了更多的内容。例如中国政法大学(1983年以前叫‘北京政法学院’),1999年时,该校在网大排名第235位,11年后则迅速升至第37位。而昔日中国法学名校西南政法大学,2010年排名仅第96位。看看十几年来中国法学类院校的‘教授重组’‘身份重组’‘政策重组’等情况,其中不乏此消彼长的案例。有业界人士指出,‘自20世纪90年代中期以来,西南政法名师纷纷流失(例如谢佑平教授调任复旦,张绍彦教授调任社科院,胡光志教授调任重庆大学,赵万一教授调任上海大学,高一飞教授调任湘潭大学,吴越教授调任西南财大,曹明德教授出走中国政法大学、赵明教授出走北航),外校名师却绕道而行,使其师资出现只出不进的困顿局面,“省属院校”的身份亦令其生源地方化倾向越来越重,加之地理位置不佳,政策支持不足,教育经费有限等因素,其衰

① 《1999年至2010年中国进步显著的六所大学》,载新浪网,http://edu.sina.com.cn/gaokao/2010-06-07/1750250719.shtml。

② 《高校资源分配:财富、权势、文化与大学》,载新浪网,http://edu.sina.com.cn/gaokao/2010-06-07/1709250680.shtml。

落正日甚一日明显起来’。”

与此同时，“中南财经政法大学法学院，90 年代先后流失了张明楷、徐国栋、郑永流、江山等法学界大牌人物，2006 年又走了徐涤宇、易军、张泽涛、李扬等学校好不容易培养起来的新秀，使其元气大伤；西北政法大学几位名教授如葛洪义出任华南理工法学院院长，刘作翔到社科院任博导，来小鹏转会至中国政法大学，使该校本就不多的人才储备更显凄惶。”①便是大段引自不才的旧有文章。

上述各大网站、论坛、博客和机构的转引推介，对于提高母校的声誉起到很大的正面推动作用，对此我深感欣慰，也算学生报答法大培育我之天高海深恩情于万一了。

二是本人与徐校长个人的关系问题。一些读者对我与徐校长的关系多有猜测，读者赞许此文诸多优点而外，微词自然也有个别，当然更有讽刺。

以前也曾有“较真”的读者在读完小文后，专门询问我这篇形式独特的东西应该算什么体裁，彼时之我支支吾吾、尚不能答。现在在这位仁兄的指点下，我终于可以大大方方地告诉人家，这篇我都不知如何归类的东西，原来可以叫作“铭”。

其实，截至本书稿完成时，我仅只同徐校长有过一次面对面的交流。那是在我本科毕业典礼的时候，当典礼进行到 9 位校领导为全体毕业生拨转学士帽上的流苏而给大家授予学位时，同学们 9 人一队、9 人一队地或上台“受封”，或等在礼堂台下准备接受“册封”。

当时的我心中默想，如果我大学四年可言“无悔”的话，就让校长为我“授勋”吧！碰巧的是，果然就是徐校长为我“授勋”，当他给我拨过学士帽上的流苏后，他随口问了我一句“工作找到哪里啦”，我简单地作了回答。

其实，面对平日难得一遇的校长，我还想多说两句什么，可是在那个隆重而珍贵的场合上，是根本不允许我多说一句话的，所以我一回答完毕，校长就

---

① 《高校资源分配：财富、权势、文化与大学》，载新浪网，http://edu. sina. com. cn/gaokao/2010 - 06 - 07/1709250680. shtml。

微笑着示意我台前摄影师还等着我们转身拍照呢！记得当时迅速转身而听闻台前照相机“咔嚓”一声后，我便跟随众人机械地走下了主席台，此后与徐校长再无只言片语。

仅此短短一晤，我敢确定、一定以及肯定的是：徐校长和我的关系是我认识他、但他不认识我。

除此而外，我能看到徐校长的机会，就仅仅限于那些所有学生都机会平等的典礼、大会和讲座现场了，当然还有各种网上可以找到的各类视频。

事实仅此而已。

如果您觉得这个回答还不能令您满意的话，那么我再给出另一个回答。

古人言大丈夫生长于斯世，需做“立德、立言、立功”三件大事。余者不论，说到“立功”，那是需要条件的，不得其位，任你有天大的“将兵、将将”之能力，也由不得你发挥一二，虽然你尽可次次锋芒毕露，然若人家就是不把你放入囊中，你能奈何？

所以，每当看到他人在其位、谋其政，踏踏实实做出了超凡脱俗之事时，我就会不由自主地予以关注。当然对于那些真正做出实绩，且被确认其“真”后的能人，我更会发自内心地对其赞赏、祝福。毕竟，那是不同于现实生活中部分貌似精明干练、雷厉风行，实则少智寡谋、肤浅刚愎、施罪众生、祸患百姓的“能员干吏”所能比的。

据我对显明校长执掌法大之初直到其卸任远走期间法大成长发展史的关注、研究来看，徐校长显然在此精英之列。倘无此七年真材实料的功绩，即便我是个有心人，天天巨细无遗地留意身边校园事，即便我早有此意趣、笔力，纵使我老死当地，也写不出此等文章！

所以，虽然我一直不疑“民众创造历史”之社会史观，然若认真比对学校各个不同时期之种种变化，个人还是觉得法大世纪初的七年发展之功，仍然要首推徐校长之力。

如果勉强来说，这或可算作当年我和徐校长的另外一种所谓的“关系”吧。

2011 年，我在全文完成、计划出版此书之际，在一些师友的帮助下，与徐校长取得了联系。徐校长平易近人,不顾陪同国家政要出访的劳累,对我发给他的短信,给予了认真、详备的回复,对本人所付出的劳动和所取得的成果,也予以了认可和鼓励。

后来的交流中,徐校长对于文中所言事实没有相关资料做支撑等行文缺陷提出了确当的建议,我也在后期修改文稿的过程中,按照这个建议重新增加引文三百余处,改定后的稿子果然又上了一个台阶。

对于徐校长对本人的种种鼓励、指点和提携,作为至今除了与徐校长仅有几次短信联系外、尚不曾通过话、更不曾有过一次面谈的我来说,除了心中那份无法言表、无法言谢的温暖而默默祝福他一切安好外,还能说些什么呢?

三是本书的资料依据与文风问题。本书的资料最初来源于法大校园新闻网、校报和公开出版的一些书刊、报章、杂志等资料,后来因为一些因缘际遇,得到了为数不超过五篇的未刊校长讲话资料,仅此而已。

你可以说这些资料是真的,也可以说它们是假的,因为可能你所了解和知道的"幕后消息"并非如此这般,尤其是那些曾经或当下在法大学习生活且手眼通天、消息灵光的师生员工们。

但好在法大这些年的发展成果有目共睹,即便有点什么不一样的声音,大体也改变不了所成就的诸多事实,何况作为信息来源单一的我,也只能靠这些已发表的各类文章、数据来连缀、说明、讲述我所知道的法大往事了。

如果谁知道更多、更全有关学校成长、发展的往事,不妨向社会大众透漏则个,如可以写《法大野史》《法大的那些事》《我所知道但又不能不说的法大故事》等。对于这些资料,我和大众一样有兴趣,只可惜我在写作过程中没人向我提供,诚斯憾事矣!

至于本书的文风,一如前述,因为文章撰写工作拖得过长,几个起落后只能如此,您如果觉得还不能满意的话,要论责任,全都在我,虽然笔者已然尽力!

好了,就写到这。下面引一首当年暂停本文写作时的打油小诗以作结尾:

杏园虽小气冲霄，
实体程序一肩挑。
权谋威势压难倒，
天风高远法意傲。

军都蓟门梦燃烧，
昌明治道心烛照。
明晰法理诘律条，
公平正义方寸绕。

安邦治国参机要，
经世济民可低高。
何惧宪治路迢迢，
厚德明法求大道。

本书在写作和编辑出版的过程中，得到了徐显明校长、李树忠副校长、艾群老师、袁方主编、朱峰女士、齐梓伊老师、石钧先生、翟苏南先生、邸胜宝先生、刘桐铭先生、许志鹏先生等老师、朋友的巨大且无私的帮助。法律出版社的各位编辑老师对文稿修改所费时间给予了宽容，并为本书能够尽快出版付出了大量的心血。这些帮助都让我深深感动，在此谨向他们的付出一并表示衷心的感谢！

高佳胜

2024 年 6 月 6 日

于呼和浩特